기독교의 역사

김상근 지음

발 행 일   개정 1쇄 2007년 7월 1일
　　　　　　개정 3쇄 2014년 2월 6일
발 행 처   평단문화사
발 행 인   최석두
편 집 부   조현철 · 박상문 · 김민정
디 자 인   조은덕
영 업 부   최주민
관 　 리   정명남 · 김주원

인쇄 · 제본   한영문화사 / 출력 예컴
등록번호   제1-765호 / 등록일 1988년 7월 6일
주　　소   서울시 마포구 서교동 480-9 에이스빌딩 3층
전화번호   (02)325-8144(代) 팩시밀리 (02)325-8143
홈페이지   www.pdbook.co.kr
이 메 일   pyongdan@hanmail.net
ISBN 978-89-7343-251-6　03900

ⓒ 김상근, 2007

* 잘못된 책은 바꾸어 드립니다.

이 도서의 국립중앙도서관 출판시도서목록(CIP)은 e-CIP 홈페이지
(http://www.nl.go.kr/cip.php)에서 이용하실 수 있습니다.
(CIP제어번호: CIP2007001828)

Jesus loves You
저희는 매출액의 2%를 불우이웃돕기에 사용하고 있습니다.

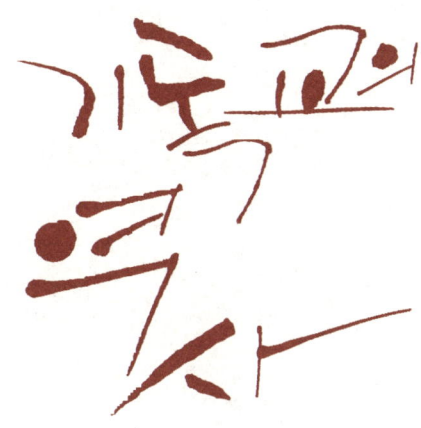

김상근 지음

평단

머리말

기독교의 진리는 인류의 역사와 늘 함께 해왔다

〈기독교의 역사〉가 상재된 지 3년 만에 개정판을 내게 되었다. 많은 독자들이 미국식 표기법에 대한 문제를 지적해 주셨고, 이를 늘 찜찜해 하던 차에 일부 내용을 수정하게 되었다. 독자와 함께 책을 만들어간다는 의미에서 보람된 일이라 생각된다. '인문학의 죽음'이 일종의 선언문처럼 회자되는 이 시대에 그래도 이 책이 개정판을 통해 독자들과 계속 만날 수 있게 된 것은 다행이다. 1,000권을 소화시키지 못하고 사라져가는 수많은 인문학 서적들이 즐비한데, 그래도 이 보잘 것 없는 기독교 역사책이 독자들에 의해 계속 읽혀지고 있다는 것은 참 반가운 일이다.

나는 지켜가야 할 삶의 세 가지 주안점을 늘 생각하면서 주어진 시간을 배분하고 있다. 그것은 학자로서 감당해야 할 학문의 몫, 교회에 소속된 사람으로서 섬겨야 할 봉사의 몫, 그리고 내가 좋아하는 것과 사랑하는 사람들을 위해 나누어야 할 시간의 몫이다. 학문의 몫을 위해 나는 거의 매일 밤늦도록 연구실에서 전공 서적을 읽거나 집필하고 있다. 봉사의 몫을 감당하기 위해 교회에서의 요구는 될 수 있으면 사양하지 않으려고 노력한다. 그리고 내가 좋아하는 것들(고지도를 모으는 일, 르네상스 미술을 감상하는 일)과 내가 사랑하는 사람들(가족들과 연세대학교 학생들)을 위한 시간 배분을 늘 적절하게 하기 위해서 노력하고 있다. 〈기독교의 역사〉는 이 세 가지 내 삶의 주안점을 모두 포함한 책이기 때문에 남다른 느낌이 있다. 내가 전공한 전문 지식을 쉬운 글로 풀어내려고 노력했다는 점에서, 크리스천들이 평소 중요하게 생각하지 않는 기독교 역사를 풀어냄으로써 그들을 위해 지성적으로 봉사하고 있다는 점에서, 그리고 내가 좋아하는 사람들의 도움으로 좋아하는 내용의 글을 발표할 수 있었다는 점에서 내게 행복을 가져다 준 책이라고 할 수 있다.

이 책은 내가 연세대학교 학부 1학년 학생들에게 강의하고 있는 "기독교와 세계문화"라는 수업의 교재로 읽히고 있다. 매 학기마다 약 100여명의 학생들이 내 수업을 수강하는데, 대충 200명의 연세대학교 학부 1학년 학생들이 이 책을 읽는 셈이다. 경영학과 학생부터 의과대학 학생들까지 사랑스러운 독자들에게 나는 큰 희망을 걸고 있다. 나는 이 젊은 청년들에게 '너희들은 비록 동아시아 한반도의 좁은 땅에서 태어났지만 죽을 때는 선한 세계시민(a good world citizen)으로 살다가 죽으라'고 요구한다. 그리고 기독교 역사가 2천년의 장구한 역사를 통해 각 문화권 속에서 어떤 모습으로 발전해 왔는지를 살펴봄으로써, 세계화 시대의 폭넓은 안목을 확보하라고 강조한다. 미래의 리더가 된다는 것은 과거의 사건을 통해 역사적 교훈을 얻을 때만 가능하다. 그리고 인류의 역사 가운데 종교 현상은 한번도 역사와 단절된 적이 없었다는 것을 기억할 필요가 있다. 군주제도 왔다가 갔으며, 이데올로기의 시대도 왔다가 갔고, 과학의 시대는 이제 막 우리 곁에 왔을 뿐이다. 그러나 기독교를 포함한 종교의 시대는 한번도 인류의 곁을 떠나지 않았다. 기독교는 단순히 믿음의 세계만을 설명하지 않는다. 오히려 사회적 활동에 의미를 부여하는 기능을 수행하며, 설명하지 못하는 현상에 대한 초월적 이해를 담고 있다. 세계를 이해하는 분석의 틀인 셈이다. 바라기는 〈기독교의 역사〉 개정판을 통해서 보다 체계적인 분석의 틀이 마련되기를 기대해 본다.

봄의 기운이 싱그러운 오월의
연세대학교 교정에서
김상근

제1장 고 대
예루살렘 함락과 로마 함락에서 비롯된 기독교 순례

70년 예루살렘의 함락
기독교가 고향 팔레스타인을 떠나다 • 15

312년 콘스탄티누스 대제의 개종
'황제 기독교 시대'의 개막 • 28

367년 신약성서의 정경 채택
〈요한계시록〉을 포함한 27권의 신약성서 • 42

410년 로마의 함락
고트족이 '영원한 도시' 로마를 함락시키다 • 52

제2장 중 세
중세의 기독교는 결코, 암흑의 시대가 아니었다

4-6세기 중세 수도원 제도의 시작
수도원 제도의 창시자, 성 안토니우스와 베네딕토 • 61

635년 당나라 수도 장안(長安)에 도착한 네스토리우스파 선교단
아시아 기독교 역사의 출발점, 네스토리우스파 선교단 • 74

7세기 이슬람의 발흥과 팽창
이슬람은 아브라함의 유일신 사상에서 태동 • 81

800년 샤를마뉴 대관식
유럽 기독교 시대의 개막을 알린 샤를마뉴
황제의 대관식 • 90

1054년 동서교회의 대분열
언어충돌로 인해 더욱 심화된 동서교회의
분열 • 99

1095년 무장십자군의 성지 순례
참회의 마음으로, 성지를 순례했던
십자군 • 107

12세기 중세 여성의 신비주의
기독교 역사의 한 페이지, 중세 여성신비가 힐데가르트 • 117

1231년 중세 대학의 설립
중세 학문의 꽃, 파리대학과 스콜라 철학 • 127

제3장 근 대
동·서양의 교류와 더불어 '마음의 종교'로 자리잡은 기독교

1492년 콜럼버스의 '신대륙' 발견
새로운 선교의 대상을 발견한 콜럼버스 • 139

1517년 마르틴 루터의 독일 종교개혁
교회의 전통보다는 '오직 성서'를 주장한 마르틴 루터 • 151

1534년 예수회 설립
16세기 가톨릭 종교개혁에 앞장섰던 '예수회' • 159

1601년 마테오리치의 베이징 입경
중국 '상티'와 기독교의 '하나님'을
동일시한 마테오리치 • 166

1611년 〈흠정역 성서〉 번역
역사상 최고의 성서번역본 〈흠정역 성서〉 • 174

1738년 존 웨슬리의 올더스게이트 회심
'마음이 뜨거워지는' 신앙체험에서 감리교회 태동 • 183

1730-1770년 1차 영적대부흥운동
심령대부흥의 선구자 '조나단 에드워즈'와 '조지 화이트필드' • 194

제4장 현 대
'위대한 선교의 세기'를 지나 다양하게 변모하는 현대 기독교

1793년 윌리엄 캐리의 선교와 인도의 르네상스
기독교 선교가 '인도의 르네상스'를 낳다 • 205

19세기 위대한 선교의 세기
유럽 제국주의의 팽창과 더불어 '위대한 선교의
세기' 도래 • 213

20세기 아주사에서 시작된 오순절 운동
'미국의 예루살렘'으로 불렸던 아주사 거리 • 219

1910년 에든버러 세계선교대회
선교현장의 문제점을 파헤친, 에든버러 세계선교대회 • 226

1919년 칼 바르트의 〈로마서 주석〉 발간
허황된 민족주의와 모더니즘에 일격을
가한 신학자, 칼 바르트 • 242

1925년 과학과 종교의 충돌, '원숭이재판'
진화론과 창조론이 팽팽히 맞섰던 '원숭이재판' • 252

1948년 세계교회협의회의 설립과 현대 에큐머니컬 운동의 시작
하나된 교회를 향한 20세기 기독교의 첫걸음 • 262

1962-1965년 제2차 바티칸공의회
20세기 가톨릭 교회의 쇄신, 제2차 바티칸공의회 • 271

1971년 구스타보 구티에레즈의 〈해방신학〉 출간
독재와 빈곤 속에서 싹튼 '해방신학' • 279

1990년대 베이비 부머들의 귀환
베이비 부머들을 위한, 윌로우 크릭 교회 • 288

2000년대 남반부 기독교의 등장
세련되지 않은 조용한 신학, 아프리카 기독교가 다가온다 • 296

한눈에 보는 기독교 역사 • 303
참고문헌과 최근의 연구 동향 • 317
찾아보기 • 336

예루살렘 함락과 로마 함락에서 비롯된 기독교 순례

기독교의 역사는 팔레스타인이라는 고향을 떠남으로써 시작되었다. 요단 강과 예루살렘은 더 이상 사도들이 안주할 수 있는 신앙의 터전이 아니었다. 예루살렘은 함락되었고(70년), 사도들은 지중해 연안의 도시를 향해 순례의 길을 떠나지 않을 수 없었다. 콘스탄티누스 대제의 개종(312년)은 기독교의 새로운 시대가 도래했음을 알리고 있었다. 로마제국이 기독교 신앙의 터전이 될 것이다. 니케아공의회(325년)를 통해 초대교회 신학의 쟁점이 정리되었고, 신약성서의 정경 채택과 더불어 제국과 신앙은 통일 국면으로 접어들었다. 그러나 겨우 이룩한 정치 종교적 안정도 잠시뿐, 로마제국의 수도 로마가 야만족들에 의해 함락됨으로써(410년), 교회는 또 한 번의 시련기를 맞는다.

폴리캅(70~160년 추정) 순교에 대한 전설
"86년간 나는 그분을 섬겨왔고, 그분은 나를 한 번도 모른다고
한 적이 없는데 내가 어떻게 나의 주님을 모른다고 하겠는가?"

70년 예루살렘의 함락

기독교가 고향 팔레스타인을 떠나다

기독교는 예루살렘 함락과 더불어 전통 유대교와 결별을 시작, 지중해 지역의 패권을 차지하고 있던 로마가 기독교의 중심지로 확립되는 계기가 되었다.

예루살렘의 함락(The Fall of Jerusalem) 〈내셔널 지오그래픽〉의 삽화

2천 년의 장구한 기독교 역사는 박해의 상처와 폐허의 잿더미에서 시작되었다. 십자가의 고통 없이 부활의 영광은 있을 수 없다. 평화의 왕으로 오셨던 예수 그리스도는 사람들에게 "멸시를 받아서 싫어 버린 바 되었으며"(사 53:3), 끝내 고난의 십자가를 지셨다. 죽음의 십자가, 그 사망의 음침한 곳에서 기독교의 역사가 시작된 것이다. 보잘것없던 갈릴리 어부 출신의 제자들에 의해 예수 그리스도의 '빈 무덤' 사건이 예루살렘과 유대 땅에 퍼져 나가면서 죽음의 십자가에서 시작된 기독교가 부활의 종교로 알려지기 시작했다.

오랫동안 정치적 메시아를 대망하고 있던 유대인들에게 예수 그리스도의 부활의 종교는 말할 수 없는 신성모독으로 받아들여졌지만, 당시 지중해 연안의 정치 군사적 패권을 차지하고 있던 로마 권력자들에게 비친 기독교는 유대종교의 한 작은 분파에 불과한 것이었다. 사실 기독교는 유대인의 정통종교라는 말구유에서 태어난 종교이다. 신약 시대의 사도들과 초대 기독교의 인물들은 대부분 이러한 유대전통에 익숙한 사람들이었고, 그들이 당장 사용할 수 있었던 경전은 구약성서로 알려져 있는 히브리 성서(Hebrew Bible)뿐이었기 때문이다.*

초대 기독교가 가지고 있던 팔레스타인이라는 지역의 제한과 유대교의 한 분파운동에 불과했던 종교적 연관성은 A.D.70년에 발생한 예루살렘의 함락에 의해 깨지기 시작했다. 로마의 젊은 장군 티투스(Titus)에 의해 예루살렘이 함락됨으로써 기독교 역사는 오히려 새로운 역사적 전기를 맞이하게 되었다. 사도 시대 기독교의 총본산이라고 할 수 있던 예루살렘이 로마군대에 의해 함락됨으로써, 기독교는 이제 더 이상 팔레스타인 지역의 유대전통

---

* 신약성서 27권이 기독교의 정경(Cannon)으로 최종 공인된 것은 A.D.367년에 쓰여진 아타나시우스의 공식서한과 북아프리카에서 열린 367년의 종교회의 때였다.

예수님이 채찍질을 당하신 곳
예루살렘성 안의 주요 성지는 비아돌로로사(Via Dolorosa)를 중심으로 예수무덤교회, 안나교회, 채찍교회, 베데스다 연못 등으로 이어진다. 위의 사진은 로마 군인들이 예수께 가시 면류관을 씌우고 매질한 곳에 세워진 채찍교회의 예배실로, 창에 십자가상의 예수님 상이 있고, 천장에는 가시 면류관이 모자이크되어 있다. 제자들에 의해 예수 그리스도의 '빈 무덤' 사건이 예루살렘과 유대 땅에 퍼져나가면서 죽음의 십자가에서 시작된 기독교가 부활의 종교로 알려지기 시작했다.

에만 의존할 수 없게 되었기 때문이다. 예루살렘의 함락과 더불어 기독교는 지중해 연안 지역을 향한 그 첫 번째 순례의 길을 떠나지 않을 수 없게 되었다.* 순례의 길을 떠난 초대교회의 기독교인들에게 지중해 연안은 더 이상, 유일신적 유대교의 전통이 기독교의 종교적 보호막이 되어 줄 수 없는 곳이었다. 엄밀한 논리를 바탕으로 한 그리스 철학과 더불어 광범위한 다신교 전통이 그들을 기다리고 있었다. 그들은 더 이상 이스라엘의 언어인 히브리어를 고집할 수 없었다. 새로운 종교적 공용어는 그리스어(Greek)가 되었으며, 그들이 당장 확립해야 할 신학체계는 그리스 철학의 논리와 용어로 검정(檢定)될 수 있어야 했다. 모세의 율법과 다윗 왕조의 역사적 전통에 익숙한 그들에게 플라톤의 철학은 대단한 사상적인 도전이 되었음에 분명하다. 이러한 급격한 기독교 내부의 신학적 변화를 초래한 사건이 바로 70년에 일어난 예루살렘의 함락이다.

　예루살렘은 초기 기독교의 사도 시대 동안 기독교 운동의 중심도시였다. 〈사도행전〉 15장에 나타나 있는 것처럼, 예루살렘은 예수의 동생 야고보와 제자 베드로로 대표되는 사도적 권위의 상징이었다. A.D. 66년경, 로마의 압제와 혹심한 세금탄압에 저항하는 유대인의 궐기가 카에사리아(Caesarea)에서 시작되었다. 특히 무리한 세금포탈과 로마황제에 대한 숭배 강요는 유대인들의 무력 저항운동을 촉발하는 계기가 되었다. 초기 기독교 박해자로 유명한 네로 황제의 특명을 받은 베스파시아누스(Vespasianus, 주후 9-79년) 장군의 6만 최정예 로마군대는 먼저 지중해 동부연안의 항구도시를 전략적으로 점거한 다음 예루살렘을 향해 동진하기 시작하였다.**

---

* 문화와 문화 사이를 이동하면서 종교적 순례를 계속했던 기독교 역사의 전개과정에 대해서는 Andrew Walls, *The Cross-Cultural Process in Christian History : Studies in the Transmission and Appropriation of Faith*(Maryknoll : Orbis Books, 2002).

** 베스파시아누스에 대한 최근의 종합적인 연구는 Barbara Levick, *Vespasian*(London : Routledge, 1997).

카에사리아 로마군영
카에사리아는 팔레스타인 지방의 지중해 연안에 있는 항구도시이다. 로마의 총독부와 병영이 있던 곳으로 유대인·로마인·그리스인이 거주해 있어 종족간의 분쟁이 자주 일어났다. A.D.66년경, 로마의 압제와 혹심한 세금탄압에 저항하는 유대인의 궐기가 시작된 곳이 카에사리아이다. 특히 무리한 세금 포탈과 로마황제에 대한 숭배 강요는 유대인들의 무력 저항운동을 촉발하는 계기가 되었다. 정교하게 쌓아올린 아치가 로마의 문명을 보여준다.

십계명 돌판을 받는 모세(독일 쾰른 대성당의 스테인드글라스)
시나이산 정상의 불 가운데에서, 여호와 하나님으로부터 두 개의 돌판에 새겨진 십계명을 받고 있다. 여호와께서는 이스라엘 백성이 지켜야 할 규례를 40일 동안에 걸쳐 모세에게 가르친 다음, 친히 쓰신 두 개의 증거판을 모세에게 주셨다. 예루살렘의 함락 후 초대 교회의 기독교인들은 지중해 연안을 향한 사상적 순례의 길을 떠났는데, 모세의 율법과 다윗 왕조의 역사적 전통에 익숙한 그들에게 플라톤의 철학은 대단한 사상적 도전이었다.

그러나 베스파시아누스 장군은 네로 황제의 뒤를 이어 로마의 황제로 등극하게 됨에 따라 그의 아들 티투스(Titus) 장군에게 예루살렘 공격의 임무를 맡기게 되었다.* 주후 70년 4월부터 시작된 로마군대의 예루살렘 공격은 그해 9월까지 계속되었다. 마침내 유대종교의 총본산이자 이제 겨우 그 종교적 태동을 시작한 기독교의 새 보금자리였던 예루살렘은 다시 이방인들의 군대에 의해 점령되었고, 이 사건을 계기로 많은 유대인과 기독교인들이 지중해 연안의 여러 도시로 흩어졌다. 초대교회사를 남긴 에우세비우스(Eusebius, 260-339년 추정)는 이 예루살렘 함락의 전후 상황을 다음과 같이 설명하고 있다.

예루살렘 공격을 지휘하다 로마의 황제로 등극한 베스파시아누스(Titus Flavius Vespasianus)의 흉상

> 네로가 로마제국의 황제가 된 지 13년째 되던 해, 갈바(Galba)와 오토(Otho)의 반역이 1년 반 정도 진행된 그해,** 유대인들을 놀라운 군사력으로 제압하던 베스파시아누스 장군은 유대지역을 정벌하고 있을 때 이미 수하의 군사들에 의해 황제로 옹립되었으며, 그 자신이

---

* 티투스 장군의 예루살렘에 대한 대대적인 군사공격의 배경에 대한 학자들의 의견은 통일되지 않고 있다. 티투스 장군이 예루살렘 성전을 보호하고자 했다는 설과 완전히 전멸시키겠다는 의사를 가지고 있었다는 두 가지 견해가 있다. 한편 로마의 황제가 된 베스파시아누스는 A.D.69년부터 79년까지 로마를 통치했다.

** 갈바(Servius Sulpicius Galba)와 오토(Marcus Salvius Otho)는 네로 황제가 자결한 68년 이후 로마황제의 자리에 등극을 도모하던 지방영주들이었다.

로마의 황제로 등극함을 천명하였다. 그는 즉시 로마로 떠났으며 그의 군사작전은 아들 티투스에게 일임되었다. 구주의 승천 이후 유대인들은 그리스도에 대한 음흉한 음모를 계속하였으며 사도들에게도 그들은 범죄를 저질렀다.

그들은 먼저 스테파노를 돌로 쳐죽였으며, 세베대의 아들 야고보와 그의 형제 요한을 목 잘라 죽였으며, 사도의 반열에 올라 최초의 교회 지도자가 된 야고보를 죽였으며 나머지 사도들을 유대지방에서 축출하였다. 그러나 그 사도들은 그리스도의 능력에 힘입어 "땅 끝까지 이르러 내 증인이 되라"는 그분의 말씀을 실천하기 위하여 방방곡곡으로 흩어졌다. 또한 예루살렘 교회의 교인들은 이미 계시된 말씀의 교훈을 따라 예루살렘을 떠나 페뢰아(Peraea)에 위치한 펠라(Pella)에 정착하게 되었다. 그리스도를 믿는 신자들은 예루살렘으로부터 펠라로 이주하였다.

성스러운 사람들이 유대인의 수도와 유대 땅을 버림으로써, 그리스도와 그의 제자들에게 죄를 범하였던, 유대인을 향한 하나님의 심판은 마침내 이루어졌고 그들 중의 사악한 세대는 참혹한 결과를 맛보아야만 했다. 그들에게 내려졌던 재앙은 온 세상의 나라들을 충격으로 몰아넣었다. 유대 땅에 살고 있던 백성들에게 가해진 재앙은 최악의 것이었다. 이루 헤아릴 수 없는 수천 명의 사람들이 남녀노소를 막론하고 로마군병의 창칼에 죽임을 당하였고, 혹은 굶주림과 다른 참혹한 이유로 죽음을 맞이하였다. 예루살렘을 난공불락의 요새로 믿고 도피해왔던 수많은 사람들의 목전에서 도저히 믿을 수 없는 일들이 벌어졌다. 〔Eusebius, *The History of the Church*(London : Penguin Books, 1965), 67-68. 필자의 번역〕

◀ 스테파노의 순교
돌을 쳐든 사람들의 행동과 쓰러진 스테파노의 평온한 표정이 선과 악의 선명한 대조를 이룬다. 스테파노는 그리스도교 역사상 최초의 순교자이다. 사도들의 명령으로 여러 성도들에 의해 선택된 일곱 보조자(집사) 중 한 사람으로서, 성령과 지혜가 충만하여 칭송받던 인물이다. 스테파노는 유대교의 의식·전통·성전(聖傳)을 비판하고 예수가 그리스도임을 선포하였다. 이로 인하여 하나님을 모독하였다는 죄명으로 돌에 맞아 순교하였다. 스테파노는 돌을 들고 흥분하는 무리들 앞에서도 신념을 굽히지 않았던 용기 있고 담대한 인물이었다.

▼ 아래 그림은 기독교의 박해자로 유명한 네로 황제의 궁중모습이다. 그림 오른쪽에는 십자가형으로 처벌받고 있는 기독교인의 모습이 보인다.

23

예루살렘 함락에 관한 에우세비우스의 기록은 주로 이스라엘의 역사가 요세푸스(Josephus, 37-100년 추정)의 역사기록과 신약성서의 내용이 일치함을 보여주기 위한 의도가 강하기 때문에 그 사실성을 완벽하게 보장하기 힘들다.* 에우세비우스는 예루살렘이 로마의 군대에 함락된 이유를 기독교와 사도들에 대한 정통 유대교 신봉자들의 박해 때문이었다고 기록하고 있다.

로마군대의 대대적인 공격으로 인해 예루살렘의 성전은 다시 붕괴되고 말았다. 바빌론에 의해 주전 586년에 무너졌던 예루살렘 성전이 다시 로마 군대에 의해 파괴된 것이다. 이스라엘의 역사가 요세푸스는 그때의 상황을 이렇게 묘사하고 있다.

> 로마의 군사들이 성전 정문에 불을 지르기 시작했다. 문에 달려 있던 은장식들이 녹아내리기 시작하자, 곧바로 목재부분이 드러났고 불길은 거침없이 타오르기 시작했다. 불길은 삽시간에 성전 건물 벽과 통로를 타고 번져갔다. 불길 속에 타오르고 있는 성전 건물을 바라보던 유대인들의 정신적인 힘과 육체적인 힘 모두 소멸되고 말았다. 너무나 큰 충격에 휩싸여 그들은 화재를 진압하기 위해 손가락 하나도 움직일 힘을 잃고 말았다. 그들은 말할 수 없는 충격으로 우두커니 서서 불타는 성전을 바라보고만 있었다. 〔중략〕
>
> 불길은 다음날 밤까지 계속되었다. 예루살렘 성전은 한꺼번에 잿더미로 내려앉지 않고 조금씩 조금씩 불타올랐다. 다음날 티투스 장군은 수하의 군사들에게 화재진압을 명령하였다. 군대의 이동을 돕기 위하여 예루살렘 성전으로 향하던 길을 폐쇄하도록 조치하였다.**

사해(Dead Sea)가 내려다보이는 마사다의 최근 전경
마사다의 최정상은 사해에서 약 450미터 높이이다.

    예루살렘 성전이 로마의 군대에 의해 파괴됨으로 말미암아 유대교는 성전 중심에서 회당 중심의 종교체제로 급속히 재편되기에 이르렀다. 예루살렘의 함락과 성전의 파괴에도 불구하고 유대인 중 일부 열심당원들은 예루살렘 인근의 마사다를 최후의 거점으로 3년간 로마군대와의 투쟁을 지속하였다. 그러나 그들의 영웅적인 저항은 로마군대의 발달된 군사력이 미치기도 전에 집단 자결로 끝나고 말았다.*** 로마군대가 치밀한 군사작전을 구사하면서 보

---

* 여기서 '요세푸스의 역사기록'은 Josephus, *The Jewish War*(London : Penguin, 1959)를 지칭한다.
** 위의 책 Josephus, *The Jewish War*, 356.
*** 마사다(Masada)는 히브리어로 '요새'라는 뜻으로 헤롯 대왕에 의해 B.C.37년부터 31년까지 건축되었다. 예루살렘 함락 이후 73년까지 열심당원 약 천 명이 야이르(Eleazar ben Ya'ir)의 지휘에 따라 끝까지 항전하다가 집단 자결하였다. 요세푸스는 마사다 전투에서 생존한 두 명의 여인들의 증언을 통해 플라비우스 실바(Flavius Silva) 장군이 지휘하는 로마군대의 공격에 대한 상세하고 정확한 기록을 남겼다.

옆의 4세기 석관 부조는 바울에게 율법의 두루마리를 건네주시는 예수님을 표현한 것이다. 예루살렘 함락 후 로마가 새로운 기독교 중심지가 되는데, 바울이 로마에서 순교하였다는 초대교회의 전설이 이를 뒷받침한다. 사도 바울은 유대인들에 의해 재판정에 서게 되었을 때 로마황제만이 자신을 재판할 수 있다고 주장했다. 그는 재판을 기다리는 2년 동안 감옥에 있으면서도 복음을 전파하기 위해 노력했고 결국 재판에서는 무죄를 선고받았으나 기독교를 박해한 네로 황제 치하에서 순교당했다고 전해지고 있다.

급선을 차단하고 공격거점을 위한 거대한 구조물을 완성하였을 때, 이미 이스라엘의 군사들은 남아 있는 가족들과 함께 집단 자결하고 말았다.

　로마군대의 예루살렘 함락은 많은 역사적, 종교적 결과를 초래하였다. 특히 기독교는 예루살렘의 함락과 더불어 지중해 연안의 여러 도시로 주 활동무대를 옮김으로써 유대교의 전통과 결별을 시작하였다. 팔레스타인의 종교에서 지중해의 종교로 새로운 출발을 하게 된 것이다. 초대 기독교 역사가였던 에우세비우스는 예루살렘 함락 이후 기독교인들은 요단강 건너 동북쪽에 위치한 펠라(Pella)에서 새로운 터전을 마련하였다고 기록하였다.* 예루살렘 함락으로 시작된 기독교 중심부의 이동은 결국 로마라는 새로운 기독교 중심지가 확립되는 계기가 된다. 베드로에 의해 로마교회의 사도적 권위가 확립되었으며, 바울이 로마에서 순교하였다는 초대교회의 전설 등이 이를 뒷받침하고 있다.

---

* 에우세비우스의 이러한 주장은 아직 고고학적 확인을 받지 못하고 있다. 이에 대한 에우세비우스의 기록은 Eusebius, *The History of the Church* (London : Penguin Books, 1965), 68.

티투스 장군의 공격으로 함락당하기 전 예루살렘의 지형을 1 : 50의 비율로 축소, 복원한 모형이다. 성전 앞의 4개의 성채가 안토니아 성채이고, 안토니아 성채 오른쪽에 보이는 것이 예루살렘 성전이다.

312년 콘스탄티누스 대제의 개종

'황제 기독교 시대'의 개막

'너는 이 사인 때문에 승리할 것이다'라는 환상의 키로(Chi-Rho) 사인대로, 콘스탄티누스 대제는 밀비안 전투에서 승리를 거둔다(312년). 이로써 로마의 기독교 박해 시대는 끝이 나고, 교회가 황제와 제국의 보호를 받는 시대를 맞게 된다.

콘스탄티누스 대제가 기독교로 개종한 계기가 된 312년의 밀비안 다리 전투의 환상 (라파엘로의 작품)

A.D.70년에 발생한 예루살렘의 함락은 기독교의 중심지가 팔레스타인 지역에서 지중해 연안의 그리스와 로마 문명권으로 이전되는 결과를 초래하였다. 로마가 기독교 교권과 신앙의 새 중심도시가 되었지만 여전히 기독교는 유대종교의 한 분파인 소수 종교의 모습을 유지하고 있었다. 로마황제들의 계속된 핍박 가운데서도 기독교인의 숫자는 조금씩 불어나고 있었지만 여전히 기독교는 유대인들과 로마의 일부 하층민들을 위한 소수 종교였다.* 미미한 종교운동으로 시작되었던 초기 기독교의 역사는 312년, 콘스탄티누스 대제가 기독교로 개종함으로써 전혀 새로운 국면으로 접어들게 된다. 로마제국과 황제의 후원을 받는 '다수의 종교(Religion of Majority)'가 된 것이다.

콘스탄티누스 대제(Flavius Valerius Constantinus)는 280년경 나이수스(Naissus)에서 로마제국의 카이사르였던 콘스탄티누스 1세의 아들로 태어났다.** 293년, 콘스탄티누스 1세는 테오도라(Flavia Maximiana Theodora)와 결혼하기 위해 그의 첫 부인인 헬레나(Helena)와 결별하였다. 이 비운의 여인, 헬레나는 콘스탄티누스 대제의 생모였다. 어머니의 운명은 콘스탄티누스 대제의 어린 마음에 깊은 상처를 남겼다. 콘스탄티누스 대제는 유년기부터 복수와 음모가 판을 치던 로마정치의 한복판에서 성장하면서 정치적 감각을 익혔다. 어린 시절, 콘스탄티누스 대제는 기독교의 박해자로 유명한 디오클레티아누스(Diocletianus, 284-308년 통치) 황제의 로마궁정에서 성장하였다. 그의 부친인 콘스탄티누스 1세가 로마제국의 일부를 통치하는 카이사르(Caesar)로 임명되면서 이를 견제하기 위한 방법으로 그의 아들인 콘스탄티누스 대제가 황제의 궁정에 볼모로 잡혀 있게 되었다. 이런 정치적 환경에서

---

* 콘스탄티누스 대제가 로마제국을 통치한 시기까지 기독교 인구의 자연증가가 어떤 종교사회학적 영향을 미쳤는지에 대한 탁월한 연구는 Rodney Stark, *The Rise of Christianity : A Sociologist Reconsiders History* (Princeton : Princeton University Press, 1996).

** 콘스탄티누스 대제는 콘스탄티누스 대제라고도 불린다. 정확한 생년월일은 알려져 있지 않은데, 272년 설과 280년 혹은 282년 설이 있다. 콘스탄티누스 1세는 자신이 로마 출신임을 주장하였지만 사실 다뉴브 지역 출신이다.

콘스탄티누스 대제의 통합 이전의 로마제국은 두 명의 아우구스투스와 두 명의 카이사르가 분할하여 통치하고 있었다. 로마제국의 이러한 통치형태를 '테트라크(Tetrarch, 4분할 통치)'라고 부른다. 현재 이 조각상은 베네치아의 성 마르코 광장에 있다.

자란 콘스탄티누스 대제는 어릴 때부터 자신의 목적을 달성하기 위하여 기만과 술책과 같은 정치적 기술을 일찍부터 터득하였을 것으로 추정된다.* 권모술수가 판을 치던 로마궁정에서 정치적 볼모로 자라나면서 콘스탄티누스 대제는 누구보다 빠른 정치적 판단력을 갖춘 인물로 성장해갔다.

당시 로마제국은 2명의 카이사르와 2명의 아우구스투스(Augustus)가 4분하여 통치하고 있었다. 디오클레티아누스 황제와 갈레리우스(Galerius, 305-311년 통치) 황제의 경호부대에 소속되어 있던 젊은 콘스탄티누스 장군은 그의 부친의 사망(306년) 이후 로마제국의 북쪽 변방에서 반란을 일으킨다. 스스로 로마제국의 새로운 카이사르임을 선포하고 경쟁자였던 막센티우스(Maxentius)의 군대가 주둔해 있는 로마를 향해 진격한다. 콘스탄티누스는 막센티우스를 물리치고 명실상부한 서(西)로마 제국 전체를 통치하는 아우구스투스로 등극하기를 원했기 때문에 막센티우스와의 일전이 불가피했다. 312년, 콘스탄티누스 장군 휘하의 9만 명의 보병과 8천 명의 최정예 기병은 알프스 산맥을 넘어 서로마 제국의 수도이자 막센티우스의 본거지인 로마를 향해 진격했다.

콘스탄티누스의 군대가 로마를 향해 행군하고 있다는 소식을 전해 들은 막센티우스는 중대한 전략적 실수를 범하게 된다. 로마를 거점으로 콘스탄티누스 군대의 공격을 막기보다는 직접 자신의 군대를 이끌고 출정하겠다는 결정을 내린 것이다. 이 결정이 내려진 312년 10월 28일은 마침 막센티우스가 황제로 취임한 지 정확히 6년째 되는 기념일이었다.

* Michael Grant, *Constantine the Great : The Man and His Time* (New York : History Book Club, 2000〔1993〕), 20.

막센티우스의 패전으로 이어졌던 이날의 결정은 황제취임 기념일이 특별한 행운을 가져다줄 것으로 기대했던 막센티우스의 오판이었다. 어쨌든 이날 내려진 막센티우스의 전략적 실수에 대해 초대교회의 역사가들은 이것이 하나님의 도우심이었다고 주장하고 있다. 막센티우스의 오판과 패전으로 콘스탄티누스가 로마의 황제로 취임하면서, 로마 기독교의 새로운 시대가 시작되었기 때문이다. 로마를 떠난 막센티우스의 군대는 콘스탄티누스의 군대가 주둔해 있는 곳으로 진격했다. 이때 콘스탄티누스 군대의 전투병력은 티버(Tiber) 강 건너편에 주둔하고 있었는데, 그 강을 가로지르는 다리는 B.C.109년에 건축된, 현재에도 사용되고 있는 밀비안(Milvian) 다리이다.

지금도 사용되고 있는 밀비안 다리의 전경. 막센티우스의 로마 군대가 전멸한 역사의 현장이다.

티버 강을 가로지르는 밀비안 다리에서 막센티우스 황제는 또 다른 중요한 군사적 실책을 범한다. 그는 자신의 군대가 무사히 강을 건널 수 있도록 밀비안 다리 옆으로 또 다른 임시 가교를 설치하였다. 그러나 그의 작전은 오히려 로마군대의 무덤을 파놓은 격이었다. 콘스탄티누스 군대의 막강한 전력에 밀려 후퇴하던 막센티우스의 군사들이 임시 가교를 채 건너기도 전에, 이 다리가 군사들의 무게를 견디지 못하고 무너지고 말았기 때문이다.

막센티우스의 군사들은 대부분 티버 강에서 익사하고 말았다. 막센티우스도 그들과 함께 티버 강에서 최후를 맞이하였다.

로마제국과 초대교회의 역사에서 이 밀비안 다리에서의 전투는 매우 중요한 결과를 남겼다. 막센티우스의 군사전략적 실수와 패전도 중요한 사건이었다. 그러나 기독교 역사에서 더 중요한 사건은 밀비안 다리에서의 전투가 벌어지기 전날 밤, 콘스탄티누스 대제가 하늘에서 목격하였다는 십자가의 환상과 '이 사인 때문에 너는 승리할 것이다(HOC SIGNO VICTOR ERIS)'라는 신비의 문구이다. 콘스탄티누스가 목격했다는 이 신비의 환상은 기독교 역사의 중요한 전환점이다. 네로 황제부터 시작되어 디오클레티아누스 황제의 통치기간에 최고조에 이른 기독교 박해 시대가 끝나고, 기독교가 로마제국의 종교로 전환하는 분기점이기 때문이다. 초대교회의 역사가 에우세비우스는 이때의 사건을 다음과 같이 비교적 자세히 보도하고 있다.

> 콘스탄티누스는 하나님께 기도하였다. 그는 하나님께 도움을 간절히 청하면서 이 상황에서 도움의 손길을 펼치사, 하나님이 어떤 분이신지를 보여달라고 기도하였다. 그가 이런 모습으로 간절히 기도하고 있을 때 하나님은 그에게 참으로 놀라운 사인을 보여주셨다. 만약 다른 사람이 이 사건을 기록한다면 아마 대부분의 사람들은 믿기 힘든 일일 것이다. 그러나 승리하신 황제는 이때 일어난 사건을 이 책의 저자인 내게 상세히 설명해주었다. 내가 황제를 알게 된 영광을 누림과 동시에 그에게 소속된 경위도 바로 이때부터이다. 그가 내게 이 이야기를 들려줄 때에 사실임을 거듭 맹세하였다. 〔중략〕
> 정오쯤 되었을 때 날이 벌써 저물기 시작하였는데, 그는 하늘에서 비치는 십자가 모양의 빛을 발견하였다. 황제는 그 신비한 사인이 태양

너머에 보였다고 말하면서 '이 사인으로 승리하라'는 문양이 있었다고 하였다. 이 광경은 그에게 충격적인 것이었는데, 이를 목격한 그와 함께 주둔해 있던 군사들에게도 이 광경은 참으로 놀라운 것이었다.

황제는 그때 번민에 사로잡혔노라고 말했다. 그 사인이 과연 무슨 의미일까? 그는 밤이 되어서까지 계속 고민하다 잠이 들었다. 그리스도가 꿈에 나타났는데 낮에 하늘에서 보았던 십자가 사인을 들고 있었다.

그리스도는 그에게 이 십자가 사인의 복제품을 만들라고 지시하면서, 적과의 임박한 전투에서 그것이 황제를 보호할 것이라고 말하였다. 다음 날 아침 그는 동료들에게 이 놀라운 사건을 설명하였다. 그리고 금과 보석을 세공하는 사람들을 불러 그가 목격한 사인의 모습을 자세히 설명해주었다.*

이때부터 콘스탄티누스의 문양으로 사용된 '키로(Chi-Rho)' 사인은 '그리스도'의 그리스어 첫 글자를 딴 것이다. 로마의 황제가 기독교로 개종하고 '그리스도'가 콘스탄티누스의 군대를 승리로 이끈 구세주로 공식화되었다. 그러나 이 키로 사인이 기독교의 문양으로 해석될 수 있음과 동시에 이방 종교의 관점에서도 충분히 해석이 가능하다는 데 문제가 있다. 전통 그리스 문명의 태양신 숭배와 아폴로에 대한 종교의 관점에서 볼 때 이 키로 사인이 태양신의 문양으로 이해될 수 있기 때문이다.** 과연 콘스탄티누스의 개종과

---

* Eusebius, *Vita Constantini(Life of Constantine)*, I, 28-32 ; Grant, *Constantine the Great*, 139-140에서 재인용. 필자의 번역.

** 312년 밀비안 다리에서 빛의 십자가 환상을 보기 전 콘스탄티누스는 이미 310년 마르세유(Marseille)로 가던 도중 아폴로의 환상을 경험하였다. Grant, *Constantine the Great*, 131-135를 참고할 것.

그림은 밀비안 다리 전투가 벌어지던 전날 밤, 콘스탄티누스가 하늘에서 십자가의 환상을 보는 장면을 다룬 것이다. '이 사인 때문에 너는 승리할 것이다' 라는 신비한 문구대로 콘스탄티누스는 다음날 막센티우스 로마군대를 전멸시킨다.

키로 사인이 그의 순수한 기독교 신앙을 증명할 수 있을지에 대한 학문적 토론이 계속되고 있다.

비록 콘스탄티누스의 키로 사인이 로마 거주민의 대다수를 차지하고 있는 이방 종교 숭배자들을 고려한 정치적 계산이라고 해도, 312년 밀비안의 체험을 통해 콘스탄티누스가 기독교로 개종한 것은 틀림없는 사실이다. 그러나 그가 숭배한 예수 그리스도는 십자가에서 대속의 제물로 희생당한 분이 아니라 위대한 로마제국에게 승리를 가져다주는 구세주였다. 어쩌면 콘스탄티누스는 기독교를 자신의 로마제국을 통합시키기 위한 도구로 사용했다고 보는 에드워드 기본(Edward Gibbon)의 학설이 어느 정도 사실인지 모른다.*

밀비안에서의 개종이 있은 이듬해, 콘스탄티누스는 리키니우스(Licinius)와 함께 소위 '밀라노칙령(Edict of Milan)'을 발표하여 로마제국에서 기독교 신앙을 공식적으로 인정했다.** 이로써 로마제국의 기독교인에 대한 박해를 공식적으로 마감했다. 단순히 신앙의 자유만 허용된 것이 아니라 교회가 제국의 보호를 받는 소위 '황제 기독교 시대(Caesaropapism)'가 개막된 것이다. 핍박받던 교회가 황제의 보호를 받으면서 면세의 혜택을 누리게 됨으로써 기독교 인구가 증가하는 계기가 되었다. 콘스탄티누스 대제 시기에 1,800명의 감독들이 활동하였다는 기록을 볼 때 얼마나 빠른 속도로 로마제국의 기독교화가 진행되었는지 짐작할 수 있다.*** 이러한 황제의 권력과 개입이 계속되면서 초대교회는 콘스탄티누스 대제의 정치적 압력을 받게 된다.

콘스탄티누스 대제의 개종의 진위를 의심할 필요는 없지만, 그가 기독교

---

* Edward Gibbon, *The Decline and Fall of the Roman Empire* (New York : Harcourt, Brace and Company, 1960), 299.
** 엄밀한 의미에서 밀라노에서 내려진 교서는 황제의 교서가 아니라 지방관리들에게 내려진 일종의 지침서에 불과한 것이었다.
*** 이러한 급격한 기독교의 세속화는 사막교부의 은둔 수도생활과 같은 반작용을 초래하였다.

를 로마제국의 종교로 공인한 이유는 기독교의 통일된 신앙체계가 제국의 종교적 통일성에 기여할 것이라는 계산에서 비롯된 것이라고 볼 수 있다. 당시 기독교는 두 가지 종류의 특별한 '이단적인' 신학사상이 기독교의 신학적 통일성을 깨트리고 있었다. 그것은 콘스탄티누스 대제에 의해 재편된 기독교 교권을 전면적으로 부정했던 북아프리카를 중심으로 한 도나투스파(Donatists)들과 예수 그리스도의 신성(神性)에 대한 정통교리와 다른 견해를 가졌던 아리우스(Arius)의 신학이었다. 316년부터 시작된 콘스탄티누스의 도나투스파에 대한 탄압정책은 321년을 기점으로 유화책으로 전환되었다. 기독교의 순수성을 지키기 위하여 순교당하는 것을 신앙의 목표로 삼고 있는 도나투스파에게 탄압정책을 쓰는 것은 불에 기름을 붓는 것과 같다는 정치적 결론에 도달한 것이다.

그러나 그리스도의 신성(神性)에 부정하는 아리우스의 견해에 대해서는 특별한 조치가 필요하였다. 콘스탄티누스 대제는 로마제국의 평화를 위해서 통일된 신학적 합의를 이끌어내지 않으면 안 될 형편에 처해 있었다. 아리우스는, 성자 그리스도는 성부 하나님과 동일하지 않은 신성을 가지고 있다고 주장하면서 성자는 성부와 동일하지 않을 경우도 있으므로 성부가 곧 성자를 뜻하는 것은 아니라는 신학적 주장을 펼치고 있었다. 이러한 아리우스의 신학은 4세기 기독교인들에게 매우 중요한 신학적 도전이었다.* 아리우스의 이단적인 기독론으로 인해 자신이 통치하고 있는 기독교 제국의 종교적 통일성이 깨어지고 있음을 직시한 콘스탄티누스 대제는 323년 그의 심복이자 코르도바(Cordoba)의 감독인 오시우스(Ossius) 편으로 교서를 전달케 하였다. 상이한 신학사상의 통일을 촉구하였던 콘스탄티누스의 교서는 정통교리

---

* 니사의 그레고리우스(Saint Gregorius of Nyssa)에 의하면, 당시 저잣거리에서나 공중 목욕탕에서 신학적 토론이 끊이지 않았다고 한다. Grant, *Constantine the Great*, 169에서 재인용.

그림은 니케아의 주교들이 모인 가운데, 콘스탄틴 대제가 복음서가 펼쳐져 있는 옆(오른쪽)에 앉아서 '이단적인' 신학사상을 내세운 아리우스(그들 발 밑에 있는 사람이 아리우스)를 정죄하고 있는 장면이다.

를 주장하는 알렉산드리아의 감독 알렉산더(Alexander of Alexandria)와 아리우스에게 전달되었다. 알렉산더 감독에게 보낸 콘스탄티누스 대제의 편지의 일부 내용은 다음과 같다.

> 양쪽 진영에게 지시한다. 반대편 진영에서 제시한 견해를 받아들이라. "이게 도대체 무슨 소리인가", 이런 질문을 상대방에게 하지 말라. 만약 반대편이 이런 질문을 하면 대답도 하지 말라. 철학적인 담론을 즐기기 위해서 공연히 이런 질문을 할지라도 이에 대답할 아무런 법적 의무도 없으며, 쓸데없이 사람들 마음에 분쟁을 일으킬 만한 소지가 있다면 그런 마음을 진정시키기를 지시한다.
>
> '신학적 분쟁을 하루빨리 종식시키기 위해' 나는 예를 들어 당신들에게 다시 한 번 강조하고자 한다. 철학을 하는 사람들을 보라. 명석한 두뇌를 가진 그들은 많은 경우에 각자 다른 견해를 가지고 있지만 사상적 통일성을 위해서 그들은 언제나 합의에 도달한다. 그런데, 어떻게 한 위대하신 하나님을 믿는 우리 기독교인들이 서로 조화를 이루지 못한단 말인가? 나로 하여금 근심없는 평온한 낮과 밤을 즐기게 해달라.*

일단 오시우스 감독의 노력에 의해 아리우스의 견해는 이단으로 정죄되었지만, 콘스탄티누스 대제는 이듬해에 다시 제1차 에큐머니컬 공의회로 불리는 니케아공의회를 소집하였다. 지중해 인근 각 지역으로부터 로마제국의

---

* Grant, *Constantine the Great*, 171-172에서 재인용.

기독교를 대표하는 약 2,000명의 대표단이 도착하였는데 그중, 서방교회의 대표는 단지 6명에 불과했다. 콘스탄티누스 대제의 정치적 의도에 따라 성자 그리스도의 신격이 성부 하나님과 본질상 동일하다는 '호모우시오스(Homoousios)'의 견해가 채택됨으로써 아리우스에 대한 이단축출은 자명해졌다.* 그러나 325년의 제1차 니케아공의회의 결정에도 불구하고 아리우스의 기독론은 동방교회에서 많은 지지를 받고 있었다. 327년에 열린 제2차 니케아공의회에서는 아리우스를 사면하고 그의 추종자들이 성례전에 참석하는 것을 허용하기까지

서방교회의 정통교리인 호모우시오스의 수호자인 아타나시우스 (St. Athanasius)의 모습

하였다. 335년에 열린 예루살렘 공의회에서는 아리우스의 파문 해제를 결정하였다. 초대교회사가인 카에사리아의 에우세비우스도 아리우스의 견해에 동조하는 입장을 견지하였다.

    동방교회의 이러한 친(親)아리우스주의에 신학적 쐐기를 박고 성부와 성자가 신격상 동일하다는 정통교리를 확증한 인물이, 알렉산더의 뒤를 이어 328년 알렉산드리아의 감독으로 취임한 아타나시우스(Athanasius, c. 295-

---

* 삼위일체 등과 같은 초기 기독교 신학 결정의 과정에 미친 정치적 영향에 대한 최근의 연구는 Richard Rubenstein, *When Jesus Became God : The Struggle to Define Christianity During the Last Days of Rome*(San Diego : Harcourt, 1999)와 Michele Salzman, *The Making of A Christian Aristocracy* (Cambridge : Harvard University Press, 2002).

373)였다.

아타나시우스는 아리우스의 '이단적' 견해뿐만 아니라 에우세비우스같이 중도적 입장을 견지하는 사람들에게 지나친 공격을 계속하여 제국의 안정과 질서를 최고의 목표로 삼던 콘스탄티누스 대제의 경계를 받기도 하였다.*

콘스탄티누스 대제의 개종과 기독교의 공인은 기독교 역사적 전개에 매우 중요한 결과를 초래하였다. 무엇보다 중요한 것은 콘스탄티누스 대제의 개종과 기독교 공인으로 인하여, 기독교가 더 이상 박해를 받는 종교가 아니라 황제의 정치적 보호라는 기득권자의 편에 서게 되었다는 것이다. 마침내 '로마제국 = 기독교'라는 등식이 성립된 것이다. 이로 인해 로마의 정치권력이 보장해주는 종교적 기득권을 위한 표면적인 개종이 불가피해지기 시작하였다.** 또한 기독교의 정통교리로 정착된 '삼위일체설'을 위시한 니케아 신조의 채택에 있어, 콘스탄티누스 대제의 국가권력이 개입됨으로써 신앙 외적인 정치적 요소가 기독교 신앙에 영향을 미치는 부작용을 초래하는 전례로 남게 되었다.

물론 긍정적인 영향도 있었다. 로마의 정치 군사력의 팽창과 더불어 복음이 매우 빠른 속도로 지중해 연안의 각 지역으로 퍼져나가게 되었다. 콘스탄티누스 대제의 기독교 공인에 따라 로마제국의 격투사와 같은 '비기독교적인' 관행이 종적을 감추게 되었고, 잔인했던 십자가 사형제도도 폐지되었으며, 일요일이 교회가 정한 안식일로 채택되었다.

---

* 아타나시우스는 모두 5번에 걸친 추방을 당하는 수모를 겪었다. 아타나시우스와 콘스탄티누스 대제의 관계에 대해서는 Timothy Barnes, *Athanasius and Constantinus : Theology and Politics in the Constantinian Empire* (Cambridge : Harvard University Press, 1993).

** Ramsay MacMullen, *Christianizing the Roman Empire, A.D. 100-400* (New Haven : Yale University Press, 1984), 114-115.

'삼위일체설' 교리는 니케아와 콘스탄티노플 공의회의 신조에서 채택되었다. 이 삼위일체설을 위시한 니케아 신조의 채택에 있어, 콘스탄티누스 대제의 국가권력이 개입됨으로써 신앙 외적인 정치적 요소가 기독교 신앙에 영향을 미치는 부작용을 낳기도 했다.

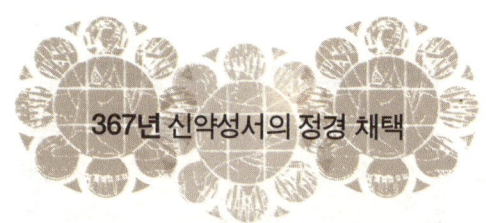

367년 신약성서의 정경 채택

〈요한계시록〉을 포함한 27권의 신약성서

2세기까지만 해도 초대교회에서 공식적으로 사용한 기독교 경전은 구약성서뿐이었다. 2세기 중반 파피아스와 폴리캅의 시대에 이단자 마르시온의 도전으로 신약성서의 정경화 채택이 불가피해진다. 363년 역사상 최초로 라오디게아 교회에서 기독교 정경 채택을 위한 회의가 열렸고, 367년 27권의 신약성서가 채택되기에 이른다.

〈이사야〉 사해사본의 일부. 현존 성서사본 중 가장 오래된 사본 중의 하나

2세기가 마감되던 시기까지 초대교회에서 공식적으로 사용되던 기독교의 경전은 구약성서였다. 현재 신약성서에 포함되어 있는 정경 27권 중 가장 먼저 기록된 것은 48년부터 58년 사이에 씌어졌을 것으로 추정되는 바울 서신들이었다. 그 뒤를 이어 〈마가복음〉(60-70년경), 〈마태복음〉(70-80년경), 〈누가복음〉과 〈사도행전〉(80-90년경), 그리고 〈요한복음〉(90-100년경)이 씌어졌을 것으로 추정되지만, 이러한 바울 서신과 사복음서가 공식적으로 기독교의 경전으로 인정된 것은 후대의 일이었다. 2세기 초반 로마교회의 지도자로 활약했던 클레멘트(Clement of Rome)는 바울 서신의 일부분을 자주 인용하였지만, 사복음서의 내용에 대해서는 전혀 언급하지 않았다.

역시 같은 시대에 활동하였던 교부 이그나티우스(Ignatius)도 바울 서신을 언급하였지만, 정확한 서신의 이름이나 출처를 확인하지 않았던 것으로 미루어, 2세기 초반까지 문서로 된 정경보다는 구전으로 내려오던 바울 사도의 서신내용을 인용한 것으로 추정된다.

110년부터 140년까지 활동하였던 파피아스(Papias)의 단편적인 글에서도 이러한 구전 존중의 전통을 발견하게 된다. 그러나 130년 이후부터 씌어

〈시편〉 사본의 일부이다. 쿰란에서 발견된 이 사본은 현재 예루살렘의 이스라엘 박물관에 보관되어 있다. 구약성서의 찬송가인 〈시편〉은 5권으로 이루어져 있다.

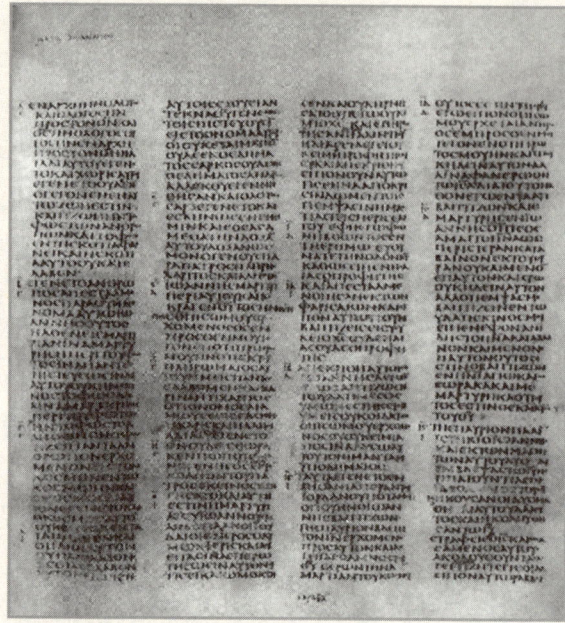

◀ 지금까지 남아 있는 성서사본 중에서 가장 오래된 사본 중의 하나인 〈시나이 사본 Codex Sinaiticus〉. 이 사진은 〈시나이 사본〉의 요한복음서 첫 부분이다.

▼ 〈시나이 사본〉을 검토하고 있는 장면

350년경에 필사된 것으로 추정되는 이 〈시나이 사본〉은 19세기 중반 시나이 사막(Sinai Desert)에 있는 성 카타리나 수도원에서 독일학자 프리드리히 본 티셴도르프(Friedrich von Tischendorf)에 의해 발견된 후 러시아 정교회에서 보관하고 있었다. 그러나 1930년대에 재정난에 봉착한 러시아 정부는 이 〈시나이 사본〉을 당시 금액으로 20만 파운드를 받고 대영박물관에 매각하였다.

진 파피아스의 후대의 글부터 마태와 마가복음서의 일부분이 인용되어 있는 것을 볼 수 있다. 특히 마가복음서를 쓴 마가가 '베드로의 서기' 였다고 분명히 기록함으로써 최초로 복음서의 이름이 붙여졌다.

파피아스와 같은 시기에 활동하였던 신학자 폴리캅(Polycarp)은 약 100회에 걸쳐 예수의 언행에 대해 언급하고 있는데, 정확한 출처는 밝히지 않고 있다. 아마 당시 교회에서 구전으로 돌아다니기 시작하던 복음서의 내용을 인용한 것으로 추정된다.

다시 말해서 2세기 중반까지 초대교회에서 공식적으로 사용되던 기독교 경전은 구약성서뿐이었다. 일부 교부들이나 초대교회의 신학자들이 언급하기 시작한 바울 서신과 복음서의 단편적인 내용은, 구체적인 필사본에 근거한 것이기보다는 주로 구전으로 전해져 오던 것을 인용한 것으로 추정된다. 이러한 초대교회의 분위기는 각종 이단 시비와 맞물려 변하기 시작한다. 전통적 교리가 형성되기 시작했다는 말은 곧 정통에 도전하는 이단사상의 도전이 있었음을 의미한다. 이러한 이단적 사상의 도전에 대응하기 위하여 초대교회의 신학자들과 교부들은 두 가지 방법으로 교회의 교리적 순수성을 지키고자 하였다. 니케아공의회로 대표될 수 있는 각종 에큐머니컬 공의회를 통해 정통신학 사상을 대내외에 천명한 것이 첫 번째 조치였다면, 신약성서의 정경화를 통한 기독교 경전의 확립을 통해 공식적으로 교리적 기초를 만든 것이 두 번째 조치였다.

파피아스와 폴리캅의 시대, 즉 2세기 중반 초대 기독교의 가장 강력한 이단적 도전은 영지주의자들(Gnostics)의 활동이었다. 영지주의자들은 초대교회보다 먼저 복음서의 일부내용을 자신들의 영지주의 사상을 정당화하기 위해 이용하였다. 산상수훈의 내용이나 부자와 나사로의 이야기 등을 영지주의적으로 해석하자, 초대교회에서는 이런 이단종파가 잘못 해석하고 있는 복음서의 내용을 정경화해야 할 필요성이 절실히 대두되었다. 구약성서의 가치를 부정하였던 2세기 중반의 마르시온(Marcion)의 도전도 신약성서의

서머나 교회(폴리캅 교회)
폴리캅은 2세기 그리스도교 주교였던 파피아스와 같은 시기에 활동하였던 신학자이다. 사도 요한의 직계 제자였으며, 그로부터 직접 교육을 받았던 폴리캅은 115~116년까지 서머나 교회의 감독이었다. 156년에 서머나에서는 기독교에 대한 박해가 시작되었다. 이때 폴리캅은 밀고로 체포된 상태였는데 어릴 적부터 친구였던 스타티우스는 그를 살리기 위해 그에게 신앙을 부정하라고 하였다. 그러나 폴리캅은 "86년간 나는 그분을 섬겨왔고, 그분은 나를 한 번도 모른다고 한 적이 없는데 내가 어떻게 나의 주님을 모른다고 하겠는가?" 하고 거절하여 끝내 화형에 처해졌다(160년 추정). 오늘날에도 그의 순교를 기리기 위해, 그가 세웠던 교회 위에 현대식으로 폴리캅 기념교회를 세우고 예배당으로 사용하고 있다.

정경화를 서두르게 하는 계기가 되었다. 바울의 서신 중 10개만을 정경으로 인정하고 사복음서 중 〈누가복음〉을 유일하게 정경으로 채택했던 마르시온의 도전 앞에(144년) 교회는 공식적인 정경에 대한 입장을 제시해야만 했다.* 이단자 마르시온이 먼저 일부 성서를 정경으로 사용하기 시작한 것은 초대교회에 큰 자극이 되었다. 또한 북아프리카의 이단 몬타누스파(Montanism)의 등장(156년)도 초대

프린스턴 신학교의 신약학 교수였던 브루스 메츠거(Bruce Metzger) 박사가 〈바티칸 사본 Vaticanus Codex〉을 연구하고 있는 장면. 성서사본학의 대가인 메츠거 교수는 현재 미국교회의 표준번역으로 사용되고 있는 NRSV 성서번역의 책임자였다.

교회가 정경 채택을 결정하는 데 중요한 영향을 미쳤다. 로마의 교권을 부정하고, 사제 계급의 정통성에 대한 도전을 계속하였던 이 북아프리카 중심의 이단적 사상을 막기 위해 정경의 채택을 통한 정통의 확립이 절실히 요구되었던 것이다.

2세기 중반으로 넘어오면서 신약성서의 정경화는 급물살을 타게 된다. 특히 로마에서 활동하였던 순교자 유스티누스(Justinus Martyr)은 이미 135년경에 기록한 〈유대인 트라이포와의 대화〉에서 복음서의 내용을 직접 언급하면서 '사도들의 회고록' 이라고 표현한 바 있다. 비록 유스티누스는 한 번도 바울 서신을 언급하지 않았지만, 그의 제자 타티아노스(Tatianos)에 의해서 공식적으로 사복음서가 교회의 공식적인 경전으로 채택된다.

특이한 점은 이 최초의 복음서 채택이 로마제국 안의 기독교가 아니라 시

---

* 마르시온이 144년까지 자신이 선택한 복음서가 〈누가복음〉임을 밝히지 않은 것으로 미루어, 그때까지 복음서(최소한 누가복음서)의 이름이 없었음을 알 수 있다. 이 복음서의 이름을 밝힌 것은 신학자 마르시온의 사상을 반박하였던 터툴리안에 의해서이다. Tertullian, *Against Marcion*, 4장 2절 참고.

리아 교회에서 먼저 공식화된 것이다. 유스티누스에 의해 로마에서 기독교로 개종한 타티아노스는 자신이 소속되어 있던 시리아 교회로 돌아가서(172년), 각종 개혁적인 정책으로 시리아 교회를 갱신함과 더불어, 사복음서를 시리아 교회의 공식 경전으로 채택하였다. 이를 우리는 '타티아노스의 디아테사론(Dia-tessaron of Taitan)' 이라고 부른다.

이어 177년, 교부 이레나이우스(Irenaeus)는 리옹에서 발생한 기독교 박해사건에 대한 편지를 아시아 교회에 발송하였는데, 이 편지의 내용 가운데 지금 우리가 사용하고 있는 신약성서의 내용들이 많이 포함되어 있는 것을 발견할 수 있다.* 이레나이우스는 타티아노스의 복음서의 실체에 대해서도 잘 알고 있었다. 그는 이 복음서를 기독교의 공식 경전으로 인정하였다. 2세기가 마감되어 가던 시기에 초대교회의 대표적 신학자는 클레멘트(Clement)였다. 그는 이레나이우스과 함께 타티아노스의 복음서를 공식적인 기독교의 경전으로 인정한 사람이었다. 그러나 클레멘트는 사복음서가 마태, 누가, 마가, 요한복음서의 순서로 씌어졌다고 믿었다. 또한 〈히브리복음서〉, 〈마티아스 전통〉, 〈헤르마스〉, 〈바나바의 서신〉, 〈베드로의 묵시록〉과 〈디다케〉 등도 신약성서에 포함되어야 한다고 보았다.

3세기를 대표하는 신학자는 알렉산드리아의 탁월한 사상가 오리게네스(Origen)이었다. 그는 18세의 나이에 알렉산드리아의, 일종의 신학교를 책임지는 교장의 자리에 올랐지만 우여곡절 끝에 카에사리아에서 다시 신학교의 문을 열었다. 오리게네스는 최초의 신학저술로 불리는 〈원리에 관하여 *De Principiis*〉에서 구약과 더불어 '신약(New Testament)' 이라는 기독교 경전의 존재를 처음으로 언급하였는데, 이레나이우스와 클레멘트와 같이 타티아노스의 사복음서(Diatessaron of Taitan)가 기독교 정경(正經)으로서 정통성을

---

* 이 편지는 에우세비우스의 〈교회사〉 5장에 기록되어 있다.

가진다고 주장하였다(244년). 그러나 오리게네스는 클레멘트의 견해를 따라 〈디다케〉와 〈바나바의 서신〉 등도 경전에 포함되어야 한다고 보았다.

3세기 말부터 시작하여 4세기로 접어들기까지 초대교회는 로마황제로부터 극심한 탄압을 받았다. 디오클레티아누스와 갈레리우스 황제의 기독교 탄압정책이 시행되는 동안 수많은 기독교 문서들이 잿더미로 변했다. 로마황제들이 기독교 문서들을 불태워 없앨 것을 지시했기 때문에 많은 성서사본들과 교부들의 저술이 소실되었다. 그래서 초대교회는 신약성서의 정경화를 서두를 수밖에 없었다. 정경 채택을 통해 기독교 문서를 보존하고 확립해야 했기 때문이다. 따라서 2~3세기 동안 이단적 사상의 도전을 받으며 서서히 경전의 모습을 갖추어 가던 초대교회는 4세기에 이르러 신약성서의 경전화를 본격적으로 추진하게 되었다. 물론 콘스탄티누스 대제의 개종 이후(312년), 로마제국의 친기독교 정책도 중요한 변수로 작용하였다.

예를 들면 에우세비우스의 기록에 의하면, 콘스탄티누스 대제는 에우세비우스에게 로마제국에서 공통적으로 사용될 수 있는 50권의 성서사본을 편찬하라고 지시하였다.* 비록 에우세비우스가 어떤 책들을 신약성서에 포함했는지에 대해 알 수 없지만, 현존하는 두 종류의 4세기 성서사본을 통해서 에우세비우스의 사본을 짐작해볼 수 있다. 이 두 종류의 4세기 성서사본에는 지금 우리가 사용하는 신약성서 전체와 〈바나바의 서신〉, 〈헤르마스〉가 포함되어 있다.** 350년경에 쓰어진 〈교리자 강론〉에서 예루살렘의 감독 키릴(Cyril)은 성서 외에 다른 어떤 책도 교회에서 사용되어서는 안 된다고 주장하였다. 이때 키릴이 말한 신약성서는 지금 우리가 사용하고 있는 신약성서 전체 중 〈요한계시록〉만 뺀 것이었다.

---

* 에우세비우스, 〈콘스탄티누스의 생애〉 4. 36. 37 참조.
** 남아 있는 두 가지 4세기 성서사본의 이름은 〈Codex Sinaiticus〉와 〈Vaticanus Codex〉이다.

363년, 초대교회 역사상 최초로 기독교의 정경 채택을 위한 회의가 라오디게아에서 열렸다. 예루살렘의 감독 키릴의 영향을 받아 〈요한계시록〉을 뺀 지금의 신약성서 26권이 교회의 정경으로 채택되었다. 이러한 363년의 결정은 4년 후 알렉산드리아의 감독 아타나시우스에 의해 최종적으로 확정되었다. 기독교 절기에 대한 정확한 날짜를 통보하기 위한 아타나시우스의 편지가 367년 이집트의 교회로 우송되었는데, 이 편지(Festal Epistle)의 내용 가운데 〈요한계시록〉을 포함한 지금의 신약성서 27권이 정경으로 공식화되었다. 이로써 약 300년 동안 진행되던 정경화의 과정이 일단락되고 기독교의 경전인 신구약 성서 66권이 최종적으로 채택되기에 이르렀다.

  66권으로 구성된 신구약 성서가 기독교의 경전으로 정착하게 된 직접적인 동기는 아타나시우스의 공헌이 크지만, 이를 정착시킨 것은 히포의 대주교 아우구스티누스의 후원과 384년 제롬에 의해 라틴어로 번역된 〈불가타역 성서 Latin Vulgate Bible〉가 중세교회에서 공식 성서로 사용되었기 때문이다.*

---

* 393년 히포(Hippo)에서 열린 공의회와 397년의 카르타고(Carthago), 419년에 다시 열린 카르타고공의회에서 아우구스티누스의 후원 아래 27권의 신약성서가 정경으로 다시 인정되었다.

초대교회 역사상 최초로 기독교의 정경 채택을 위한 회의가 개최(363년)되었던 라오디게아

라오디게아(Laodicea)는 골로새에서 서쪽으로 16마일, 에베소에서 180km 떨어진 지점이다. 성서 시대 라오디게아는 소아시아 프리지아(Phrygia, 성서상의 부르기아)의 수도로 교통의 요지인 리커스 계곡에 위치하여 부유한 상업도시로 발전했다. 라오디게아는 바울의 전도를 받아들인 곳이기도 하다. 현재 라오디게아는 여러 번의 지진으로 땅속에 묻힌 도시가 되어버렸다. 위의 사진처럼 교회터에는 퇴락한 벽체의 극히 일부분만 남아 있다.

410년 로마의 함락

고트족이 '영원한 도시' 로마를 함락시키다

콘스탄티누스 대제 이후, 황제의 정치적 보호를 받으면서 서방 기독교의 중심도시로 확고한 위치를 차지하던 로마도 게르만 계열의 고트족에 의해 함락된다. 도나투스파는 로마의 함락을 '하나님의 징벌'로 규정하였고, 아우구스티누스는 〈하나님의 도성〉에서 "우리의 시민권은 하늘에 있다"며 로마의 함락을 위로했다.

로마 문명의 비극 – 고트족을 이끌고 로마를 함락시킨 알라리크의 모습

콘스탄티누스 대제의 기독교 개종(312년)과 니케아공의회(325년)를 통해 초기 기독교는 4세기 초부터 안정 국면에 접어들기 시작했다. 분열되었던 로마제국이 오랜 갈등의 상처를 치유하고 막강한 황제의 정치적 보호 아래 서방 기독교의 중심도시로 확고하게 자리잡은 것도 이 시기의 일이다.

그러나 410년, 기독교 제국의 태평성대가 일시에 허물어지는 사건이 발생했다. 다뉴브(Danube) 강 인근에 거주하던 게르만 계열의 고트족(Goths)들이 '영원한 도시' 로마를 일시에 함락시킨 것이다. 로마제국의 변방에 거주하던 이 야만족들이 로마제국과 야만족들의 지역적 경계선인 다뉴브 강을 건너서 동남쪽으로 이동하게 된 것은(376년), 중앙아시아를 본거지로 한 훈족(Hun)의 서진(西進) 때문이었다. 훈족의 공격을 피해 로마제국의 영토로 도미노식 이동을 시작한 고트족에 대해 로마인들은 계속 멸시하는 입장을 취했고 자연히 양측 간의 갈등은 심화되어 갔다. 로마제국과 고트족의 대립은 378년, 아드리아노플 전투에서 일단락됐다.

승리를 차지한 고트족들에게 로마제국의 영토 안에서의 거주가 정식으로 허용되었다. 그러나 고트족의 지도자인 알라리크(Alaric, 370-410년 추정)은 여기에 만족하지 않고 401년부터 이탈리아 지역에까지 진입, 닥치는 대로 약탈행위를 일삼았고,* 결국 제국의 수도 로마는 알라리크의 손아귀에 떨어지고 말았다(410년). 찬란했던 로마제국의 자부심은 야만족들의 무자비한 폭력 앞에서 산산이 부서지고 만 것이다.** 에드워드 기본(Edward Gibbon)은 로마의 함락을 다음과 같이 묘사하고 있다.

---

* 고트족의 역사에 대해서는 다음 두 가지 연구가 있다. Peter Heather, *The Goths*(Oxford : Blackwell, 1996) ; Thomas Burns, *History of Ostrogoths*(Bloomington : Indiana University Press, 1991).

** 로마의 함락을 군사적 이론으로 설명한 탁월한 연구는 Arther Ferrill, *The Fall of the Roman Empire : The Military Explanation*(New York : Thames and Hudson, 1986).

> 로마의 거리에는 죽은 사람의 시체가 즐비하게 흩어져 있었다. 그 시체들은 오랫동안 매장되지 않고 그냥 방치되었다. 절망에 빠져 있던 로마의 시민들은 분노하고 있었다. 그러나 야만족들은 로마시민들이 약간이라도 저항할 기미가 보이면 나약하고 유순하기 짝이 없는 무력한 시민들을 끔찍한 방법으로 살해하였다. 아무런 거리낌이나 후회 없이 4만 명의 노예에게 보복을 가했다. [중략]
> 정교한 예술작품들은 함부로 다루어졌고 또 파괴되었다. 야만족들은 보석을 강탈하기 위해 수많은 조각품과 동상들을 파괴하였다. 야만족들이 창칼을 휘두를 때마다 아름다운 각종 화병들이 산산조각 났다. 그들은 약탈을 통해 더 많은 보석과 금품을 차지하면서, 더 많은 욕심과 탐욕을 부렸다. 로마시민들을 공갈 협박하고, 때로 엄청난 고문을 가해 보물이 숨겨져 있는 곳을 알아냈다.*

로마인들은 다뉴브 강 건너편에 살고 있는 게르만 민족들을 '바베리언(Barbarian)'이라고 불렀다. 원래 이 말은 문자가 없는 야만적인 게르만족들의 대화가 '바발, 바발, 바발'처럼 들린다고 해서 붙여졌다. 이처럼 멸시를 받던 게르만 계열의 고트족들에 의해 로마제국의 수도가 함락되었을 때, 그들이 받은 충격은 가히 상상을 초월하는 것이었다. 로마제국의 수도가 야만족에 의해 함락됐다는 사실은 지중해를 중심으로 한 5세기 유럽 전체를 충격으로 몰아넣었다. 문명과 야만의 위치가 정반대로 뒤바뀐 이 엄청난 현실 앞에 수많은 로마인들은 정신적 충격을 경험하였다.

---

* Edward Gibbon, *The Decline and Fall of the Roman Empire*(New York : Harcourt, Brace & Co., 1960), 453-454. 필자의 번역.

당시 로마는 진보된 문명이 보장해줄 수 있는 최고의 안전과 풍요를 상징하고 있었다. 로마가 야만족들에 의해 함락될 수 있다면 그것은 이 세상 어디에도 안전한 곳이 없다는 것을 뜻했다. 그래서 예루살렘의 신학자 제롬(Jerome)은 "만약 로마가 멸망한다면, 이 세상 무엇이 우리의 안전을 지켜줄 수 있는가"라고 탄식하였다. 문명의 진보를 운운하기도 전에 생존권이 일시에 박탈당하는 처참한 경험을 통하여 로마의 기독교인들은 고난과 죄책감을 혼동하기 시작했고, 이방 종교를 숭배하던 로마인들은 재난의 원인을 로마교회로 돌리기 시작했다. 로마의 교권을 부정하였다는 이유로 극심한 탄압을 받아왔던 도나투스파(Donatists)들은 로마의 함락을 하나님의 징벌이라고 고소해했다. 재난을 피해 도피길에 올랐던 수많은 로마 교회의 지도자들은 재난의 의미와 결과에 대해 함구하는 애매모호한 태도를 보였다. 도피길에 오른 로마인들이 선택할 수 있는 퇴각로는, 지금의 스페인 지역을 향해 서쪽으로 이동하거나 배를 타고 시실리를 거쳐 북아프리카로 피난하는 것이었다.

당시 북아프리카의 기독교를 이끌고 있던 히포의 주교 아우구스티누스(St. Augustinus, 354-430년)는 로마인들의 원망과 기독교인들의 자책감에 대해 명확한 신학적 답변을 할 필요가 있다고 생각했다. 그는 이탈리아의 주교들이 로마의 함락에 대해 침묵하는 것에 분노를 느꼈다. 북아프리카의 주교였던 아우구스티누스는 이탈리아와 로마의 기독교인들에게 이 문제에 대한 신학적 답변을 주기로 결심했다. 로마의 함락이라는 역사적 사건을 어떤 신앙의 관점에서 이해할 것인지, 고난에 대한 기독교인의 이해는 무엇인지에 대한 답변이 요구되던 때였기 때문이다. 아니, 410년에 일어난 로마의 함락은 초대 기독교 세계 전체에 밀어닥친 '세상을 향한 부담감(pressurae mundi)'이었다. 아무도 알라리크의 로마점령이 제기하는 신학적 부담감으로부터 자유로울 수 없었다. 무엇보다 먼저 아우구스티누스는 그의 원숙한 설교를 통해 북아프리카로 도피해온 로마의 기독교인들에게 다음과 같이 위로의 말씀을 전하였다.

"형제들이여, 상심하지 맙시다. 이 지상의 모든 왕국은 언젠가는 끝이 오기 마련입니다. 지금이 바로 그 마지막이라고 하더라도 우리 하나님은 알고 계십니다. 아마도 그 마지막이 아직 오지 않았는지도 모릅니다. 몇 가지 이유를 생각하여 볼 때, 그 마지막이 오지 않았음을 추측할 수 있는 몇 가지 희망이 있습니다."*

로마에서 강론하고 있는 아우구스티누스(The Teaching of St. Augustinus in Rome)
아우구스티누스 성당의 벽화 (220X230cm) / 베노조 고촐리(Benozzo Gozzoli)의 작품(1464-1465년)

* 아우구스티누스의 설교 105 중에서 발췌. 피터 브라운, 〈아우구스티누스 : 생애와 사상〉(서울 : 한국장로교출판사, 1992), 434에서 재인용. 필자가 일부 번역을 수정함.

413년부터 426년까지 저술된 아우구스티누스의 〈하나님의 도성〉은 이런 역사적 배경에서 씌어진 책이다. 젊은 시절 플라톤주의, 마니키안주의 등의 사상적 편력을 거치며 원숙해진 아우구스티누스의 신학은 총 22권으로 구성된 〈하나님의 도성〉을 통해 종교와 철학, 그리고 인류의 처음과 마지막을 꿰뚫어 보는 기독교 역사관이 아름다운 시적 표현으로 기록되었다. 무엇보다 야만족들에 의해 제국의 수도 로마가 함락됨으로써 비롯된 기독교인의 자기 정체성의 혼돈에 대해, 하나님의 섭리대로 이끌려 가는 역사에 대한 정확한 신념을 불어넣음과 동시에, 역사의 위기 속에서 기독교인이 어디에 궁극적인 희망을 걸어야 하는지에 대한 분명한 신학적 해답을 제시하였다. 아우구스티누스는 혼돈에 빠져 있는 기독교인들을 이렇게 위로했다.

> 형제들이여, 이제 귀를 기울입시다. 귀를 기울이고 또한 노래합시다. 우리의 시민권이 있는 도시를 사모합시다.…사모함으로 우리는 이미 그곳에 가 있는 것입니다.
> 우리는 이미 우리의 희망을 닻과 같이 그곳의 해변에 내렸습니다. 나는 지금 이곳이 아닌 또 다른 어떤 곳을 노래합니다. 나는 나의 육체가 아닌 나의 마음으로 노래합니다.
> 바빌론의 시민들은 육체의 소리를 듣지만, 예루살렘의 설립자는 우리 마음의 노랫소리에 귀를 기울입니다.*

---

* 피터 브라운, 아우구스티누스, 464에서 재인용.

"우리의 시민권은 하늘에 있다"는 아우구스티누스의 위로는 이 세상에서 일어나는 환란을 회피하고자 하는 염세주의에서 비롯된 것이 아니었다. 오히려 "우리의 시민권은 하늘에 있다"(빌 3:20)는 말씀에 따라, 고단한 삶의 현실이 기독교인의 자기 정체성을 결정하는 것이 아니라, 이 세상을 초월하는 영적인 세계를 향한 믿음과 희망을 가질 것을 격려하던 노신학자의 따뜻한 위로의 신학이었다.

〈하나님의 도성〉이 비록 410년에 일어난 로마의 참사에 대한 항변과 변증의 글이라고 하지만, 당시의 아우구스티누스는 여전히 도나투스파에 대한 신학적 경계를 늦추지 않고 있었다.* 도나투스파에게 로마는 불신앙이 지배하는 로마종교의 본거지였다. 따라서 그들은 로마의 함락을 내심 고소해하고 있었으며, 북아프리카의 기독교인들은 이러한 도나투스파의 견해를 일부 인정하기 시작하였다. 심지어 북아프리카의 기독교인들은 물질적인 욕심에 눈이 멀어, 로마에서 피난 온 귀족계급들이나 감독들이 자신들의 교회에 정착하기를 바라기까지 하였다. 북아프리카로 피난 오면서 지참한 재산을 탐내었기 때문이었다. 교회는 분열되었고 이단적 사상은 북아프리카 교회를 어지럽히고 있었다.

이러한 교회의 분열을 막고 도나투스파, 이탈리아의 감독 그리고 무엇보다 북아프리카의 기독교인에게 아우구스티누스는 〈하나님의 도성〉을 통하여 광범위하고 치밀한 신학적 변증을 시도하였다. 〈하나님의 도성〉은 신앙과 신학의 성숙기에 접어든 아우구스티누스가 13년의 시간을 투자하여 저술을 마친 초대교회 문헌의 금자탑이라고 할 수 있다. 아우구스티누스의 신학적 업적은 중세라는 새로운 시대로 들어가는 사상적 방향을 제시했다.

---

* 또한 로마로부터 피난길에 오른 펠라기우스(Pelagius)에 의해 새로운 이단적인 사상이 북아프리카에 전파되기 시작한 것도 같은 시기였다.

중세의 기독교는 결코, 암흑의 시대가 아니었다

흔히 중세교회를 암흑의 시대(Dark Age)라 일컫지만, 오히려 그 반대로 해석할 수 있다. 로마제국의 급속한 해체를 목격한 기독교인들은 은둔 수도자의 모습으로 시대의 아픔을 견디고 있었으며, 종교적 소수로 몰린 일부 네스토리우스파 선교사들은 그들의 선교영역을 중국 당나라에까지 넓혀가고 있었다. 7세기부터 아라비아 반도에서 발흥하기 시작한 이슬람 신앙은 중세 기독교들에게 늘 당혹스러운 존재였다. 십자군 운동이 그들을 향한 종교적 분노의 표현이었다면, 이슬람 문명의 지적 우위를 인정할 수밖에 없었던 초기 중세 유럽대학의 형편에서, 우리는 기독교와 이슬람 사이의 모순적 대립관계를 발견한다. 한편 신성로마제국의 황제 샤를마뉴의 대관식(800년)은 기독교의 유럽 시대를 열었고, 수많은 여성신비가들의 등장은 기독교 신앙의 깊이를 한층 심화시켰다.

'스콜라 신학의 왕'으로 불렸던 토마스 아퀴나스(1225~1274년)
동료들은 그를 '귀머거리 황소'라고 불렀지만, 스승 알베르투스 마그누스는
그런 학생들에게 이렇게 말했다.
"언젠가 저 귀머거리 황소가 크게 울어 세상을 깜짝 놀라게 할 걸세."

4-6세기 중세 수도원 제도의 시작

수도원 제도의 창시자
성 안토니우스와 베네딕토

안토니우스의 '은둔형' 수도생활이 동방 기독교 수도원 운동의 시작이었던 반면, 서방 기독교의 수도원 제도는 수도원 회칙을 제정·시행했던 베네딕토의 집단생활의 원칙을 따르며 발전했다.

〈안토니우스의 생애〉에 기록되어 있는 안토니우스의 고행을 묘사한 그림

초대교회의 중요한 시발점을 이룬 다메섹 도상에서 일어난 바울의 회심 사건
바울은 다메섹 도상에서 부활하신 예수 그리스도를 만남으로써 자기의 잘못된 신앙관을 깨닫고, 회심한 후 철저한 그리스도의 사도가 되었다.

다메섹 도상에서 일어난 바울의 회심 사건(사도행전 9:1-9)은 초대교회의 중요한 전환점을 이루는 사건이다. 바울의 회심을 통하여 지중해와 유럽으로 복음이 전파되었기 때문이다. 바울의 개종 사건과 그 유명도에서 쌍벽을 이루는 개종 사건은 아마 밀라노(Milano)에서 일어났던 아우구스티누스의 회심일 것이다. 진정한 그리스도인이 되기 위한 영혼의 번민에 가득 차 있던 아우구스티누스는 우연히, "집어서 읽으라(Tolle lege)"는 동네 꼬마들의 노랫소리를 듣고 성경의 한 구절을 펼쳐 읽는다. 아우구스티누스는 이때 우연히 읽게 된 로마서 13장 13-14절 말씀을 자신을 향한 하나님의 계시로 받아들인다.

아우구스티누스의 진정한 회심으로 기록된 이 밀라노에서의 사건은 유명한 〈고백록〉에 기록되어 있다. 그런데 이 유명한 사건에서 우리가 꼭 기억해야 할 장면이 하나 있다. 그것은 아우구스티누스가 자신의 행동, 즉 우연히 펼쳐 들고 읽은 성경말씀을 하나님의 섭리로 받아들이는 자신의 행동을 정당화하는 근거이다. 아우구스티누스는 다음과 같이, 자신의 행동을 안토니우스(St. Antonius)라는 이집트의 은둔 수도사의 신앙행동과 비교하였다. 〈고백록〉에 나타난 아우구스티누스의 회심을 아래에 인용한다.

나는 내 영혼의 깊은 곳을 성찰하면서 불쌍한 내 영혼의 비밀 때문에 몸서리쳤다. 내 자신에게 솔직히 그 모든 것을 고백했을 때 큰 광풍이 내 영혼 안에서 일어나고 있음을 알 수 있었다. 어느새 하염없이 눈물이 흘러내렸다. 나는 자리에서 일어나 알리피우스 곁을 떠나 아무도 없는 곳에 가서 실컷 울기로 했다. 〔중략〕

"주님, 언제까지입니까? 언제까지 당신의 징벌을 견뎌야 합니까? 우리들의 오랜 죄과를 용서하여 주옵소서."

나는 이런 기도를 드렸다. 왜냐하면 나는 아직도 죄의 굴레에서 벗어나지 못하고 있으면서, 마음속으로만 '언제까지, 내일 내일 하면서 미룰 수 있단 말인가? 왜 지금 결단을 내리지 못하는 것인가? 왜 지금 당장 나의 악한 죄의 굴레를 끊어버리지 못한단 말인가? 하고 고백하고 있기 때문이었다. 마음에 슬픔이 가득 차서 눈물을 흘리며 이런 질문들을 내 자신에게 묻고 있을 때, 내가 앉아 있던 곳 근처의 집안에서 한 어린아이의 노랫소리가 들려왔다.

남자아이인지 여자아이인지 분명치 않았는데, 계속해서 들려오는 그 노랫소리에는 "집어서 읽어라, 집어서 읽어라"라는 말이 되풀이되고 있었다. 그래서 나는 고개를 들고 혹시 그 아이의 말이 내가 알고 있는 놀이에 나오는 구절인지 생각해보았지만, 나로서는 처음 듣는 말이었다. 나는 눈물을 닦으며 일어선 다음, 내 자신에게 말했다. '혹시 이 음성은 내가 가진 성경을 들고 처음 펼친 곳을 읽으라는 하나님의 계시인지 모른다.' 나는 안토니우스의 전기를 읽었는데, 그 책에서 읽은 구절 중, 그가 어떻게 처음 복음을 실천했는지 기억이 났다. 안토니우스는 성전에서 "제 집으로 가서 가진 것을 다 팔아 가난한 사람에게 주라. 너의 재물은 하늘에 있다. 그리고 나를 따르라"(마태복음 19:21)는 말씀을 듣고 그것을 하나님의 계시로 받아들였다. 그래서 안토니우스는 회개하게 된 것이다.

나는 급히 알라피우스가 앉아 있는 곳으로 돌아와서 바울의 편지를 집어 들었다. 그리고는 처음 펼친 곳을 조용히 읽기 시작했다. "낮에와 같이 단정히 행하고 방탕과 술 취하지 말며, 음란과 호색하지 말며 쟁투와 시기하지 말고 오직 주 예수 그리스도로 옷입고 정욕을 위하여 육신의 일을 도모하지 말라"(로마서 13:13-14). 더 이상 읽을 필요도, 더 이상 읽고 싶지도 않았다. 이 부분을 읽었을 때, 확신의 빛이 내 마음에 차고 넘쳤고 모든 의심의 검은 그림자들은 사라져버렸다. 〔아우구스티누스, 〈고백록〉, 제8권, 제12편. 필자의 번역〕

아우구스티누스의 회심장면에 등장하는 이 〈안토니우스의 전기 The Life of Anthony〉를 주목할 필요가 있다. 초대교회의 대표적 신학자로 불리는 아우구스티누스가 자신의 회심 사건을 기록하면서 안토니우스의 회심과 자신의 회심을 비교하였다는 것은 이미 아우구스티누스의 시대에 안토니우스의 명성이 지중해 연안의 기독교 세계에 널리 영향을 미치고 있었다는 것을 증명한다. 그렇다면, 이 이집트의 은둔 수도자 안토니우스는 과연 어떤 인물일까? 그가 도대체 이집트의 사막 한가운데서 무슨 일을 하였기에, 대신학자 아우구스티누스의 삶을 변화시키는 계기가 되었을까?

초대교회의 대표적 신학자로 불리는 아우구스티누스
(로마의 라테라노 궁전에 있는 프레스코화)

우리가 알 수 있는 안토니우스의 삶은 니케아공의회의 승리자로 널리 알려진 알렉산드리아의 감독 아타나시우스(Athanasius of Alexandria)에 의해 저술된 〈안토니우스의 생애 Vita Antonii : The Life of St. Anthony〉를 통해 알 수 있다.* 안토니우스는 251년 이집트 멤피스 인근의 작은 마을에서 기독교인 가정에서 태어났다. 그의 나이 스무 살이 되기 전에 안토니우스의 부모는 많은 유산과 부양할 여동생을 남겨놓고 운명하였다. 그러나 안토니우스는 어느 날 성전에서 "제 집으로 가서 가진 것을 다 팔아 가난한 사람에게 주라. 너의 재물은 하늘에 있다. 그리고 나를 따르라"(마태복음 19:21)는 말씀을 듣고 큰 감동을 받은 다음 말씀을 그대로 실천하기 위해 은둔 수도자의 길을 걷기 시작했다. 안토니우스는 자기가 살고 있던 마을

---

* 아타나시우스의 〈Vita Antonii〉의 역사적 근거에 의문을 제기한 학자는 Helmut Weingarten이다.

의 공동묘지에 기도처를 정하고 수도생활에 들어갔다. 그러나 짐승의 모습으로 출몰한 사탄이 밤낮으로 그의 수도생활을 방해하였다. 이때 안토니우스의 경험을 아타나시우스는 이렇게 묘사하고 있다.

> 그러나 마귀들은 자기 모습을 감쪽같이 바꾸는 것을 쉽게 하기 마련이다. 그래서 그 마귀들은 그날 밤 마치 지진이 일어나는 것처럼 온 땅을 요동치게 하면서, 안토니우스가 거처하고 있는 움막의 사방 벽면을 뒤흔들며, 야수처럼 울부짖으며 다가왔다. 갑자기 그곳은 온갖 맹수와 사자, 곰, 표범, 황소, 뱀, 코브라, 전갈, 늑대들이 사납게 으르렁거리고 있었다. 사자는 막 공격할 듯 으르렁거렸고, 황소는 뿔로 받을 것처럼 씩씩댔으며, 뱀은 혀를 날름거렸고, 늑대는 달려들 듯했지만 어찌된 영문인지 꼼짝 못하고 있었다. 유령들의 음산한 괴성과 함께 들려오던 짐승들의 으르렁거림은 정말 끔찍한 것이었다. 그러나 안토니우스는 그 맹수들에게 쫓기면서 더 이상 참을 수 없는 고통을 느끼고 있었다. 비록 그가 육신의 고통으로 신음하고 있었지만, 그는 차분히 누워서 맑은 마음으로 그 야수들을 이렇게 질책하였다.
> "만약 너희들이 나를 해코지할 만한 힘이 있고, 나를 잡아먹을 수 있다 해도 우리 주님께서 숫자로 덤벼드는 너희들을 약하게 하시고 계신다. 너희 마귀들이 나약하다는 증거는 너희들이 동물의 모습을 하고 있다는 것이다."
>
> 계속해서 안토니우스는 용감하게 외쳤다.
> "만약 너희들이 나를 공격할 수 있다면, 지체 말고 한번 해봐라. 그렇게 못하면서 왜 쓸데없이 나를 못살게 구느냐? 주님께서 나와 함께 하는 이상, 나의 안전은 걱정할 것이 없다고 굳게 확신한다."*

이러한 안토니우스의 철저한 수도생활은 272년부터 285년까지 13년간 계속되었다. 철저한 은둔과 고행의 실천을 통하여 초대 기독교의 금욕주의적 수도생활의 모범을 보이기 시작한 것이다.

35세가 된 안토니우스는 그때까지 은둔 수도하던 코만(Koman)의 수도처에서 나와, 나일강 건너편의 높은 산 위에다 자신을 위한 은신처를 마련하고 305년까지 다시 혼자만의 은둔 수도생활에 들어간다. 두 번째 은둔 수도생활은 20년 동안 계속되었다. 안토니우스는 사람들과 만나는 것이 수도생활에 방해가 된다고 믿었기 때문에 철저하게 세상과 격리된 삶을 살았다. 많은 사람들이 그를 만나기를 청했지만, 6개월에 한 번씩 빵을 가져다주는 한 사람을 제외하고는 안토니우스는 아무도 만나지 않고 은둔 수도에 매진하였다. 안토니우스가 20년간의 은거 수도생활을 마치고 산에서 내려왔을 때 사람들은 그의 건강한 모습을 보고 경외감을 느끼지 않을 수 없었다. 오랜 수도생활을 마친 안토니우스는 305년, 처음으로 자신의 영적 지도를 따르는 수도사들의 공동체를 파윰(Fayum)에 설립하였다. 기독교의 역사에서 수도원 제도가 공식적으로 시작된 것이다.

그는 수도원장으로 분주한 생활을 계속하였다. 알렉산드리아를 방문하여 로마황제로부터 박해당하고 있던 기독교인들을 격려하기도 하고, 355년경에는 다시 알렉산드리아를 방문하여 예수 그리스도의 신성을 부정하는 아리우스(Arius)주의자들을 견책하기도 한다.** 안토니우스는 105세까지 사는 장수를 누렸지만, 그의 최후는 은둔 수도자로 평생을 산 사람답게 신비롭게

---

* Athanasius of Alexandria, *Life of Anthony, Selected Writings of Athanasius*(New York : Library of Nicene and Post-Nicene Fathers, 1924), 198-199. 필자의 번역.
** 안토니우스가 콥트어만 사용하였고 그리스어나 시리아어를 전혀 할 수 없었을 뿐 아니라, 정규 신학 교육을 받은 적이 없기 때문에, 다른 신학자들과 논쟁했다는 기록에 대해 부정적인 견해를 가지고 있는 학자들이 많다. 역사적 근거가 확실한 사막교부들의 사상은 오히려 그들의 잠언집인 〈Apophthegmata〉에 포함되어 있다고 본다.

위의 사진은 터키 카파도키아 지역에서 쉽게 발견할 수 있는 은둔형 수도사들의 기도처이다.

끝을 맺었다. 그를 마지막까지 돌보았던 두 제자 마카리우스(Marcarius)와 아마타스(Amathas)에게 비밀유언을 남겼다. 아무도 모르게 자신의 시신을 후미진 곳, 땅속에 매장하라는 것이었다. 비밀에 싸여진 그의 임종 사건은 356년 혹은 357년경에 일어났다.

20년간 사막에서의 은둔 수도생활을 마친 다음 305년부터 공식 출발한 안토니우스의 수도원이 동방 기독교의 수도원 운동의 시작이었다.* 이러한 동방 기독교의 수도원 운동은 이집트와 메소포타미아 지역의 수도원을 두루 시찰한 대 바질(Basil the Great)에 의해 확실한 이론적 근간이 마련되었다.** 이집트의 사막에서 안토니우스에 의해 시작된 동방 기독교의 수도원 제도는, 은신 수도자들이 일정지역을 중심으로 집단적으로 거주하면서 나름대로 자율적인 원칙에 따라 수도생활을 하는 '은둔형(Eremitical Type)'이었다.

안토니우스에 의해 시작된 동방 기독교의 수도원 제도는 철저한 금욕주의적 신앙에서 출발하였다. 특히 동방 기독교의 수도원 제도는 세속적인 것(Secular)과 성스러운 것(Sacred)에 대한 극단적인 이분법적인 사고를 바탕으로 하고 있었다. 사막의 은둔 수도사들은 육체적인 욕구를 극복의 대상으로 보는 것에서 한 걸음 더 나아가, 죄악의 근본으로 보며 그들의 고행을 극단화하였다.*** 당연히 은둔 수도사들 간에 경쟁이 벌어지는 부작용도 뒤따랐다. 누가 더 참혹한 고통을 이기면서 고행할 수 있는가 하는 점이 수도사

---

* 물론 안토니우스가 305년에 수도원을 설립하기 전에 이미 동방 기독교에는 수도자들 집단이 있었다. 오리게누스와 터툴리안 시대에 이미 고행과 은둔을 강조하는 수도생활이 있었다. 이러한 초기의 수도원 제도는 이후 일정 지역을 중심으로 수도자들이 모여 집단생활을 하는 은둔형(The Eremitical Type)과 일정 규범에 의한 집단 수도원 형태(The Cenobotic Type), 두 가지로 정착되었다.

** 수도원 제도의 정착을 위해서 서방교회에서는 John Cassian, 그리고 동방교회에서는 Evagrius of Pontus의 이론적 뒷받침도 중요한 역할을 하였다.

*** 이집트 사막교부들의 초기 수도원 제도에서는 특별히 인간의 본성에 대한 철저한 부정을 했다는 흔적은 발견되지 않았다. 그러나 수도원 제도가 점차 공식화됨에 따라 극단적인 고행이 시행되기에 이르렀다. 수도사간의 경쟁심도 큰 작용을 하였으리라 추정된다. 그러나 점차 중세 기독교의 신비주의와 결합하면서, 하나님과의 합일(The Communion with God)이 강조되었다.

베네딕토가 제자들을 가르치고 있는 모습
새로운 기독교 수도원 운동의 전환점을 이룬 사람이 바로 성 베네딕토이다. 그에 의해 서방 기독교 수도원 제도가 창시된다.

들의 경쟁심을 부추기는 요소로 작용하였다. 또 다른 동방 기독교 수도원 제도의 특징은 집단생활 체제가 아니라 일정지역에 흩어져서 자기 나름대로의 수도방식을 따라 고행의 수련을 하였기 때문에 특별한 공동체의 규범이 결여되어 있었다는 점이다.

동방 기독교의 수도원 제도와 달리 서방 기독교의 수도원 제도는 철저한 집단생활과 엄격한 수도 규범을 따르는 것이 특징이다. 이러한 서방 기독교 수도원 운동의 초기 발전 시기에 확고한 수도회칙(Rule)을 제정하고 시행함으로써 새로운 기독교 수도원 운동의 전환점을 이룬 사람이 바로 성 베네딕토(St. Benedictus von Nursia, c. 480-543)이다.

수도원 운동이 4세기부터 유럽의 기독교인에 의해 발전된 이유에는 당시의 사회 경제적 환경을 빼놓을 수 없다. 과중한 세금의 부과와 강압적인 징집에 억눌려 있던 수많은 중산층의 젊은이들이 특정한 권리와 면세의 혜택이 부여되는 수도원 생활을 자원하게 되었다. 또한 세속화해가는 교회의 타

부다페스트의 박물관에 보관되어 있는 〈성 베네딕토〉. 1420년경에 그려진 그림으로 추정된다.

락에 대한 반작용도 초기 수도원 운동에 큰 영향을 미쳤다. 세속을 등지고 '하나님께로 향해 돌아섰던(Returning to God)' 안토니우스를 위시한 이집트 사막교부들의 모범을 따라, 서방교회에서도 금욕과 은둔을 강조하는 수도원 제도에 많은 사람이 관심을 가지게 되었다.

이러한 시대적 요청과 배경으로 인해 지중해 연안과 남부 유럽의 중심도시에서 각종 수도원이 우후죽순처럼 설립되었다. 이들 수도원의 운영을 위한 규범들이 각 수도원의 현실에 맞게 나름대로 채택되었지만, 통일성이 없을 뿐만 아니라 세월의 흐름에 따라 수도원 제도의 타락을 합리화하는 쪽으로 흘러가기 시작했다. 이를 바로잡은 사람이 서방 기독교 수도원 제도의 창시자, 성 베네딕토이다.

베네딕토에 대한 전기적 연구는 아직 미흡한 실정이다. 베네딕토의 삶과 사상에 대한 고전적인 사료는 대 그레고리(St. Gregory the Great)가 기록한 〈대화Dialogue〉인데, 베네딕토에 대한 객관적인 전기(Biography)라기보다

71

는 성인열전(Haigiography)에 가까운 글이다.

안토니우스를 위시한 이집트 사막교부들의 영향을 받은 동방 기독교 수도원제도가 은둔형(Eremitical Type)이었다면, 베네딕토의 〈수도 규범The Rule of Benedictus〉에 의해 기초가 놓여진 서방 기독교의 수도원 제도는 집단생활과 철저한 수도 규범의 준수를 요구하는 집단 수도원 형태(Cenobotic Type)였다. 이러한 베네딕토 수도사들의 집단생활을 통하여 초대교회 말기와 중세 시대의 기독교는 그 신학적 전통을 이어갈 수 있었다. 사실 중세의 신학은 바로 수도원의 신학이라고 해도 과언이 아니다. 이 수도사들의 집단생활과 고대문서의 필사 등의 작업을 통하여 유럽문명은 그 화려한 명맥을 중세 시대를 통해 유지할 수 있었다. 철저한 집단생활과 엄격한 수도 규범의

베네딕토에 의해 529년 창건된 몬테 카시노 수도원의 최근 모습. 현재 이 수도원은 베네딕토 수도회의 총본산으로 사용되고 있다.

준수를 통하여 그들이 보존한 것은 기독교 신학의 역사뿐만 아니라 유럽문명 바로 그 자체였다고 해도 과언이 아니다. 시간이 경과함에 따라 유럽의 수도원 운동은 중세 기독교의 역사를 지배하던 교권구조와 밀접한 관계가 있다. 독일 비텐베르크에서 종교개혁을 일으켰던 마르틴 루터 역시 수도사 출신이었음을 기억할 필요가 있다.

특히 한국교회는 수도원 운동에 많은 관심을 가지고 있다. 오늘도 많은 수의 한국 기독교인들이 '산기도'나 기도원과 같은 격리된 곳에서 은혜를 체험하고 신앙을 재충전하는 것을 볼 때, 한국인의 심성 가운데는 세속과 성스러움을 엄격히 분리하는 경향이 있음을 엿볼 수 있다.

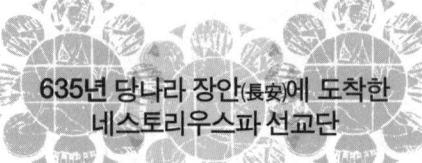

635년 당나라 장안(長安)에 도착한
네스토리우스파 선교단

아시아 기독교 역사의 출발점
네스토리우스파 선교단

신학적으로 안디옥의 진영에 가깝던 네스토리우스는 로마황제로부터 이단으로 정죄되면서 동방 기독교에서 추방되었지만, 페르시아 제국의 기독교인들에게 계속적인 영향을 미쳤다. 이러한 역사적 배경 때문에 서방 기독교인들은 페르시아 제국을 포함한, 아시아 지역의 기독교를 통칭하여 '네스토리우스파 교회'로 부르게 되었다.

중국 섬서성 박물관에 보관되어 있는 〈대진경교유행중국비〉
전체 비석의 높이는 2.77미터, 폭은 약 1미터 정도의 크기이다. 비석 정면에는 1,784자의 수려한 한문이 조각되어 있고 옆면에는 70여 명의 네스토리우스파 사제들의 이름이 시리아어로 새겨져 있다.

중국 당(唐)나라(618-906년)는 신라(新羅) 왕조(365-935년)의 역사와 시대적으로 일정 부분 겹치는 강력한 절대권력을 가졌던 왕조이다. 이 당나라가 태종(624-649년)에 의해 통치되던 635년, 아시아 기독교 역사의 출발점이라고 할 수 있는 특별한 사건이 수도 장안(長安)에서 일어났다. 당나라의 수도에 페르시아 지역에서 파견된 '동방의 기독교' 즉 네스토리우스파(Nestorians) 선교단이 처음으로 그 모습을 드러낸 것이다. 알로펜〔阿羅本〕이라는 페르시아 출신의 사제가 이끄는 이 선교단은 당 태종의 환대를 받았으며, 황실의 윤허를 받고 기독교 경전을 중국어로 번역하는 선교사업에 착수한다. 이들의 종교 활동은 대진사(大秦寺)라는 장안의 수도원에서 계속되었는데 그 수도원에는 21명의 정규 수도사들이 상주하고 있었다고 한다. 744년에는 두 번째 네스토리우스파 선교단이 페르시아로부터 도착했다. 이 두 번째 선교단 역시 당시의 당 황실로부터 융숭한 대접을 받고, 장안에서 종교활동을 계속하였다.

이러한 네스토리우스파 기독교의 중국선교에 대한 기록은 1625년경, 서안(西安)에서 〈대진경교유행중국비大秦景教流行中國碑〉라는 기념비석이 발굴됨으로써 처음으로 알려지게 되었다.* 탁월한 한문 필체로 조각되어 있는 비석의 내용을 판독한 결과, 이 〈대진경교유행중국비〉는 781년 칭칭〔景淨〕이라는 페르시아 출신의 대진사 수도원장의 구술을 여수암(呂秀巖)이라는 중국인의 필체로 조각되었다는 것이 확인되었다. 이 비석 외에도, 중국 당나라 때부터 시작된 네스토리우스파 기독교의 활동은 1908년 프랑스의 고고학자 펠리오에 의해 발굴된 일부 돈황문서**와 중국 사료의 기록을 통해 그 역사적인

---

* 〈대진경교유행중국비〉의 정확한 발굴 시기와 경위에 대해서는 1623년 설과 1625년 설이 있는데 정확한 경위에 대해서는 아직 밝혀지지 않고 있다.
** 현재 프랑스의 국립박물관에 보관되어 있는 돈황의 제17동굴 문서는 1908년 프랑스 중국학 연구의 대가인 Paul Pelliot에 의해 발굴되었다. '발굴' 되었다는 프랑스 학자들의 표현과는 달리 중국학자들은 그 귀중한 유물들이 '도둑질' 당했다고 주장하고 있다. 돈황문서의 '발굴' 과 '도굴' 에 얽힌 역사적 배경에 대해서는 Peter Hopkirk, *Foreign Devils on the Silk Road*(Amhert : University of Mass. Press, 1980).

존재가 확실하게 입증되었다.* 그렇다면 이미 7세기 중반부터 중국에서 활발한 신앙활동을 전개했던 이 네스토리우스파 기독교인들은 과연 누구일까?

이와 관련하여 우선 알아두어야 할 동방 기독교의 중요한 인물이 있다. 그는 428년 콘스탄티노플의 대주교로 임명되었다가 431년 에베소의 종교회의에서 이단으로 축출된 뒤, 451년경 이집트의 사막에서 쓸쓸히 임종한 네스토리우스(Nestorius)라는 인물이다.

네스토리우스가 콘스탄티노플의 대주교로 임명되었을 때, 동방 기독교는 안디옥(현재 터키의 도시 안타키아를 가리킴)과 이집트의 알렉산드리아를 중심으로 두 개의 다른 신학체계가 존재하고 있었다. 특히 이 두 가지 신학노선 중에 쟁점이 된 것은 예수 그리스도의 신성(神性)과 연관된 성모 마리아에 대한 신학적 이해였다. 신학적으로 안디옥의 진영에 가깝던 네스토리우스는 성모 마리아를 '하나님의 어머니(Theotokos)'로 부르는 것에 신학적인 오류가 있다고 믿었다. 이러한 네스토리우스의 견해에 대해 알렉산드리아의 대주교인 시릴(Cyril of Alexandria)은 에베소 종교회의를 통하여 네스토리우스의 견해를 통렬히 공박하였다.**

네스토리우스와 키릴 양편의 신학적 주장이 팽팽히 맞서는 가운데 급기야 이들의 다툼이 패거리들의 집단 싸움으로까지 번지자, 당시의 로마황제는 네스토리우스와 키릴 양측 모두를 추방시키는 조치를 취하고 분쟁을 무마하고자 하였다. 이 사건 이후에 네스토리우스의 신학적 견해는 이단으로 정죄되어 동방 기독교에서 추방되었고, 예수 그리스도의 신성에 대해 추호

---

* 중국 사료의 네스토리우스파 선교사들에 대한 언급은 Ian Gillman and Hans-Joachim Klimkeit, *Christians in Asia before 1500*(Ann Arbor : University of Michigan Press, 1999). 269-270.

** 성모 마리아에 대한 '하나님의 어머니'로 경외하던 알렉산드리아 측의 입장에는 예수 그리스도의 신성을 강조하고자 하는 동기와 더불어 이집트 전래의 여신(Isis the Divine Mother) 숭배와 연관이 있었다. 또한 키릴의 공격 배후에는 당시 로마제국의 수도였던 콘스탄티노플의 대주교로 임명된 네스토리우스에 대한 개인적인 질투와 대주교 자리를 둘러싼 암투가 개입되어 있었다.

의 양보도 거부하던 알렉산드리아 교회 역시, 동방교회에서 탈퇴하여 자신들만의 독자적인 교단인 이집트 중심의 콥트 교회(Egyptian Coptic Church)를 형성하였다. 이집트의 콥틱 교회는 에티오피아, 시리아, 아르메니아의 교회와 더불어 '단성론파(Monophysite)' 교회로 불리게 되었다. 한편 이단으로 축출당한 네스토리우스의 신학사상은 페르시아 제국의 기독교인들에 의해 계속해서 발전되었다.

이러한 역사적 배경 때문에 서방 기독교인들은 페르시아 제국과 그 동쪽 너머 아시아 지역의 기독교를 통칭하여 '네스토리우스파 교회'로 부르게 되었다. 아시아 초대 기독교회의 역사는 결국 '네스토리우스파 교회'의 역사이며, 635년 당나라의 수도 장안에 도착한 기독교 선교단 역시 이 네스토리우스파 기독교의 일원이었다.

중국 광저우 지방에서 발견된 네스토리우스파의 비석의 일부분

2세기부터 7세기까지 초기의 서방교회는 로마제국(Roman Empire)의 영토 안에 성장하고 있었다. 같은 시기 동안 페르시아 제국(Persian Empire)은 사산(Sasanian) 왕조가 226년부터 642년까지 통치하고 있었다. 페르시아 제국은 지금의 이란, 이라크 그리고 아프가니스탄 지역을 말한다. 페르시아 제국은 조로아스터교, 불교, 힌두교 그리고 동방의 네스토리우스파 기독교가 서로 조화를 이루거나 배타적인 갈등을 통해 공존하던 다종교 사회였다.* 페

---

* 간다라(Gandhara) 문화가 그 대표적인 예이다. 알렉산더 대제의 인도 정벌 후 설립된 이 도시에서 그리스 문화와 불교 문화가 만남으로써 아폴로 신상을 닮은 부처상이 조각되기도 하였다.

르시아 제국의 이러한 '다원론적' 종교성은 이슬람이 이 지역의 패권을 차지할 때까지 계속되었다. 이러한 독특한 문화적 환경 가운데서 동방의 기독교는 유럽과 서방의 기독교와는 신학적으로나 교권적으로 특별한 연관 없이 성장하고 있었다. 사산 왕조의 기독교는 635년부터 시작된 이슬람의 팽창에 의해 페르시아 제국이 '알라의 칼'에 접수될 때까지 계속되었다.*

사산 왕조가 통치하던 페르시아 제국의 기독교 특징 중의 하나는 선교에 대한 남다른 관심이었다. 조로아스터교, 불교, 힌두교 그리고 7세기 후반부터는 이슬람까지 공존하였던 다종교 사회에서 '네스토리우스파' 기독교는 자연히 주변환경과 밀접한 연관을 맺으면서 활발한 종교간의 대화를 시도하게 된 것이다.

'대진경교유행중국비'의 '경' 자를 보면 우리가 흔히 사용하는 한문의 '景' 자가 아님을 발견할 수 있다. 실수였는지, 아니면 중국의 마니교와 구분하기 위해 고의적으로 다르게 조각하였는지에 대해서는 아직 정확한 학설이 없다.

---

*635년은 네스토리우스파 선교단이 최초로 당나라의 수도 장안에 도착한 해이기도 하다. 이 635년부터 아라비아 사막에서 시작된 아랍의 군대는 '알라의 칼'로 불렸던 Khalid ibn al-Walid의 통치 아래, 전 중동지역과 북아프리카 및 스페인까지 정복하였다. 이슬람의 시대가 시작된 것이다.

네스토리우스파 기독교가 다문화권에서 성장하여 왔다는 사실은 앞에서 언급한 〈대진경교유행중국비〉의 내용에 잘 나타나 있다. 기독교 신앙을 유려한 문체로 소개한 이 비석에는 당시 중국과 중앙아시아 지역의 여러 종교들에 대한 깊이 있는 이해가 포함되어 있다. 〈대진경교유행중국비〉의 첫 부분은 이렇게 시작된다.

> 볼지어다, 그분은 오직 한 분이시며 변치 않으셔서, 창조되지 않으시고, 모든 근원의 참 근원이 되시도다. 그분은 어느 누구도 이해할 수 없으며, 그분은 어느 누구도 볼 수 없도다. 그러나 그분은 신비롭게도 모든 만물의 마지막이시며, 태초의 모든 신비를 가지신 분이시도다. 그분은 모든 세상을 창조하시되 모든 신성한 것을 발 아래 두셨으며, 그분만이 우주 만물의 창조주이자 주인되시도다. 이분이 바로 우리들의 하나님(Aloha, 阿羅訶), 우리들의 삼위일체되신 신비 그 자체〔三一妙身〕, 우리들의 창조되지 않으신 진실된 구주가 아니던가! 십자가의 형상처럼, 그분은 세상의 사방을 나누셨도다. 그분은 태초의 바람을 일으키시고, 천지운행의 두 가지 자연의 법칙을 세우셨도다. 현묘한 어둠이 물러가고 하늘과 땅이 그 모습을 드러냈도다. 태양과 달이 서로 맞물리니 낮과 밤이 시작되었도다. 이처럼 만물을 만드신 다음, 그분은 마침내 인간을 창조하셨도다.*

---

* 필자의 번역. 여러 종류의 〈대진경교유행중국비 大秦景教流行中國碑〉 영어번역 중, 가장 최근에 출간된 것은 Martin Palmer, *The Jesus Sutra : Rediscovering the Lost Scrolls of Taoist Christianity* (New York : Ballantine Publishing, 2001), 224-232. 한국어 번역은 무하마드 깐수, '大秦景教流行中國碑文考', 〈金文經 교수 停年退任 기념 동아시아 研究論叢〉(서울 : 혜안, 1996), 705-734.

아시아의 고대 기독교 역사는 이제 학문적인 걸음마 단계를 벗어나고 있는 형편이다. 지금까지의 교회사 연구가 천편일률적으로 유럽의 역사적 전개에서 출발하였기 때문에, 자연히 800년 이전의 아시아 기독교의 역사에 대해서는 제한된 지식을 가지고 있을 수밖에 없었다. 그러나 최근 몇 명의 학자들에 의해 훌륭한 연구논문과 저서들이 쓰여짐으로써 그동안 베일에 가려져 있던 아시아 고대 기독교회사에 대한 연구가 활발히 진행되고 있다. 한국학자들의 공헌이 기대되는 부분이다.*

---

* 최근 출간된 김호동, 〈동방 기독교와 동서문명〉(서울 : 까치글방, 2002) 및 황정욱, 〈예루살렘에서 장안까지〉(오산: 한신대출판부, 2005)는 이 연구 분야에 주목할 만한 학문적 성취라고 판단된다. 필자의 연구도 있다. 김상근, "네스토리우스파 기독교는 왜 중국에서 사라졌는가?", 〈신학논단〉 vol. 43, (2006년 2월), pp. 727-782. 영미권의 연구업적은 참고문헌을 참고할 것.

7세기 이슬람의 발흥과 팽창

이슬람은 아브라함의 유일신 사상에서 태동

천사 가브리엘의 계시를 받고 유일신 알라의 선지가가 된 마호메트는 아브라함을 진정한 무슬림의 시조로 보았다. 630년 메카를 점령한 마호메트는 아라비아 지도자로 부상한다. 632년 그는 운명하지만, 이슬람 세력은 계속 팽창하여 페르시아 제국의 영토 대부분을 그들 손아귀에 넣게 되었다.

이슬람 성지 메카에서 카바(Ka'bah)를 중심으로 순례하고 있는 무슬림들

9.11 테러 사건과 미국 부시 대통령의 '악의 축(Axis of Evil)' 발언 이후, 서방세계와 이슬람국가들 간의 관계가 날로 악화되고 있다. 이스라엘과 팔레스타인 간에 계속되고 있는 끊임없는 테러와 보복의 악순환 또한 서방세계와 이슬람국가들 간의 갈등과 반목을 부추기고 있다. 이 끊임없는 갈등의 배후에는 정치적이고 경제적인 이유들이 산재해 있다. 그러나 이 뿌리깊은 갈등의 또 다른 이면에는 기독교와 이슬람 간의 종교적 대립의 역사가 자리잡고 있음을 부정할 수 없다. 동서 냉전시대 이후의 국제 갈등은 이념적인 대결보다 종교와 문화권 간의 갈등으로 나타날 것이라고 예상했던 하버드대학의 새뮤얼 헌팅턴 교수의 견해가 학계의 주목을 받고 있다.*

기독교와 이슬람 간의 종교적 갈등의 역사는 지금으로부터 약 1300여 년을 거슬러 올라간다. 알라(Allāh)의 계시를 받은 선지자 마호메트(Mahomet, 570-632년 추정)의 이슬람 군대가 638년 기독교와 유대교의 성지인 예루살렘을 정복하고 자신들의 사원을 건축함으로써 기독교도와 아랍 무슬림은 철천지원수의 관계를 맺고 말았다.

이슬람의 종교적 역사는 투철한 유일신 사상을 가지고 있던 메카(Mecca)의 지도자 마호메트가, 천사 가브리엘의 계시를 받고(610년) 유일한 절대신인 알라(Allāh)의 선지자가 됨으로써 시작되었다.** 마호메트가 처음 계시를 받는 장면은 구약성서에 자주 등장하는 선지자의 부름받는 장면과 흡사하다. 마호메트는 천사 가브리엘의 계시를 두려워하며 선지자로서의 부름에 응답하기를 주저한다. 그러나 천사 가브리엘의 직접적인 계시를 기록한 이슬람의 경전인 〈코란 Koran〉이 완성되자(610-632년) 마호메트는 메카를 향

---

* Samuel Huntington, *The Clash of Civilizations and the Remaking of World Order* (New York : Simon & Schuster, 1996). 이슬람 원리주의에 대한 연구는 Bruce Lawrence, *Defenders of God : The Fundamentalist Revolt Against the Modern Age* (London : I. B. Tauris & Co., 1990)가 있다.

** 마호메트의 일생에 관한 대표적인 연구는 Karen Armstrong, *Muhammad : A Biography of the Prophet* (San Francisco : Harper San Francisco, 1992).

마호메트의 승천 장면이 묘사되어 있는 페르시아 미술품

◀ 아브라함이 제단을 쌓은 마므레 유적
아브라함은 하나님의 언약의 축복을 받은 후 헤브론(요르단 강 서안에 위치) 산지에 있는 마므레의 상수리 수풀에 장막을 옮기고, 여호와 하나님을 위한 제단을 쌓았다.

해 새로운 신앙을 설파하기 시작했다. 마호메트는 당시 아라비아 반도에 창궐하던 다신론(多神論)에 대한 강력한 부정을 선언하였다. 그는 이런 유일신 사상의 근원을 아브라함의 유일신 신앙에서 찾는다(코란 3：68). 마호메트에 의하면, 아브라함은 유대인이 아니라 고대 근동(近東)*의 유일신 사상을 신봉하였던 진정한 무슬림의 시조였다는 것이다. 이러한 아브라함의 유일신 사상은 모세, 선지자, 예수 등에 의해 이스라엘과 고대 근동지방의 후대로 전해졌지만, 마호메트의 때에 이르러서는 다신교 신앙이 창궐하게 되었다고 보았다. 미신적이며 타락한 다신교 신앙의 종교적 부패가 극에 달하자, 알라는 유일신 종교의 최후의 선지자로 마호메트를 선택하였다.**

마호메트가 천사 가브리엘로부터 알라에 대한 계시를 받을 즈음, 아라비아 반도의 대도시 메카는 상업과 문화의 중심지였다.* 당시 메카의 부족들

---

* 유럽에서 가까운 동양 나라들로, 동양의 서쪽 부분인 터키・이란・시리아・아라비아 등의 지역
** 알라(Allāh)는 정관사 al과 신을 뜻하는 ilāh가 결합한 용어이다. 따라서 알라는 영어의 God, 한국어의 '하나님' 과 동일한 의미를 담고 있다.

은 각 부족 고유의 토속신앙을 숭배하고 있었고 자신들이 섬기는 360개의 신상(神像)을 모아둔 신전(Ka'ba)을 매우 중요시하였다. 이러한 다신교적인 메카의 종교적 분위기가 상업화로 치달으며 살벌해지는 사회의 모습에 환멸을 느낀 마호메트는 이슬람(Islam)이라는 절대 유일신 신앙을 전파하기 시작한다. 원래 '이슬람'은 '항복한다' 혹은 '복종한다'는 뜻이다. 미신적이며 타락한 다신교 신앙을 버리고 절대 유일신인 알라에게 항복한다는 뜻인 셈이다.

그러나 마호메트의 새로운 유일신 신앙은 메카의 토착 유지들로부터 강력한 저항에 부딪혔다.** 마호메트와 그를 따르는 200명의 초기 이슬람교도들은 마호메트의 종교적 지도력에 우호적이었던 도시 메디나로 옮겨간다(622년). 이때의 집단 이동을 '헤지라(Hijra)'라고 부르는데, 이슬람의 역사는 이 '헤지라'가 있었던 622년이 원년(元年)이다. 메디나에서 종교적 지도력과 무력을 함께 키워온 마호메트는 특유의 정치적 수완과 강력한 군사력을 바탕으로 630년 마침내 메카를 점령하고 명실상부한 아라비아의 지도자로 부상함과 동시에, 이슬람의 새로운 출발을 기약하게 되었다.***

마호메트와 그의 뒤를 이은 칼리프(caliph)들에 의해 이슬람의 영토가 점점 확대될 무렵, 페르시아 지역은 사산 왕조가, 그리고 서방세계는 로마 비잔틴(Roman Byzantine) 제국이 통치하고 있었다. 비록 마호메트는 632년에 운명하였지만, 이슬람 세력은 계속해서 팽창해 나갔고, 결국 페르시아와 로

---

* Patricia Crone, *Meccan Trade and the Rise of Islam*(Princeton : Princeton University Press, 1987).

** 초기 마호메트의 종교적 관심은 메카에서 벌어지고 있는 다신교와 경제적으로 가난한 사람들에 대한 관심이었다. 메카의 토착 유지들은 마호메트가 요구하는 경제질서의 재편을 받아들일 수 없었다. 또한 메카의 다신교 숭배를 통해 막대한 이익을 보고 있었던 토착 유지들은 자연히 마호메트의 가르침에 저항하게 되었다. 특히 신전(Ka'ba)의 순례는 토착 유지들에게 막대한 수입을 보장해주는 연례행사였기 때문이다.

*** 이슬람 초기의 정복과 팽창에 대해서는 Fred Donner, *The Early Islamic Conquests*(Princeton : Princeton University Press, 1981).

▲ 예루살렘의 '반석 위의 모스크(The Dome of the Rock)'는 691년부터 692년까지 우마이야(Umayyad) 칼리프에 의해 건축되었다. 16세기경 오스만에 의해 내부 장식이 교체되었다. 선지자 마호메트가 승천한 곳으로 기념되고 있으며 현존하는 가장 오래된 이슬람 유적지이다.

◀ 위 모스크의 내부에 있는 '성스러운 바위(聖岩)'이다. 바위 위에는 마호메트의 발자국, 가브리엘 천사의 손자국이라고 전하는 것이 남아 있다. 길이 약 17.5m, 너비 약 15.5m의 큰 바윗덩어리이다.

마 비잔틴 제국에 강력한 위협이 되기 시작했다. 마침내 638년 기독교의 성지 예루살렘이 이슬람 군대에 의해 함락되고 말았다.

그들은 계속해서 유럽 남부와 아프리카 북부 지역을 공격해, 7세기경의 유럽 남부는 극도로 혼미한 상태로 접어들었다. 710년 아랍 무슬림들이 스페인에까지 상륙하게 됨에 따라 유럽인들의 자존심에 치명적인 타격을 입게 된다. 아프리카 북부지방의 대부분을 차지한 이슬람 군대가 모로코를 지나 이베리아 반도(Iberian Peninsula)에까지 침공해 들어감으로써, 유럽 지역의 일부가 마침내 이슬람 영토에 편입되기에 이르렀다.

이슬람 세력의 팽창을 경험하기 전, 로마제국의 기독교는 고트족, 게르만족, 스칸디나비아족의 팽창을 기독교 문화권 안으로 흡수하면서 그 충격을 완화할 수 있었다. 로마제국 안으로 편입되어 들어오던 야만족들을 기독교인으로 개종시킴으로써, 혹은 로마제국의 군사적인 힘으로 강제적인 세례를 받게 함으로써, 유럽의 기독교화(Christianization)가 점진적으로 진행되었던 것이다. 그러나 독자적인 유일신 사상을 가지고 있던 이슬람의 태동과 팽창은 유럽 야만족들의 경우와는 그 성격이 전혀 달랐다. 역사상 처음으로 유럽 기독교의 팽창이 외부세력에 의해서 차단되었을 뿐 아니라, 오히려 그 외부세력의 공격을 받고 수세에 몰리는 형국이 초래된 것이다.*

이슬람의 영토가 이처럼 전례없이 빠른 속도로 팽창할 수 있었던 종교적 배경에 대해서 많은 학자들이 관심을 가지고 있다. 이슬람의 역사가 시작된 지 30년 후인 652년에 이르렀을 때에 이미 페르시아 제국의 사산 왕조의 마지막 황제가 죽고, 대부분의 영토가 이슬람 군대에 귀속되었다. 8세기경에는

---

* 이러한 관점은 물론 서방 기독교의 입장에서 본 것이다. 페르시아 제국에 소속되어 있던 소수 기독교인들은 오히려 이슬람의 팽창을 환영하였다. 페르시아의 공식 종교였던 조로아스터교로부터 심한 탄압을 받아오던 기독교인들은 마호메트에게 호감을 가지고 있었다. 역사학자 기본(Gibbon)에 의해 유명해진 "한 손에는 칼, 한 손에는 코란"이라는 표현은 사실 이슬람 초기에는 전혀 적용되지 않는 말이다. 마호메트는 초기에 기독교인들과 유대인들에게 일정의 종교적 자율을 허용하였다.

이슬람의 금식기간인 라마단(Ramadan)의 종료를 알리는 아랍 무슬림 기병들. 1237년경에 이라크에서 출간된 알 하리리(al-Harīrī)의 〈마가마트(Magamat) 사본〉에 있는 그림이다.

페르시아 제국에 살고 있던 대부분의 조로아스터교도들이 이슬람으로 개종하였다.* 물론 초창기의 이슬람이 아라비아반도 안의 아랍인들을 개종시킬 때 어느 정도 무력에 의존하였던 것도 사실이다. 그러나 이슬람 세력이 팽창됨에 따라 아라비아 외의 비(非)아랍인들에게는 매우 평화적인 개종 방법이 사용되었다.* 특히 초기의 이슬람이 급팽창할 수 있었던 배경에는 이슬람 정

---

* 그러나 조로아스터교를 믿던 일부 파시교도(Parsis)들은 이슬람으로 개종하는 것을 거부하고 페르시아 지역을 떠나 인도의 구자라트(Gujarat) 지역에 정착하였다. 조로아스터교를 연구하는 사람들에게 구자라트는 중요한 지역이다. 페르시아에 거주하던 마니교도들은 파시교도들처럼 이슬람으로 개종하는 것을 거부하고 실크로드를 따라서 중앙아시아와 중국으로 동진하였다. 특히 마니교는 위구르(Uighur)족들에 의해 그 종교적 명맥을 유지하였다. 이 위구르족이 757년 안녹산의 반란을 평정하여, 중국 본토에까지 마니교의 영향이 미치게 된다.

권이 제공한 세금감면정책이 큰 역할을 하였다고 본다. 이슬람으로 개종하는 비아랍인들에게는 세금을 공제해주는 정책을 시행함으로써, 900년까지 약 80퍼센트에 달하는 페르시아 제국의 거주민들이 이슬람으로 개종하였다.

7세기부터 시작된 이슬람의 지리적 팽창은 유럽 국가들에게 심각한 사회경제적 영향을 미쳤다. 낙타를 사막의 교통수단으로 이용하기 시작한 아랍인들은 유럽과 아시아 지역을 연결하는 장거리 중계무역을 독점하면서 막대한 수입을 올리고 있었다. 이슬람의 팽창으로 이러한 유럽과 아시아 간의 국제무역이 중단되자, 그동안 인도와 말레이시아 그리고 중국에서까지 들어오던 값비싼 향료와 각종 진귀한 아시아 물품의 유럽 유입이 중단되었다. 이러한 경제적 변화는 유럽 경제에 막대한 영향을 미쳤다. 특히 유럽의 군주들은 이런 불리한 경제적인 여건 때문에, 지방 영주들에게 종전까지 충성의 대가로 지급하던 현금이나 금은보석 대신에 일정 토지를 지불하기 시작했다. 이러한 토지의 분배는 결국 유럽의 봉건제도(Feudalism)를 잉태시키는 경제적 원동력이 되었다.

---

* 예를 들면, 코란에서는 강압적인 이슬람의 선교를 금지하면서 "종교의 영역에 있어서 강압적인 방법은 없다"(코란 2 : 256)고 분명히 밝히고 있다.

800년 샤를마뉴 대관식

유럽 기독교 시대의 개막을 알린 샤를마뉴 황제의 대관식

샤를마뉴 대관식(800년)을 기점으로 프랑크 제국의 통치를 받게 된 기독교는 '필리오퀘' 논쟁을 둘러싸고 동서교회의 분열로 발전한다.

샤를마뉴의 황제 대관식(800년 12월 25일)

800년 12월 25일, 로마의 성 베드로 성당에서 교황 레오 3세의 집전으로 거행된 샤를마뉴(Charlemagne)의 황제 대관식은 중세기로 접어든 기독교 역사의 중요한 전환점이 되었다. 교황에 의해 프랑크 왕국의 통치자에게 신성로마제국(Holy Roman Empire)의 왕관이 씌어졌다는 사실은, 기독교가 로마를 중심으로 한 지중해 중심 시대를 마감하고, 지금의 독일과 프랑스 지역을 중심으로 하는 중부유럽의 중세 기독교 시대로 진입한 것을 의미한다. 그러나 800년에 일어난 이 예상치 못한 사건의 전후 사정을 좀더 자세히 살펴보면, 역사적으로 여러 가지 의문을 갖지 않을 수 없다. 왜 로마교황이 야만족으로 천대하던 게르만족으로 구성된 프랑크 왕국의 통치자에게 신성로마제국의 황제자리를 공인해주었을까? 과연 샤를마뉴는 스스로 로마제국의 황제가 되는 것을 기대하고 있었던 것일까? 당시 다른 유럽의 통치자들은 샤를마뉴의 로마황제 취임에 어떤 입장을 취했을까? 이런 여러 가지 의문점들은 아직 역사의 미스터리로 남아 있다.

샤를마뉴의 생애에 대한 정보는 아인하르트(Einhard)가 829년에서 836년 사이에 쓴 〈샤를마뉴의 생애 *Vita Caroli*〉와 이름이 확실하지 않는 세인트 갈의 수도사(Monk of Saint Gall)가 883년 혹은 884년에 쓴 〈샤를마뉴 *De Carolo Magno*〉라는 두 권의 전기를 통해 얻을 수 있다. 샤를마뉴는 742년경, 프랑크 왕국의 왕이었던 피핀(Pepin the Short)의 맏아들로 태어났다.* 당시 교황이었던 스테파노 2세는 754년 직접 피핀을 찾아와 로마황제의 관을 그 머리에 씌워줌으로써 새로운 카롤링거 왕조(The Carolingian Dynasty)의 시대를 열어주었다. 새로운 왕조의 통치자로 공식적인 인정을 받은 피핀은 자신의 제국을 첫째 아들인 샤를마뉴와 둘째 아들인 카를로만(Carloman)에게 공평하게 양분하여 물려주고 768년 운명하였다. 그러나 피핀의 두 아들 샤를마뉴와 카를로만은 전혀 다른 성격의 소유자들이었다. 샤를마뉴가 지칠

---

* 사실 샤를마뉴는 피핀의 정식 결혼에서 태어난 아들이 아니었다.

줄 모르는 정력으로 제국의 영토를 넓혀가는 외형적인 성격의 지도자였다면, 카를로만은 이와 반대로 유약하고 내성적인 사람이었다. 이들의 성격차이와 정치적 갈등은 결국 샤를마뉴의 군사적 승리로 종결되고(771년) 양분되었던 제국은 다시 샤를마뉴에 의해 통일된 한 제국을 이루게 되었다. 그러나 샤를마뉴는 이에 만족하지 않고 계속해서 영토를 넓혀나갔다. 알프스 산맥 아래, 즉 지금의 이탈리아 북부지방을 통치하던 롱고바르드 왕국(Longobard Kingdom)을 정복하고(774년), 772년부터 804년까지 피비린내 나는 색슨 왕국(The Saxon Kingdom)과의 치열한 영토싸움을 계속하였다. 그리고 마침내 색슨 왕국도 샤를마뉴가 장악함으로써, 샤를마뉴는 유럽의 영토 거의 전부를 정복한 명실상부한 프랑크 왕국의 강력한 절대군주가 되었다. 샤를마뉴는 언제나 자신을 신실한 기독교 제국의 통치자로 여겼다. 아인하르트는 샤를마뉴의 기독교 신앙에 대해 다음과 같은 기록을 남겼다.

> 샤를마뉴는 헌신되고 신실한 기독교인이 되고자 항상 노력하였는데 그의 신앙이 어린 시절부터 시작되었기 때문이었다. 바로 이런 이유 때문에 그는 아첸(Aachen)에 그토록 아름답고 웅장한 성당을 건축하였다. 이 성당은 값비싼 금과 은으로 장식되어 있고, 각종 램프와 청동으로 만든 성당 문이 설치되어 있다. 그는 이 성당을 건축하기 위한 대리석 기둥을 찾을 수가 없자, 로마와 라베나로 사람을 보내어 그것을 구입하도록 하였다. 그는 건강이 허락하는 한 매일 아침과 저녁 규칙적으로 성전으로 갔고, 항상 아침과 저녁 미사에 참석하였다.*

---

* Einhard and Notker the Stammerer, *Two Lives of Charlemagne*(London : Penguin, 1969), 79-80. 필자의 번역.

샤를마뉴가 교황 레오 3세로부터 신성로마제국 황제의 왕관을 받게 된 경위에 대해서, 우리는 여러 가지 다른 각도에서 씌어진 역사적 자료를 가지고 있다. 먼저 아인하르트가 기록한 대관식(800년)의 자초지종은 다음과 같다.

▶ 샤를마뉴에게 황제의 관을 씌우는 교황 레오 3세의 모습
14세기에 출간된 〈프랑스의 역사 Grandes Chroniques de France〉의 폴리오 97번

로마에서 반란이 일어나 교황 레오를 공격하여 그의 눈을 뽑고 혀를 잘라버리려는 시도가 있었다. 그래서 레오는 샤를마뉴에게 도움을 청하지 않을 수 없었다. 샤를마뉴는 곤경에 처한 교회를 구하기 위하여 로마로 달려갔는데, 한겨울 내내 그곳에 있었다. 이때 샤를마뉴가 황제의 칭호와 제국의 통치자라는 타이틀을 받게 된 것이다. 무엇보다 먼저 분명히 할 것은 샤를마뉴는 그런 칭호를 받을 생각이 전혀 없었다는 것이다. 그는 교회의 가장 중요한 기념일인 성탄절임에도 불구하고 황제의 칭호를 받기 위해서라면, 대성당 안으로 들어갈 생각이 없음을 분명히 했다. 그가 이 황제의 칭호를 받은 다음, 수많은 로마제국 안의 통치자들로부터 시기와 질투를 받게 되었지만 그는 끝까지 인내하였다. 비록 타의 추종을 불허하는 강력한 무력을 가지고 있다 해도 그 시기와 질투를 그의 탁월한 성품으로 극복해 나갔다. 그는 각 지역의 통치자에게 사신을 보내어, 그들이 모두 자신의 형제임을 분명히 하였다.

아인하르트의 기록과 비슷하지만, 이름이 알려지지 않은 세인트 갈의 수도사에 의해 쓰여진 샤를마뉴의 전기에는 보다 상세한 대관식에 관한 기록이 남아 있다.

> 그리하여 교황께서는 천하무적의 샤를마뉴를 로마로 초청하였다. 샤를마뉴는 그 초청에 응함으로써 하나님의 부르심을 받은 것이다. 비록 그가 이미 제국을 통치하는 지도자요 황제였지만, 교황의 사도권 권위에 의거하여 제국의 황제요 통치자로 공인받게 되었기 때문이다. 샤를마뉴는 언제든지 부탁만 하면 그의 군사들을 배치할 준비를 하고 있었다. 비록 그가 자신을 소환하는 정확한 이유를 모르고 있었지만, 세계를 호령하던 통치자로서 그는 즉시 로마로 달려갔다. 샤를마뉴가 군사를 이끌고 오고 있다는 소식을 들은 로마의 사악한 반역자들은 필사적으로 도망쳐 여기저기에 숨을 죽이고 숨었는데, 그 모양은 마치 작은 새들이 주인의 소리를 듣고 소스라쳐 숨는 것과 같은 꼴이었다. 하늘 아래 아무 곳도 샤를마뉴의 정열적이며 예리한 수색을 피할 수 없었다.
>
> 그들은 모두 체포되어 쇠사슬에 묶인 채 성 베드로 성당의 광장으로 끌려나왔다. 그곳에서 교황 레오는 우리 주 예수 그리스도의 사복음서를 샤를마뉴 머리 위에 들고, 그의 군사들뿐 아니라 반역의 무리들이 모두 들을 수 있도록 큰 소리로 외쳤다. "이 성경을 들고 최후 심판의 날을 생각하며 확증하건대, 이 반역의 무리들이 제기한 범죄를 나는 결코 짓지 않았다."〔중략〕
>
> 샤를마뉴는 로마에서 며칠 더 머무르며 자기 군사들에게 휴식할 시간을 주었다. 교황은 인근의 교회 지도자들을 불러모아 영광스런

> 샤를마뉴와 그의 천하무적 군사들 앞에서, 기대하지도 않았던 샤를마뉴를 제국의 황제와 로마교회의 보호자로 임명하였다. 하나님에 의해 이미 계획된 일이었기에 샤를마뉴는 이를 거부하지는 않았다. 그러나 그의 새로운 타이틀을 크게 기뻐하지는 않았다.*

800년에 거행된 샤를마뉴의 대관식을 기점으로 로마제국의 기독교는 프랑크 왕국의 통치권으로 귀속되었다. 지금의 영국과 스페인의 일부 이슬람 지역을 제외한 거의 모든 유럽의 영토가 강력한 기독교 황제의 영토가 됨으로써, 샤를마뉴의 무력에 의존한 유럽 변두리 지방의 급속한 기독교화가 진행되었다. 끝까지 샤를마뉴에게 저항하였던 색슨 지역에 거주하는 사람들에게는 기독교인으로 세례를 받거나 아니면 죽음이라는 두 가지 선택만이 주어졌다. 자신을 기독교 제국의 황제라고 생각

〈샤를마뉴의 대관식(The Coronation of Charlemagne)〉
1516-1517년에 제작된 바티칸의 벽화(Stanza dell' Incendio di Borgo, Palazzi Pontifici, Vatican)

하던 샤를마뉴는 기독교 내의 제도와 신학에 대한 개혁을 시도하였다. 샤를마뉴는 먼저 수도원 제도를 손보기 시작했다. 4세기부터 태동한 수도원 제도에 많은 문제점이 드러났기 때문이다. 초기의 엄격했던 수도 규범이 느슨해지고, 권력과 결탁한 정치적인 수도원장들의 부정과 축재가 계속되자 샤를

---

* Einhard and Notker the Stammerer, *Two Lives of Charlemagne*(London : Penguin, 1969), 123-124.

마뉴는 수도원 제도의 전면적인 개혁운동에 착수하였다.* 카롤링거 왕조의 개혁운동은 수도원 제도의 정화만이 아니라 스코투스 에리게나(John Scotus Erigena)를 중심으로 하는 카롤링거 신학의 발전도 가져왔다.**

샤를마뉴 시대에 제기된 가장 중요한 신학적인 쟁점은 동서 기독교간의 상이한 성령론 이해를 둘러싼 소위 '필리오퀘(Filioque)' 논쟁이었다(809년). 동서방 기독교 지도자들이 함께 모여 채택한 니케아-콘스탄티노플 신조(Niceno-Constantinopolitan Creed)는 초대교회의 신학적 전제인 삼위일체(Trinity)를 바탕으로 한다. 예수 그리스도의 신성을 강조하고 성부와 성자와 성령이 본질상 동일하다는 니케아-콘스탄티노플 신조 가운데 특히 '성령'에 대한 새로운 신학적 해석이 샤를마뉴의 신학자들에 의해 시도되었다. 니케아-콘스탄티노플 신조의 대원칙에 따라서 서방 기독교는 성령의 기원을 고백할 때, '성부와 성자로부터(From the Father and the Son)' 라는 표현을 사용하였고, 동방 기독교는 비슷하게 들리지만 뉘앙스가 전혀 다른 '성부로부터 그리고 성자를 통해서(From the Father through the Son)'라는 표현을 사용하였다. 이러한 성령의 기원에 관한 동서교회의 다른 이해는 곧바로 동서교회가 각각 소속되어 있는 비잔틴 제국(동방 기독교)과 프랑크 제국(서방 기독교)의 갈등으로 비화되었다. 예를 들면, 성령이 '성자로부터(From the Son : Filioque)' 왔다는 것을 고백하는 서방 기독교 지도자들은 동방 기독교의 '성자를 통해서(Through the Son)' 왔다는 성령에 대한 이해가 정통교리와 상이하다고 주장하였다.

성령론을 둘러싼 동서교회의 갈등은 809년 아첸(Aachen)에서 열린 종교회의에서 최고조에 달했다. 프랑크 왕국에 소속되어 있던 서방교회의 지도

---

* 샤를마뉴와 함께 수도원 정화작업을 주도했던 인물은 아니안의 베네딕토(Benedictus of Aniane)였다. 〈수도 규범〉을 저술하였던 누르시아의 베네딕토(Benedictus of Nursia)와 전혀 다른 인물이다.

** 그는 헬라어로 씌어진 위 디오니시우스(Pseudo-Dionysius 혹은 Dionysius the Areopagite)의 글을 라틴어로 번역하여 중세 신비주의의 바탕이 된 위 디오니시우스를 서방 기독교에 소개하였다.

필리오퀘 논쟁의 핵심은 결국 예수 그리스도의 신성(神性)을 어떻게 이해하느냐의 문제였다. 독일 퀼른 대성당의 스테인드글라스에 묘사되어 있는, 폭풍우를 만난 예수 그리스도의 평화로운 모습에서 그의 신성의 면모를 느낄 수 있다.

자들이 그리스 전통을 따르는 동방교회의 성령론을 이단적 교리라고 파문을 결정함으로써 동서교회의 갈등이 더욱 심화되었다.* 결국 이 성령논쟁은 867년에 일어난 동서방교회 분열(The Schism of Photius)의 결정적인 동기를 제공하였다.** 이때부터 동서교회간에는 성령에 대한 관점이 매우 달라지기 시작했는데, 오늘날에 이르기까지 유럽의 기독교와 동방교회(Eastern

---

* 이러한 서방교회의 성령론을 다음과 같은 라틴교부들이 지지하였다 : Alcuin of York, Theodulf of Orleans, Ratramnus of Corbie, Aeneas of Paris.

** 867년의 분열과 1054년의 대분열은 다른 사건이다. 867년의 분열을 표현할 때 '동서교회의 분열' 이란 표현보다 더 정확한 표현은 '샤를마뉴에 의한 동서교회의 분열' 이다. 서방교회를 대표하던 레오 3세 역시 '필리오퀘' 에 대한 사용에 있어 신학적인 문제가 있음을 들어 반대 입장을 분명히 하였다.

Orthodox Church)의 신학적 견해차로 남아 있다. 결국 로마를 중심으로 하는, 라틴어를 사용하는 서유럽의 서방교회는 아우구스티누스의 신학을 바탕으로 성령을 이해한 반면, 콘스탄티노플을 중심으로 그리스어를 사용하는 동방교회는 카파도키아 교부들의 성령이해를 받아들인 것이다.

카파도키아 교부들의 견해, 즉 동방 기독교의 삼위일체에 대한 기본적인 출발점은 성삼위가 모두 한 본체이며, 그 본체의 주체는 바로 성부라는 것이다. 따라서 성령은 오직 '성부에 의해서(From the Father)' 만 우리에게 오시고, 성자는 덜 중요한 위치(Through the Son)를 차지하게 된 것이다. 이와 반대로, 라틴 계통의 서방교회의 신학자들은 아우구스티누스의 영향을 받아, 성령을 성부와 성자를 연합하는 것으로 이해하였기 때문에, '성부와 성자로부터(From the Father and the Son)' 라는 성부와 성자가 병렬되는 표현이 사용된 것이다.

사실, 이처럼 미묘한 문구해석을 둘러싼 성령론을 두고 일어났던 동서방 교회의 분열은 피할 수 있었던 교회의 분열이었다. 신성로마제국을 명실상부한 기독교 제국으로 만들고자 했던 샤를마뉴의 정치적 개입으로 인하여 벌어졌던 '필리오퀘' 논쟁은 동서교회의 분열을 촉진하는 계기가 된 것이다. 이 논쟁을 겪은 동서방 교회는 문제의 미묘함을 인정하면서 필요없는 장래의 잡음을 방지하기 위하여, 공통적으로 사용할 수 있는 절충적인 내용을 담은 새로운 신조를 채택하였다. 그것이 우리가 오늘날 사용하는 '사도신경(The Apostles' Creed)' 이다.

1054년 동서교회의 대분열

언어충돌로 인해 더욱 심화된
동서교회의 분열

동방교회의 지도자 케룰라리우스는 라틴어를 사용하던 서방교회에게 그리스어를 사용할 것을 요구하여 서방교회와 첨예하게 대립한다. 동서교회의 분열은 지금도 계속되고 있는데, 서방교회는 로마법의 영향을 받아 엄밀한 논리를 강조하는 철학적 신학이 발전한 반면, 동방교회에서는 예배와 성례전을 강조하는 경험적이며 신비적인 신학이 발전했다.

동서교회 분열의 현장, 콘스탄티노플의 하기아 소피아(Hagia Sophia) 성당의 최근 모습
6세기경 유스티니아누스 황제에 의해 재건축된 동방 기독교의 대표적인 성전(532-537년 건축)

2천 년이라는 오랜 역사가 흘러가는 동안 교회는 몇 차례 큰 분열의 아픔을 겪으며 성장하여 왔다. 교회의 역사는 "예수는 그리스도시요 살아계신 하나님의 아들"이라는 베드로의 고백(마태 16:16)에서부터 시작되었다. 그러나 시간이 경과하면서 이 고백을 바라보는 사람들의 견해차와 이 고백을 표현하던 문화적 차이로 인하여 교회의 역사는 처음부터 분열의 상처를 키워가게 되었다. 이단시비와 파문의 극단적인 대립은 초대교회에 비일비재했던 기독교 역사의 현실이었다. 너무 획일적인 표현이 될지 모르지만, 지금까지 기독교는 두 번에 걸친 큰 분열의 아픔을 맛보았다. 사도적 전승(Apostolic Tradition)을 이어받았던 초대교회는 원래 한 개의 보편교회(Universal Church)의 형태로 출발하였다. 물론 로마제국의 정치적 보호 아래 동서방 교회가 지중해 연안에서 성장하고 있었지만, 수차례에 걸친 연합공의회(Ecumenical Councils)를 통하여 보편교회로서의 신학적 통일성을 겨우 유지하고 있었다.

그러나 1054년의 '동서교회의 대분열(Great Schism)'을 통하여 동방정교회(Eastern Orthodox Church)가 새로 독립되었고, 1517년 마르틴 루터의 종교개혁을 통하여 다시 가톨릭(Catholic) 교회와 개신(Protestant) 교회가 분열되었다. 물론 이 세 가지 큰 그룹들 산하에 수많은 교단과 수도회 등이 분열을 통하여 성장해왔음을 우리는 잘 알고 있다. 여기서는 기독교 역사의 첫 번째 대분열로 간주되는 동방정교회와 서방교회의 대분열(1054년)의 배경과 그 역사적 의미를 살펴보기로 한다.

사도적 전승을 이어받은 초대교회가 한 개의 보편교회를 이루고 있었던 것은 사실이지만, 동서교회의 분열 조짐은 오래 전부터 나타나고 있었다. 우선 서방교회와 동방교회에서 사용하는 공용어가 각기 달랐다. 로마를 중심으로 하는 서방교회가 라틴어를 사용할 동안 동방교회에서는 그리스어가 공식적으로 사용되었다. 또한 동방교회의 일원이었던 시리아 교회(Syriac Church)나 이집트 콥트 교회(Egyptian Coptic Church)는 자기들의 고유한 언어를 사용하기도 하였다.

이러한 언어의 차이는 신학의 차이와 곧바로 연결되었다. 예를 들면, 동방교회의 신학을 대표하던 알렉산드리아 지역 신학자들이 주로 성경의 영적인 의미를 비교·유추하는 방법으로 해석하였다면, 서방교회의 대표격인 안디옥 교회는 본문의 문자적 의미에 충실한 성경해석을 강조하였다. 이러한 언어해석의 차이는 동서교회의 말씀 이해에 대한 신학적인 차이로 발전하게 되었다. 특히 동서교회의 신학적 차이는 예수 그리스도의 신성(神性)을 둘러싼 해석에서 두드러지게 나타났다.

 예수 그리스도가 '완전한 하나님' 인 동시에 '완전한 인간' 이라는 칼케돈 공의회(Chalcedonian Council, 451년)의 결정은 서방교회의 신학을 반영한 것이었다. 서방교회 신학을 통해 확인된 예수 그리스도의 완벽한 신격과 인격의 합일은 동방교회의 신학자들에게 마치 예수 그리스도가 두 개의 '본성(Nature)' 을 가진 것처럼 이해되었다. 그들은 예수 그리스도의 두 본성을 인정하는 서방교회의 모순적인 신학을 받아들일 수가 없었다. 동방교회에서는 이미 예수 그리스도의 완전한 '한 개의 신성(神性)' 을 강조하는 신학이 발전했는데, 이 동방교회의 신학적 노선을 '단성론파(Monophysites)' 라고 한다. 동방교회 단성론파 전통에 따르면 예수는 절대적 신성이라는 '한 개

동방교회의 성화에는 서방 로마교회에 대한 은근한 비판의식이 숨겨져 있음을 발견할 수 있다. 오른편의 성화는 물에 빠져 있는 베드로를 건져내는 예수의 모습이다. 서방 로마교회의 기초가 베드로임을 상기할 때, 이 성화의 은밀한 목적은 베드로의 약함을 드러내는 것이다.

(Mono)의 본성(Physite)'을 가지고 있으며, 서방교회의 '두 개의 본성' 이론은 예수의 신성을 약화시키는 견해로 이해하고 있었다. 결국 이러한 동방교회의 예수 그리스도의 신성에 대한 절대적 강조는 예수의 육신의 어머니 마리아에 대한 신학적 의미 첨가로 발전되었다. 예수가 완전한 하나님이라면, 그 예수를 낳은 어머니 마리아는 결국, '하나님의 어머니(Theotokos : Mother of God)'이다.

마리아에 대한 동방교회의 신학적 의미 부여는 서방교회와의 신학적인 의견차이를 계속 심화시켰다. 또한 8-9세기 동안 진행된 성화 숭배 전통(Iconoclasm)을 둘러싼 신학논쟁이 동서교회를 다시 분열시킨다(726-843년).*

동방교회와 서방교회는 이미 초대교회 시절부터 신학적인 견해차를 현

동방교회의 성화에서 흔히 볼 수 있는 '테오토코스(Mother of God)'. 아들 예수를 품고 있는 성모 마리아의 모습이 더 압도적인 모습으로 그려져 있다.

---

* 성물 숭배 전통을 둘러싼 동서교회의 논쟁(The Iconoclast Controversy)은 726년 당시 교황 레오 3세가 성물 숭배를 전면적으로 금지함으로써 시작되었다. 성물 숭배 전통에 대한 동방교회의 대표적인 변론자는 다마스쿠스의 요한(John of Damascus)이었다.

마리아 영면교회
예수께서 죽으신 후 어머니인 마리아는 12년을 더 사셨다고 한다. 세상을 떠나 그의 영혼은 그리스도의 품에 안기었고, 그 육신은 부모 요아킴과 안나, 남편 요셉이 안장된 곳에 묻힌 것으로 전해진다. 4세기 말에 무덤을 복구하면서 처음으로 기념비가 세워졌고 534년 최초로 교회가 들어섰으며, 1757년부터 그리스 정교회가 관리하고 있다.

격히 드러내면서 분열 조짐을 보이고 있었다. 예수 그리스도의 신성에 관한 단성론파 논쟁과 성물 숭배 전통과 연관된 동서교회의 논쟁이 그 대표적인 예이다. '동서교회의 대분열(The Great Schism)'로 불리는 1054년의 사건은 이런 장구한 역사적 배경을 안고 있다.

동서교회의 대분열이 일어난 직접적인 역사적 배경에 대해서는 많은 연구가 진행되고 있다. 특히 유럽 북방의 야만족이었던 노르만족(Normans)의 남침으로 야기된 서방교회의 위기의식과 샤를마뉴의 성령론(Filioque)에 대한 동방교회의 반대 등의 신학적 견해차이가 직접적인 동기가 되었다고 본다.*

이러한 동서방 교회의 분열조짐은 서방교회의 지도자 교황 레오 9세의 독단적인 교권행사와 동방교회의 지도자였던 콘스탄티노플의 대주교 미카엘 케룰라리우스(Michael Cerularius, 1043-1058)의 배타적인 성격차이로 인한 감정충돌로 발전하였다. 필리오퀘와 성물 숭배에 대한 상이한 이해를 가지고 있던 동서방 교회는, 1052년 케룰라리우스가 콘스탄티노플에 있는 모든 서방교회에게 그리스어를 사용할 것을 요구함으로써 첨예하게 대립하기 시작한다. 물론 케룰라리우스의 이러한 요구는 이탈리아에 있던 동방교회들에게 라틴어를 사용할 것을 강요한 것에 대한 반발이었다. 콘스탄티노플의 서방교회들이 동방교회의 요구를 거절하자 케룰라리우스는 서방교회들의 문을 닫아버리는 강경조치를 취하였다. 또한 서방교회가 성례전에서 사용하던 누룩을 넣지 않은 떡을 동방교회의 성례전에 사용하는 것을 금지시켰다.

---

* '필리오퀘' 논쟁이 가장 첨예하게 대립된 것은 동서방 교회가 각각 불가리아 지방에 선교사를 파송하면서부터 시작되었다. 동서방의 선교사들이 각각 다른 신학적 표현으로 성령을 표현함으로써, 불가리아의 통치자 보리스 1세(Boris I)가 처음에는 서방교회의 선교사에게 세례를 받으려고 하다가 생각을 바꿔 비잔틴 동방교회의 선교사에게 세례를 받은 사건으로 인해, 필리오퀘 논쟁을 둘러싼 동서방 교회의 대립이 더 심화되었다. 동방교회 최고 신학자였던 포티우스(Photius)는 공식적으로 서방교회의 필리오퀘를 공격하였다가 주교의 자리에서 해직당하는 수모를 당하기도 하였다(867년).

이 문제를 해결하기 위하여 1054년 교황 레오 9세는 특사자격으로 추기경 훔베르트(Cardinal Humbert)를 콘스탄티노플로 파견했다. 그러나 동방교회의 대표였던 대주교 케룰라리우스는 훔베르트 추기경과의 면담을 거절하였다. 그러자 훔베르트 추기경은 하기아 소피아 성당의 제단에 교황의 칙서를 남겨놓고 콘스탄티노플을 떠나버린다.

필리오쿼의 논쟁이 다시 등장하면서 훔베르트 추기경은 필리오쿼의 전통을 따르지 않는 동방교회를 이단이라고 발표했다. 서방교회가 콘스탄티노플의 대주교를 파문시킨 것이다. 이에 반발하던 케룰라리우스 대주교는 훔베르트가 남기고 간 교황칙서는 위조된 것이라고 주장하면서 오히려 훔베르트를 파문시킨다. 이 사건을 역사가들은 동서교회의 대분열이라고 부른다.*

동서교회의 분열은 지금도 계속되고 있다. 1054년의 대분열 이후, 서방교회는 로마법의 영향을 받아 엄밀한 논리를 강조하는 철학적 신학이 발전한 반면, 동방교회에서는 예배와 성례전을 강조하는 경험적이며 신비적인 신학이 발전하였다.

삼위일체를 비롯한 동서방 교회의 하나님에 대한 이해에 있어서도 각기 강조하는 부분이 달랐다. 서방교회가 십자가에 달리신 예수를 인간의 죄를 대신한 '희생의 속죄물'이라고 강조하는 반면, 동방교회는 예수 그리스도를 '부활의 승리자'로 강조한다. 로마 교황청의 교권을 강조하는 서방교회의 전통과는 달리, 동방교회는 사제들의 평등한 관계에 대해 더 많은 관심을 가지고 있는 것도 또 다른 차이점이다. 사제들의 결혼을 허용하는 동방교회의 전통과 달리, 서방교회는 지금도 사제들의 독신을 원칙으로 하고 있다.

그러나 동서방 교회가 대분열의 루비콘 강을 건너게 된 것은 제4차 십자

---

* 보다 엄밀한 역사적 의미에서 볼 때, 동서교회의 진정한 분열은 1204년 제4차 십자군 운동 때 일어난 콘스탄티노플의 함락(1204년)이라고 보는 견해도 있다.

제2차 바티칸공의회의 결정에 따라 가톨릭 교회를 대표하는 교황 바오로 6세와 동방 정교회를 대표하는 아테나고라스의 역사적 회동 장면(1967년)

군 운동으로 인한 동서방 교회의 충돌 때문이었다. 서방교회의 십자군들이 콘스탄티노플의 동방교회를 약탈하고 살육하는 사건이 발생하여(1204년), 동서방 교회는 마침내 돌이킬 수 없는 분열의 역사가 시작되었다.

제2차 바티칸공의회 이후 가톨릭 교회와 동방정교회 간의 화해의 분위기가 고조되고 있다. 1965년에는 교황 바오로 6세와 대주교 아테나고라스(Athenagoras)가 만나 1054년의 상호 파문을 철회하기로 합의하였으며, 1979년에는 두 교회 간의 신학적 화해를 모색하기 위한 특별 신학위원회가 공동 구성되기도 하였다.

1095년 무장십자군의 성지 순례

참회의 마음으로, 성지를 순례했던 십자군

중세 십자군 운동의 가장 중요한 동기는 이슬람에 대한 증오보다 예루살렘 성지 순례를 통한 참회였다. 십자군 운동은, 평민에서 기병으로 신분이 상승된 군인들이 예루살렘 성지에서 지난날의 죄를 참회할 수 있다는 호소력 때문에 당시 11세기 일반 기독교인들에게 엄청난 견인력으로 작용했다.

14세기에 기록된 〈프랑스의 역사 Grandes Chroniques de France〉의 폴리오 119번 그림. 샤를마뉴 군대와 '사라센' 과의 전투 장면

1095년 11월 27일, 클레몽(Clemont)의 혹심한 겨울 추위를 아랑곳하지 않고 입추의 여지 없이 모여든 사람들은 교황 우르바노 2세(Urbanus II)의 강론을 듣고 있었다. 마침 이곳에서 주교단 회의를 마친 교황은 가난한 소작농들이 대부분인 청중들 앞에서 아랍 무슬림(Muslim)들에 의해 유린당하고 있는 성지(聖地) 예루살렘을 탈환하기 위한 십자군 운동에 참가할 것을 역설했다.*
교황의 감동적인 설교를 들은 청중들은 "하나님이 원하신다"는 구호를 복창하면서 십자군에 참가할 것을 결의하였다. 바로 그날, 수세기간 유럽과 아랍 문명권을 갈등과 반목의 역사로 몰고간 십자군 운동이 시작된 것이다. 십자군 운동의 시발점이 된 우르바노 2세의 1095년 강론의 일부분을 소개한다.

> 여러분 모두 교회의 권리를 위해 투쟁할 준비를 하십시오. 여러분에게 아주 중요한 일입니다. 여러분 모두와 하나님에게까지 영향을 미치는 이 문제를 위하여 여러분의 의로운 힘을 사용하여야 합니다. 지금 동쪽에 살고 있는 여러분의 형제들이 곤궁에 처해 있으며 여러분의 도움을 기다리고 있습니다. 약속대로 여러분은 그들을 돕기 위해 빨리 나서야 합니다. 이미 들었겠지만, 투르크족과 아랍인들이 그들을 공격하였으며 루마니아 지역(비잔틴 제국)과 지중해 동부지역을 이미 점거하고 말았습니다. 기독교인의 영토가 빼앗기고 있고 이미 일곱 번의 전투에서 우리는 패배하고 말았습니다.

---

* 이 이전에 이미 십자군 운동에 대한 논의가 있었다는 학설이 있다. 예를 들면, 1905년 1월 이전에 이미 36명이 참석한 오툉(Autun)의 감독회의에서 십자군 운동에 대한 결의가 있었다는 설과 은둔자 피터(Peter the Hermit)가 자신의 예루살렘 순례의 경험을 통하여 십자군 운동의 필요성을 교황에게 보고했다는 설이 있다.

많은 사람들이 죽거나 포로로 잡혔으며 수많은 교회가 무너지고, 제국은 지금 허물어지고 있습니다. 여러분이 이 문제를 외면하면서 이러한 일들이 계속되도록 내버려둔다면 더 많은 하나님을 믿는 성도들이 공격을 받게 될 것입니다. 바로 이런 이유 때문에 나는, 아니 우리 주님께서, 여러분 모두를 강권합니다. 여러분이 어떠한 신분을 가지고 있든지, 일반군사이든 아니면 기사이든, 부자이거나 가난한 사람이든 상관없이 주위 모든 사람들에게 이를 알려서 즉각적으로 죽어가는 기독교인들을 구하고 우리 형제들의 영토로부터 사악한 인종들을 몰아내도록 합시다. 지금 여기에 계신 여러분들뿐만 아니라 불참한 모든 사람들에게 선언합니다. 그리스도가 이것을 행하도록 우리에게 요구하고 있습니다. 〔중략〕

이를 위해 애쓰다가 죽는 사람이 있으면, 그곳이 바다이든 아니면 육지에서든지, 혹은 이방인들과의 전투중이든지, 즉시 모든 죄를 용서받게 될 것입니다. 내게 주어진 하나님의 능력을 의지하여 나는 이것을 보장합니다. 오, 그들이 얼마나 사악한 인종들인지, 마귀를 숭배하는 그들은, 반드시 전능하신 하나님을 섬기는 성도들에 의해 파멸되고 말 것입니다. 예수 그리스도의 이름으로 영광을 받으실 것입니다.*

---

* Oliver Thatcher and Edgar Holmes McNeal, ed., *A Source Book for Medieval History* (New York : Scribner's, 1905), 513-517. 필자의 번역.

클레몽에서 십자군 운동을 촉구하는 교황 우르바노 2세의 설교 장면(1095년)

십자군 운동은 거의 모든 유럽 국가들과 직접·간접으로 연관을 맺고 있고, 수세기 동안 진행되면서 그 조직의 구성과 목적이 여러 차례 변동되어 왔기 때문에 학문적으로 매우 정밀하고 복잡한 논의를 요구한다.* 일단 예루살렘 성지와 직접적으로 연관된 십자군 운동으로 한정지어 보면 다음과 같이 여섯 번의 중요한 십자군 원정이 있었음을 확인할 수 있다.

제1차 십자군 운동(1096-1099) : 교황 우르바노 2세의 연설에 자극받은 프랑스와 독일의 농민들을 중심으로, 미비한 훈련과 열악한 전투장비로 무장된 최초의 십자군들은 독일지역에 거주하는 유대인들을 약탈하는 것으로 그들의 행군을 시작했다. 1097년 콘스탄티노플에 집결한 십자군들은 니케아(1097년)와 안디옥(1098년)을 수복하고 마침내 예루살렘까지 탈환한다(1099년 7월 15일).

폴란드의 볼드윈의 지휘하에 십자군들은 행군을 계속하여 초대 시리아 교회의 중심도시였던 에데사(Edessa)를 탈환하는 승리를 거둔다. 이로써 십자군 원정이 끝나고 니케아는 비잔틴 황제의 직할 영토로 이양되고 나머지 지역은 십자군이 직접 주둔하게 된다. 군사적 의미에서 유일하게 승리하였던 십자군이었다.

---

* 시간이 경과함에 따라 예루살렘 수복을 위한 아랍과의 투쟁에서 확대되어, 스페인에 거주하는 무슬림에 대한 공격, 북아프리카와 이집트, 슬라브족, 몽골족, 심지어 로마교황의 교권에 도전하는 이단세력에 대한 군사적 공격까지 포함되었다. 어떤 학자들은 1588년의 알마다(Almada, 개신교를 추종하는 영국을 징벌하기 위한 스페인의 해상 공격)까지 십자군 운동에 포함시키기도 한다.

제2차 십자군 운동(1147-1149) : 1147년, 에데사가 시리아의 아랍 무슬림들에 의해 다시 정복되자, 클레르보의 베르나르(Bernard of Clairvaux, 1090-1153)의 촉구에 자극을 받은 프랑스의 루이 7세와 독일의 콘라드 3세가 주도한 십자군 원정이다.

그러나 제2차 십자군은 에데사 전투에서 참패를 당했고, 다마스쿠스에서의 전투(1148년)에서도 비참한 패배를 맛보아야만 했다.

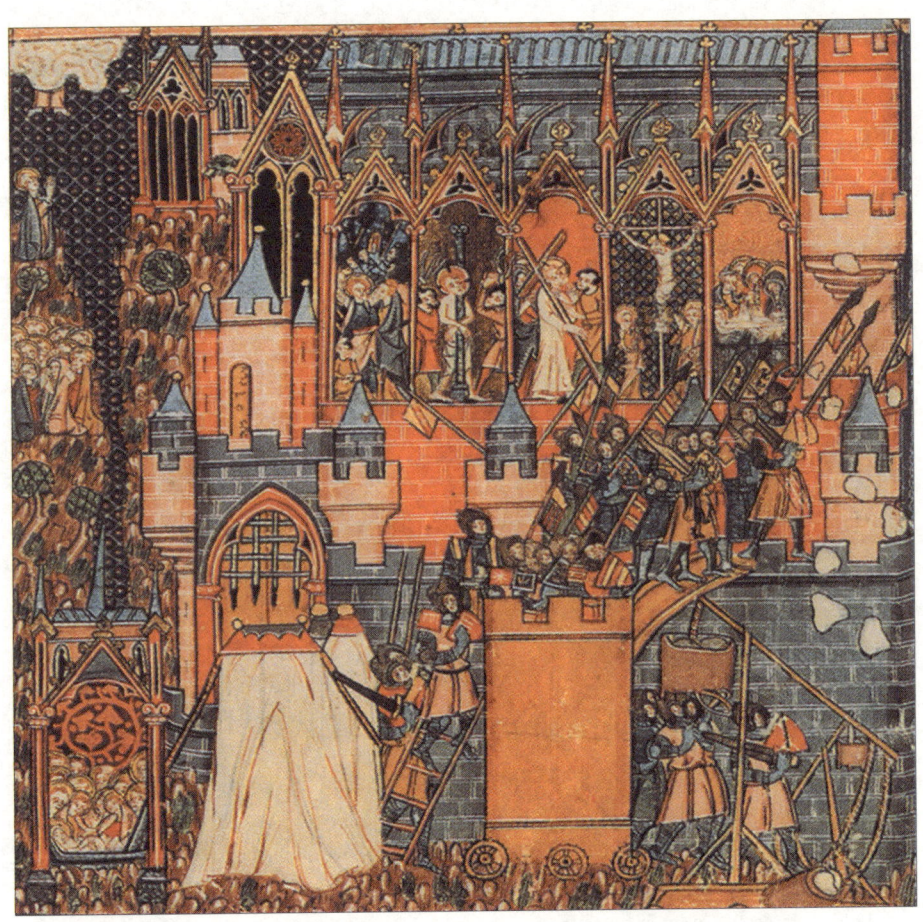

예루살렘의 탈환을 위해 공격하고 있는 제1차 십자군

제3차 십자군 운동(1189-1192) : 갈릴리 지역과 예루살렘이 술탄 살라딘에 의해 침공을 당하자, 두로(Tyre) 지역의 대주교에 의해 주창된 제3차 십자군 운동은 영국의 '사자왕' 리처드 1세가 참전한 것으로 유명하다. 기대와는 달리 십자군들은 예루살렘 지역의 탈환에 실패하고 일부 팔레스타인 지역을 점거하는 결과로 만족해야만 했다. 중세 유럽의 최강자였던 사자왕 리처드와 동시대 이슬람의 패권을 쥐고 있던 술탄 살라딘의 대접전이었다.

제4차 십자군 운동(1202-1204) : 1198년에 즉위한 교황 인노첸시오 3세(1198-1216년)에 의해 주창된 제4차 십자군 운동은 전체 십자군 운동의 역사에 있어서 가장 암울했던 역사의 한 페이지를 장식했다. 십자군을 지원하기로 했던 베네치아의 재정적 후견인이었던 단돌로(Dandolo)의 지원이 불확실해지자, 애초 이집트의 무슬림들을 공격하고자 했던 계획을 바꾸어 십자군들은 동방 기독교 지역인 달마티아(Dalmatia)를 거쳐(1202년), 콘스탄티노플을 점령하면서(1204년) 동방 기독교인들의 재산을 약탈하는 만행을 저질렀다. 이 사건으로 인하여 애당초 소원한 관계에 있던 동서방 교회는 분열의 막다른 골목에 이르게 되었다.

제4차 십자군 직후 흔히 십자군 운동의 역사에 있어 에피소드에 가까운 '어린이 십자군(Children's Crusade)'이 잠시 등장했었다. 니콜라스라는 어린 소년이 이끌었던 '어린이 십자군'은 1212년 시작되었지만 지중해의 항구도시에 이르기도 전에 와해되고 말았다.

제5차 십자군 운동(1217-1229) : 교황 인노첸시오 3세의 주창과 추기경 펠라기우스의 주동으로 시작된 제5차 십자군 운동은 이집트의 아랍 무슬림에 대한 공격을 목표로 추진되었다. 십자군들은 이집트의 항구도시 다미에타(Damietta)를 점거하는 데는 성공했지만(1218년), 카이로로 이동하던 도중 복병을 만나 패배하였다.

프랑스의 십자군 운동(1248-1254, 1269-1272) : 프랑스 황제 루이 9세에 의해서 두 번에 걸쳐 전개된 '프랑스의 십자군 운동'은 모두 이집트의 무슬림을 공격대상으로 삼았지만 실패로 끝나고 말았다. 15,000명의 정예군대를 이끌고 항구도시인 다미에타를 다시 점거하였지만(1249년), 이듬해 이집트의 아랍 무슬림에게 공격을 받고 패배했다. 패전의 대가로 거액의 배상금을 지불한 뒤 프랑스 십자군 군대는 가까스로 생명을 건질 수가 있었다. 일단 퇴각했던 십자군은 팔레스타인 지역에서 전력을 재정비하고 다시 북아프리카의 튀니지를 공격하였으나 역시 실패로 끝나고 말았다. 결국 프랑스의 루이 9세는 북아프리카에서 임종을 맞이하였다(1270년).

십자군 운동이 시작된 동기에 대하여 일반적으로 알려진 것은, 십자군에 참여한 가난한 평민들의 물질적인 욕심 때문이란 학설과 11세기 중세 기독교인들의 종교적 환상(Religious Fanaticism)과 밀접하게 연관되어 있다는 학설이다. 그러나 이러한 전통적인 견해는 1950년대 이후 점차적으로 수정되고 있다. 십자군 운동에 참여하는 자체가 많은 물질적인 손해를 요구했다는 점이 그 첫 번째 이유이다. 또한 당시 십자군에 참가하였던 중세 기독교인들이 비교적 건전한 신앙형태를 보였다는 역사적 자료가 속속 소개됨으로써, 종전의 부정적인 견해가 어느 정도 완화되고 있다. 또한 예루살렘과 유럽의 역사자료를 의존하던 종래의 연구태도에서 벗어나 십자군들의 공격을 받았던 아랍권의 시각에서 본 역사자료와 학설이 최근 주목을 받고 있다.

그렇다면, 십자군 운동의 역사적 동기는 무엇이었을까? 무엇을 위하여 그 많은 사람들이 생명을 걸고 십자군 운동에 동참하였을까? 최근 학계의 주목을 받고 있는 사회학적 역사해석에 의하면, 십자군 운동은 가난한 농민들의 사회적 신분의 자각에서 비롯되었다는 것이다. 많은 땅을 소유한 지주계급이 자신들의 신분유지를 위해 군사력을 사유화하면서 시작된 중세 봉건제도 아래에서, 일반 농민들은 상대적으로 많은 불이익을 감당하고 살았다.

그러나 11세기에 들어오면서, 계속되어온 봉건 영주들의 무력증강 때문에 지금까지 소작농으로 머물러 있던 일반 평민들 사이에 일종의 신분상승에 대한 욕구가 나타나기 시작했다.

예를 들면 지금까지 봉건 영주의 직속부하로서 일정한 사회적 지위를 누리고 있던 기사계급과 농민으로 구성된 일반 전투병력 간의 신분 격차가 줄어들게 된 것이다. 로마제국의 군대에서 '보병'의 뜻으로 사용되던 'Miles'가 창과 칼 등으로 중무장한 '기병'과 같은 뜻으로 사용되기 시작한 것이 그 단적인 예이다.* 일반 농민 출신의 군사들이 기사들과 같이 말을 타고 중무장하기 시작할 그 즈음에, 제1차 십자군 운동이 시작됐다. 일반 보병과 달리, 말을 타고 전투에 임하는 기병들에게는 특히 집단생활을 통한 훈련과 강한 단결력이 요구되었다. 십자군 운동에 동참하여 기사들과 같이 말을 타고 중무장한 농민 출신들은 이제 더 이상 남루한 옷을 입고 빈약한 무기로 싸워야 하는 초라한 보병이 아니었다.

중세 유럽의 군사들이 착용하였던 복장과 무기들

십자군 운동은 이들의 사회적 위치를 상승시키는 결과를 초래하였다.

또한 최근에는 종교적인 의미에서 십자군 운동이 일종의 '복음주의'적인 시대의 흐름이었다고 보는 견해도 있다. 당시 11세기 유럽의 기독교 문헌을 살펴보면 개인적인 죄책감이 일반 기독교인들을 과다하게 억누르고 있음

---

* Jonathan Riley-Smith, ed., *The Oxford Illustrated History of the Crusades*(Oxford : Oxford University Press, 1995), 20.

을 볼 수 있다. 중세 유럽의 제한된 거주환경과 밀접한 공동체 생활은 개인의 사생활을 보장할 수 없었다.

따라서 개인의 죄는 곧바로 그가 속한 집단에게 쉽게 알려졌으며, 이러한 죄의식을 극복하기 위한(혹은 더욱 강화하기 위해), 참회(Penance)의 제도가 교회에서 발전되어 갔다. 물론 교황이나 감독의 원래 계획과는 달랐지만, 십자군 운동은 특히 중세인들의 참회의 의식과 밀접하게 연관되었다. 예루살렘 성지를 향한 순례는 11세기 중세인들에게 참회의 중요한 수단이었다. 제1차 십자군 운동을 주창했던 우르바노 2세의 연설은 죄책감에 시달리던 중세인들에게 거절할 수 없는 제안이었다. 교황은 십자군에 참여하는 사람들에게 완벽한 죄의 용서를 이렇게 보장했다.

중세 십자군 운동의 가장 중요한 동기는 예루살렘 성지 순례를 통한 참회였다.

"십자군 운동을 위해 싸우다가 죽는 사람이 있으면, 그곳이 바다이든지 아니면 육지에서든지, 혹은 이방인들과의 전투중이든지, 즉각적인 모든 죄의 용서를 받게 될 것입니다. 내게 주어진 하나님의 능력을 의지하여 나는 이것을 보장합니다."

따라서 상승된 사회신분을 가지고 예루살렘 성지로 가서 지난날의 죄를 일시에 참회할 수 있다는 십자군 운동의 호소력은 당시 11세기 일반 기독교인들에게 엄청난 견인력을 가질 수밖에 없었다. 사실 제1차 십자군 운동에 참여한 일반 농민들은 아랍문명과 이슬람에 대해 아는 것이 거의 없었다. 그들의 관심은 예루살렘이었다. 십자군 운동에 따라 나선 그들의 생각을 지배하고 있던 것은 이슬람에 대한 종교적 증오보다는 자신을 향한 참회의 마음이 더 앞섰던 것이다.

후기 십자군 운동은 무력 사용을 통한 성지 회복이라는 군사적 의미에서 서서히 아랍 무슬림에 대한 선교로 그 1차적 목적이 수정되어 갔다. 이집트 무슬림을 향한 제5차 십자군에 동참했던 성 프란체스코(St. Francis, 1182-1226)가 그 대표적인 예라고 할 수 있다.

또한 십자군을 통한 중세 기독교와 이슬람 문화와의 접촉은 중세 기독교 신학이 새롭게 정립되는 역사적 배경이 되었다. 토마스 아퀴나스(Thomas Aquinas)와 라몬 룰(Ramon Lull)의 선교 신학적인 견해가 십자군을 통한 두 문화 간의 만남을 통해 연구, 발전되었다.

또한 십자군 운동을 통하여 유럽사회에는 많은 내부적 변화가 나타났는데, 화폐 사용을 통한 경제발전과 은행제도, 새로운 세금제도, 이탈리아 상업도시들의 성장 등이 급격하게 진행됨에 따라 신대륙을 향한 탐험이 시작될 수 있는 경제적 배경도 형성되었다.

12세기 중세 여성의 신비주의

기독교 역사의 한 페이지, 중세 여성신비가 힐데가르트

하나님은 사고의 대상이 아니라 '느낌'의 대상으로 보는 중세 여성 신비주의는 남성지배 중심의 중세교회에 새로운 영성을 불러일으켰다. 힐데가르트는 중세 여성신비가의 대모(大母)로 불린다.

힐데가르트가 신비의 경험을 기록하고 있는 모습

12세기로 접어든 중세 유럽사회에 몇 가지 새로운 변화가 일어나고 있었다. 파리대학을 위시한 중세 대학이 설립되기 시작하면서 중세 문화와 기독교의 정신적 자양분을 제공해왔던 수도원 제도가 서서히 쇠락의 길로 빠져들고 있었다. 지속적인 부(富)의 축적을 통해 비대한 조직으로 커가던 중세의 수도원 제도에 대한 반발이 나타나기 시작한 것이다. 성 프란체스코(St. Francis of Assisi, 1182-1226)에 의해 설립된 프란체스코 수도회(1209년)나 1215년에 도미니크(Dominic of Caleruega)에 의해 창립된 도미니크 수도회가 그 대표적인 예라고 할 수 있다.

이런 외형적인 변화와 더불어 중세 유럽사회를 지탱하고 있던 기독교 신학과 교회 내부에 새로운 변화가 일어나고 있었다. 수도원 제도와 더불어 존재하던 사제나 수도사들의 엘리트주의가 극복되기 시작한 것이다. 현대적인 용어를 사용한다면, 12세기 기독교 신앙 가운데 일반 성도들의 참회와 청빈을 강조하는 '사도적인 삶(Vita Apostolica)', 즉 중세의 '복음주의'가 태동하기 시작한 것이다.*

12세기부터 등장하기 시작한 이러한 새로운 중세 기독교의 움직임(Vita Apostolica)은 종전까지 기독교를 이끌어가던 핵심인물들의 변화를 수반하기 시작했다. 엘리트주의를 서서히 극복해 나가던 12세기 중세교회에서 가장 두드러진 활약을 한 그룹이 바로 중세 여성신비가(Medieval Women Mystics)들이었다. 버나드 맥귄 교수의 표현에 의하면, 엄밀한 의미에서 여성이 기독교 신학에 직접적으로 영향을 끼치기 시작한 것은 12세기부터이다.**

중세의 기독교를 '암흑의 시대(The Dark Age)'로 표현하는 것은 18세기 계몽주의자들의 일방적인 판단이다. 합리성과 이성(理性)적 판단을 중시하

---

* 이런 점에서 클레르보의 베르나르를 '교회의 마지막 교부'라고 부르기도 한다.

** Bernard McGuinn, *The Flowering of Mysticism : Men and Women in the New Mysticism, 1200-1350* (New York : Crossroad, 1998), 15.

던 계몽주의자들에게 중세는 애매모호함과 모순의 시대로 보일지 모르지만, 사실 중세 시대야말로 하나님과 인간에 관한 깊이 있는 성찰이 가능했던 시기였다. 특히 중세 기독교는 12세기부터 등장하기 시작한 여성신비주의자들의 활약으로 인해 남성지배가 고착화되어 있던 중세교회에 새로운 영성의 바람이 불어온 시기였다. 여성신비주의자들의 대모(大母)격이라고 할 수 있는 힐데가르트(Hildergard of Bingen, 1098-1179)를 위시하여 노리치의 줄리안(Julian of Norwich, 1342-1417), 시에나의 성녀 카타리나(Catharina de Siena, 1347-1380), 제노바의 성녀 카타리나(Catharina de Genova, 1447-1510) 등의 눈부신 활약과 16세기 가톨릭의 종교개혁을 이끌었던 아빌라의 테레사(Teresa of Avila, 1515-1582)의 업적은 2천 년 기독교 역사의 아름다운 한 페이지를 장식하였다.

이러한 여성신비주의자들은 남성 중심의 중세 기독교가 구하던 이성(理性)적이며 사변적인 논리의 적용을 통한 하나님에 대한 철학적 이해와는 전혀 다른 각도에서 접근하였다. 그들이 추구했던 하나님과의 관계는 복잡한 신학사상의 섭렵을 요구한 것이 아니라 하나님과 자신의 직접적이며 친밀한 관계였다. 그들에게 하나님은 사고(思考)의 대상이 아니라 느낌의 대상이었다.

그러나 남성 중심의 교권은 이 여성신비가들의 하나님 체험에 대해 아주 부정적인 견해를 가지고 있었다. 악명 높은 중세의 종교재판(Inquisition)이나 금서목록(Index)을 통하여 이러한 여성신비가들의 견해를 견제하고 때로 혹독하게 탄압하기도 하였다. 심할 경우, 마녀재판을 통하여 많은 여성들을 화형에 처하는 극단적인 조치를 취하기도 하였다.* 이런 시대적 제약을 뛰어

---

* 중세의 종교재판과 마녀사냥에 대한 최근의 연구는 James Given, *Inquisition and Medieval Society : Power, Discipline and Resistance in Larguedoc*(Ithaca : Cornell University Press, 1972) ; Jeffrey Russell, *Witchcraft in the Middle Ages*(Ithaca : Cornell University Press, 1972) ; Alan Kors and Edward Peters, eds., *Witchcraft in Europe, 400-1700*(Philadelphia : University of Penn. Press, 2001).

중세의 종교재판(Inquisition)은 로마 교황청의 종교적 권위에서 시작되었지만 사회적 약자에 대한 탄압으로 확대되었다. 특히 수많은 중세 여성신비가들이 마녀(Witch)의 오명을 뒤집어쓰고 참혹한 죽임을 당하기도 하였다.

넘은 12세기 여성신비가를 소개한다. 그녀가 바로 중세 여성신비가의 대모(大母)라고 불릴 만한 힐데가르트(Hildegard of Bingen)이다.

힐데가르트는 독일의 귀족계급 집안에서 10번째 자녀로 태어났다. 어릴 때부터 허약한 체질이었던 힐데가르트는 부모의 소원에 따라 여덟 살 되던 해에 수도원으로 보내졌다. 힐데가르트는 이 수도원에서 디센베르크(Disenberg) 지역 백작의 여동생이며 베네딕토 수도회 소속 여수도원의 원장이던 유타(Jutta of Sponheim)의 지도와 보호를 받으며 철저하게 격리된 종교생활을 시작하였다. 비록 라틴어를 완벽하게 습득하지는 못했지만 주타의 지도를 받으면서 어린 힐데가르트는 자신의 내면세계에서 들려오는 신비의 소리에 귀기울이기 시작했다. 1136년 주타가 사망하고 난 후 38세의 힐데가르트는 자연스럽게 그 여수도원의 원장이 되었고 '하나님의 지시에 따라' 지금의 빙겐(Bingen) 인근의 도시 루페르츠베르크(Rupertsberg)로 수도원을 옮겼다. 라인강 기슭에 위치한 이 여수도원에서 18명의 수녀들이 힐데가르트의 신앙적인 가르침과 보호를 받게 되었다.

힐데가르트의 신비체험은 이곳에서도 계속되는데, 이러한 신비체험은 당시 중세교회를 지배하던 이성(理性) 중심의 사변적 신학체계와는 거리가 먼 것이었다. 힐데가르트의 내면세계는 여러 가지 모습의 환상으로 가득 차 있었고, 1141년부터 본격적으로 시작된 힐데가르트의 신비체험과 여러 가지 경이로운 환상은 새로운 신비주의 경향을 띠고 있었다. 힐데가르트의 친구이자 비서였던 남자 수도사 볼마(Volma)는 힐데가르트의 신비체험과 환상을 라틴어로 기록하기 시작했다. 힐데가르트의 초기 체험과 환상은 〈스키비아스 *Scivias*〉에 기록되어 있다. 26개의 환상이 기록되어 있는 〈스키비아스〉는 원래 '주의 길을 알라'는 라틴어 Scitio vias domini를 줄인 말이다.*

---

* 힐데가르트의 환상에 대한 평이한 분석은 Matthew Fox, *Illuminations of Hildegard of Bingen* (Rochester : Bear & Company, 1985).

힐데가르트가 신비의 환상을 체험하고 있는 모습. 힐데가르트의 동료이자 비서였던 볼마(Volma) 수도사가 힐데가르트의 환상을 기록하고 있다.

힐데가르트의 〈스키비아스〉가 많은 사람들의 관심을 끌기 시작하면서 교황을 비롯한 많은 교회의 지도자들과 세속의 군주들이 힐데가르트의 영적인 조언을 받기 위해 면담을 신청하였다. 힐데가르트 자신이 직접 중부 유럽의 여러 도시들을 순례하면서 그들과 만나기도 하였다. 많은 서신 교환을 통하여 당대의 종교적 문제들에 대해 자신의 견해를 당당히 밝히기도 했다.*
남아 있는 힐데가르트의 약 145편의 서신 중 가장 초기의 것으로 추정되고 있는 클레르보의 베르나르에게 보낸 편지에는 힐데가르트가 보았던 환상에 대한 다음의 질문이 포함되어 있다.

---

* 힐데가르트의 많은 편지들은 Joseph Baird, trans. *The Letters of Hildegard of Bingen* (New York : Oxford University Press, 1994)에서 참고할 수 있다.

힐데가르트의 초기 환상 중의 하나인 '생명의 나무(The Tree of Life)'

저는 신비체험 중에 제 앞에 펼쳐진 이 환상에 대해 심사숙고하고 있습니다. 저는 이런 환상을 이전에 한 번도 제 눈으로 목격한 적이 없습니다. 저는 여성으로서 참으로 곤고한 삶을 살아왔습니다. 하지만 어릴 적부터 제 입으로 어떻게 설명할 수 없는 놀라운 광경들을 목격하였습니다. 만약 하나님의 영이 제게 임하지 않았다면 이것들을 믿지 않았을 것이 분명합니다. 자애로우신 신부님, 부디 저의 질문에 답해주시기를 진심으로 바랍니다. 이 비천한 여종은 어릴 적부터 단 한 시간이나마 평온한 삶을 살아보지 못했습니다. 〔중략〕

이 세상 모든 사람들 중에 가장 인자하신 신부님, 제 모든 것을 신부님의 영적 세계에 맡깁니다. 제게 임한 모든 것을 공개적으로 다른 사람들과 나눌 수 있는 것인지, 아니면 이것에 대해 침묵을 지켜야 하는지에 대해 저에게 가르쳐주십시오. 제가 보고 제가 들은 이 환상에 대해서 다른 사람들에게 말해도 되는 것인지에 대해 저는 무척 고민하고 있습니다. 제가 이 환상에 대해 침묵하기로 결심하였을 때마다 저는 이상한 병으로 인해 고통받으며 침대에 누워있어야 했습니다. 그 고통이 너무 심해서 그냥 앉아 있을 수조차 없었습니다. 바로 이 이유 때문에 저는 지금 신부님께 제 아픔에 대해 하나하나 자세히 말씀드리는 것입니다.*

---

* Hildegard, 'Hildegard to Bernard of Clairvaux' in Matthew Fox, ed., *Hildegard of Bingen's Book of Divine Works with Letters and Songs*(Santa Fe : Bear & Company, 1987), 271-272. 이 편지는 1147년에 보내졌다. 필자의 번역.

힐데가르트는 교황과 군주들의 신앙적 조언자로 활동하면서 광범위한 계층의 사람들과 교류를 하고 있었지만 때로 남성 중심의 교권과 직접적으로 충돌하기도 하였다. 자신의 수도원을 루퍼츠베르크로 옮긴 후 27년 동안 이 문제를 놓고 마인즈(Mainz)의 추기경과 갈등을 빚었으며, 절친했던 수녀 리처디스(Richardis)를 다른 수녀원으로 보냈던 추기경과 논쟁을 벌이기도 했고,* 힐데가르트가 임종(1179년)을 맞이하기 직전까지 교권과의 갈등은 계속되었다. 교권에 의해 파문당한 사람을 교회 묘지에 매장할 것을 허락한 힐데가르트의 결정 때문에 생의 마지막 순간까지 교권과 갈등을 빚었던 것이다.

그러나 힐데가르트는 여성이란 이유로 자신의 입장을 굽히거나 교권에 무조건 복종하지 않았다. 때로 과격한 언어를 사용하는 것을 주저하지 않으면서 자신이 옳다고 생각한 일을 끝까지 밀어붙이는 지도자였다.

힐데가르트는 12세기 중세교회의 신비가였을 뿐 아니라, 고대 그리스 철학을 바탕으로 하는 자연과학에 대한 저술과** 각종 약초와 광물을 이용한 자연 치료법에 대한 지침서를 남기기도 하였다. 뿐만 아니라, 베네딕토 수도원 음악에 영향을 받아 많은 성가를 작곡하였으며*** 연극대본을 쓰기도 했다.

12세기에 접어든 중세교회는 정치 경제적 사회적으로 안정된 발판을 기반으로 새로운 도약을 준비하는 시기였다. 중세 봉건제도와 결탁하여 안정과 보수의 기득권을 유지하던 수도원 중심의 교회제도가 서서히 힘을 잃어

---

* 이 사건을 중심으로 힐데가르트의 생애를 집중적으로 조명한 탁월한 연구는 Norman Cantor, *Medieval Lives : Eight Charismatic Men and Women of the Middel Ages*(New York : HaperCollins, 1994), 84-104.

** 〈피지카 *Physica*〉에 기록되어 있는 힐데가르트의 자연과학은 고대 그리스 철학에 바탕을 두고 있다. 우주의 근본을 이루는 불, 공기, 물, 땅의 조화에 따라 열기, 건조, 습기 그리고 냉기에 의해서 육체의 건강이 결정된다고 보았다.

*** 힐데가르트의 음악은 천사들의 찬양소리를 기본적인 패턴으로 채택하고 있다. 타락 이후의 아담이 천사들과 더불어 창조주를 찬양하던 아름다운 음성을 잃어버렸기 때문에, 힐데가르트의 음악은 천사들의 찬송소리를 바람직한 찬양으로 보았다.

가면서, 프란체스코회(Franciscans)와 도미니크회(Dominicans) 수도회로 대표되는 개혁운동이 펼쳐지기 시작한 시기였으며, 새롭게 태동한 대학 중심의 신학 연구는 기독교의 새로운 지적 자양분을 제공하기 시작하였다. 이러한 변화의 시기에 함께 등장한 여성신비가들의 교회에 대한 도전과 공헌은 2천 년 기독교 신앙의 새로운 측면을 경이롭게 드러낸 것이었다. 그런 점에서 최근 많은 페미니스트 신학자들이 중세 여성신비가들을 연구하는 동향은 전혀 이상할 것이 없어 보인다. 오히려 중세 여성신비가들의 삶과 사상을 통해 온고지신(溫故知新) 할 수 있다면, 오히려 페미니스트 신학의 논리적 비약과 조급한 행동주의를 극복할 수 있을 것이다.

1231년 중세 대학의 설립

중세 학문의 꽃, 파리대학과 스콜라 철학

수도원 제도가 쇠퇴하면서 중세 유럽의 대학은 발전한다. 아리스토텔레스의 철학이 신학에 도입되면서 신학이 '학문의 여왕'으로 군림하며 파리대학에서 아퀴나스, 에라스무스, 로욜라, 칼뱅 등이 배출된다.

파리대학에서 스콜라 방식으로 논쟁하고 있는 모습을 묘사한 판각화
중세 대학에서 활기차게 학문하는 모습이 잘 나타나 있다.

13세기는 '학문의 여왕'으로 불리던 신학의 경이적인 발전과 점진적인 교회의 개혁을 통해 유럽사회와 중세 기독교가 새롭게 도약했던 시대였다. 소위 '암흑'의 시대를 살던 유럽인들의 지적 도약이 중세 대학의 등장과 밀접하게 연관되어 있었다면, 중세 기독교의 새로운 갱신은 13세기 초반 설립된 프란체스코회(Franciscan)와 도미니크회(Dominican)의 수도원 개혁운동과 밀접하게 연관되어 있다.* 중세 대학과 개혁파 수도회가 등장함으로써 유럽사회와 중세교회에 새로운 학문과 신앙의 자양분이 공급되기 시작하면서, 중세 유럽의 세계는 새로운 시대를 맞게 되었다.

13세기 중세 유럽대학의 설립과 발전은 곧 수도원 제도의 쇠퇴를 의미한다. 12세기까지 수도원을 중심으로 연구되던 기독교 신학은 새롭게 등장한 중세 대학의 강단에서 새로운 방법에 의해 연구되기 시작한다. 이러한 변화

중세 대학이 발흥하기 전 유럽의 수도원은 교육기관으로서의 역할 뿐 아니라, 초대교회 교부들의 문서와 주석들을 필사하여 보관하는 역할도 담당하고 있었다. 옆의 사진은 수도원에서 고전을 필사하고 있는 수도사의 모습이다.

---

* 프란체스코 수도회는 성 프란체스코(St. Francis of Assisi, 1182-1226)에 의해 1209년에 설립되었으며, 도미니크 수도회는 도미니크(Dominic of Caleruega)에 의해 1215년에 설립되었다.

는 기독교 신학이 일반 철학의 연구방법이었던 '스콜라 방식(Scholastic Method)'을 도입함으로써 비약적인 발전을 이루게 되었다. 신학과 철학의 경계가 무너지면서 결국 중세 사회를 지탱하고 있던 교회의 위세를 통해 신학이 '학문의 여왕'으로 군림하는 배경을 이루게 된다.

13세기 초에 일어난 중세 유럽의 중요한 사상적 변화는 이미 중세 초기부터 눈부시게 발달하였던 이슬람 문명으로부터 지대한 영향을 받았다. 13세기 초반, 희랍어에서 아랍어로 번역되어 있던 아리스토텔레스의 저술들이 스페인어 번역을 거쳐 라틴어로 번역됨으로써, 유럽인들에게 잊혀져 왔던 아리스토텔레스의 철학이 파리대학에 소개된 것이다. 파리대학의 교수와 학생들의 연구에 의해 아리스토텔레스 철학은 기독교 신학을 이해하는 새로운 인식의 틀로 자리잡기 시작했다.* 순교자 유스티누스(Justinus Martyr)으로부터 시작된 신플라톤철학(Neo-Platonism)을 이용한 전통적인 기독교 신학의 연구방법이 13세기에 이르러 아리스토텔레스적 논리로 전환되었고, 당시 처음 등장한 중세의 유럽대학들이 이러한 사상적 전환을 주도하였다.

그렇다면 이슬람과 중세 유대 철학자들이야말로 13세기 기독교 신학 발전에 중대한 사상적 영향을 미친 인물들임에 틀림없다. 아리스토텔레스 철학은 이슬람 사상가나 유대인 철학자를 통해 전승되고 있었기 때문이다. 아리스토텔레스 철학을 해석하는 데 절대적인 권위를 인정받았던 아베로에스(Averroës, 원래 아랍이름은 Ibn-Rushd)나 〈번민하는 자들을 위한 지침〉을 쓴 유대인 철학자 마이모니데스(Maimonides, 원래 히브리어 이름은 Moses ben Maimon) 등이 그 대표적인 인물들이다.

---

* 1215년 파리대학은 아리스토텔레스 연구를 금지하는 교칙을 폐지하였다. Robert Grosseteste 등에 의해 옥스퍼드대학에서 먼저 번역된 아리스토텔레스의 책들은 1237년과 1247년경, 파리대학에 소개되었다. 1230년에는 Averroës의 저술들이 파리대학에 소개되었다.

이들은 아리스토텔레스의 철학을 바탕으로 신앙과 이성(理性)을 분리하고자 하는 철학적 시도를 전개하였다. 특히 아베로에스는 '철학(Philosophy)'의 학문적 목표가 신앙을 전제하는 신학의 연구와는 전혀 다르기 때문에, 철학과 신학 간의 철저한 학문적 분리를 주장하였다. 이와 반대로 유대인 철학자 마이모니데스는 자신의 유대교적 전통에 따라 아리스토텔레스와 플라톤의 사상을 조화시키려는 시도를 해나갔다. 또 이성(理性)으로 증명할 수 있는 인간의 진리에 분명한 한계가 있다고 주장하면서, 이러한 증명할 수 없는 진리를 반(反)이성적이라고 단정할 수 없다는 논리를 제시하였다.

예를 들면, '창조의 신비(Mystery of Creation)'는 인간의 인식 능력으로 확인될 수 없는 진리인 것이 사실이지만, 그렇다고 '창조'가 반(反)이성적인 진리가 아니라는 것 또한 사실이라는 것이다. 이러한 아베로에스와 마이모니데스의 논리는 둘 다 '현상'과 '실재'를 차별하였다는 점에서 공통점을 가지는데, 이러한 '현상'과 '실재'의 차별은 아리스토텔레스 사상의 근간을 이룬다. 이러한 '현상'과 '실재'의 차별과 통합 가능성은 토마스 아퀴나스(Thomas Aquinas, 1225-1274)의 학문적 공헌을 통해 중세 스콜라 신학의 기본 골격으로 발전하였다. 다시 말하자면 13세기 중세 유럽의 학문적 발전은 12세기에 이룩한 '이슬람 문명의 르네상스'에서 비롯되었다고 해도 과언이 아니다. 이슬람 학자들에 의해 발견되고 재평가된 아리스토텔레스의 철학이 13세기 파리대학의 지적 풍토에 직접적으로 영향을 미쳤기 때문이다.*

최초의 중세 대학은 유럽의 여러 도시들을 떠돌아다니며 새로운 논리와

---

* 13세기 중세 유럽대학의 발흥과 더불어 시작된 아리스토텔레스 철학의 발전을 통해 기독교 신학은 새롭게 모습을 갖추기 시작했다. 물론 일부 신학자들은 여전히 아우구스티누스의 방법론이었던 신플라톤주의를 고수했으며(예를 들면 보나벤투라), 또 알베르투스 마그누스(Albertus Magnus)나 토마스 아퀴나스 같은 신학자들은 아우구스티누스주의와 아리스토텔레스를 조화시키고자 하는 철학적 노력을 견지하였으며, 나머지 일부 학자들은 철저한 아리스토텔레스주의(Radical Aristotelianims)를 자신들의 학문 방향으로 밀고 나갔다.

중세 이슬람 문명은 당시 유럽인들을 압도하고 있었다. 특히 아리스토텔레스의 재발견을 통하여 중세 아랍문명은 13세기 유럽의 지적 발전에 지대한 영향을 미쳤다. 심지어 스페인의 학자 타라고(J. Ribena y Tarrago)는 중세 유럽의 대학제도가 이슬람의 교육제도를 모방한 것이라고 본다. 옆의 그림은 중세 이슬람의 철학자가 제자들에게 강론하는 모습이다.

사상을 연구하던 일단의 지식인들이 자신들의 자유로운 학문적 권리를 보호하기 위해 일정 지역에 모여 집단(Guild)을 이룸으로써 시작되었다. 최초의 대학은 이처럼 방랑하던 지식인에 의해 구성된 이방인 집단이었다. 최초의 중세 유럽대학은 학생 중심의 볼로냐(Bologna)대학과 교수 중심의 파리대학으로 대표된다. 특히 파리대학은 중세 최고의 대학으로서 기독교 전통과 신학 연구의 산실이었다. 피에르 아벨라르(Pierre Abélard)의 학문적 명성을 듣고 모여들기 시작한 초기 형태의 파리대학은 1150년부터 1170년에 대학으로서의 면모를 갖추기 시작하였다.*

그러나 초기 파리대학의 행정을 장악하고 있던 파리 지역 교회의 지도자들과 외국인이나 타지방 사람들로 구성되어 있던 교수들 사이에 갈등을 빚

---

* 아벨라르의 삶과 사상을 심도 있게 연구한 최근의 책은 M.T.Clanchy, Abelard : *A Medieval Life*(Oxford : Blackwell, 1997).

기 시작했다. 이러한 분쟁 와중에 파리대학을 기독교 신학 연구의 중심지로 발전시킬 계획을 가지고 있던 로마 교황청은 교수들 편에 서게 되었다. 지역 교회 지도자들과 파리대학 교수 사이의 분쟁은 대학의 행정권에만 국한된 것이 아니었다. 아리스토텔레스의 철학을 신학 연구에 도입할 것인지의 여부를 둘러싼 논쟁으로 확대되면서 파리대학 설립 초기 학생들과 교수들은 극심한 사상적 혼란을 겪어야만 했다.*

초창기에 있었던 파리대학의 행정적 그리고 학문적 논쟁은 1231년 교황 그레고리 9세의 교서(Parens Scientiarum)에 의해 종결되고, 파리대학은 교황청이 인정하는 '학문의 어머니'로 확고한 출발을 하게 된다. 이로부터 파리는 유럽 지성인들의 고향으로 자리잡는다. 1231년 교서는 파리대학의 첫 출발을 다음과 같이 규정하고 있다.

> 만약 어떠한 방법으로든지 (파리대학의) 은혜로운 새 출발을 방해하는 사람이 있다면 이는 지극히 하나님을 영화롭지 못하게 하는 행동이다. 누구든지 공개적으로 이 (파리대학의) 새로운 출발을 반대해서는 안 된다. [중략]
>
> 따라서 우리는 대학의 구성과 관련된 학생과 학칙에 관해 다음과 같이 결정하였는데, 반드시 이러한 학칙이 준수되어야 한다. 파리대학에서 임명하는 학장(Chancellor)은 감독(Bishop)의 입회하에 취임하게 되며 파리교구 감독의 통제를 받는다. 학생들을 가르칠 두 명의

---

*파리대학의 초기, 소위 '자유사상가'들은 화형을 당하기도 하였으며, 1215년에는 아리스토텔레스의 철학을 가르치는 것이 금지되기도 하였다. 그러나 1255년에 이르러 아리스토텔레스의 철학은 파리대학 인문학부 학생들의 필수과목이 되었다.

마스터(Masters)가 임명되는데, 신학과 법률을 각각 가르치게 될 이들은 반드시 신실한 신앙을 가진 사람이어야 하며, 양심에 따라서 학문도야에 최선의 명예와 영광을 다하며, 파리의 상황에 맞게 적절히 행동할 수 있는 사람이 반드시 취임하여야 한다. 어떤 지위나 출신국가를 막론하고, 이들 중 가치없는 사람은 누구든지 거부될 수 있다. 〔중략〕

신학과 법률의 '마스터'들은 강의를 시작하기 전에 이러한 원칙을 공개적으로 천명해야 한다. 학장도 반드시 같은 내용을 공개적으로 천명해야 하는데, 어떠한 경우에도 '마스터'들의 견해를 일반인들에게 공개할 수 없다.

이제 새로운 대학의 면모를 갖춤에 있어서, 파리의 교권에 의해서 그들의 학문에 대한 자유와 권리가 보장되어야 하기 때문이다. 또한 학장은 의학과 인문학 등의 타 학문분야의 '마스터'를 선출할 때, 그들의 신실한 믿음을 면밀히 검토하여 적절한 사람을 선택하는 권리를 가진다.*

그러나 새롭게 출발한 파리대학의 첫걸음은 역시 같은 시기에 새롭게 등장한 '탁발 수도회(Mendicant Orders)' 출신의 수도사들을 학생과 교사로 받아들이는 문제를 놓고 또다시 심각한 논쟁에 휘말린다. 수많은 반대를 무릅쓰고 도미니크 수도사들이 1217년 파리대학의 문을 두드렸고, 프란체스코들이 1229년 그 뒤를 이었다.

---

* 교황 그레고리 9세의 교서(1231년) 중 일부 내용. 필자의 번역. 영어로 된 전문은 280-284.

1084년에 설립된 볼로냐대학의 학생들이 수업에 참가하고 있는 모습

기존의 학생들과 특히 행정을 장악하고 있던 파리지역 교회의 지도자들은 탁발 수도회 수도사들이 입학하는 것을 극렬히 반대하였다. 하지만 다시 교황청의 개입으로 1255년부터 이들의 입학이 보장되었다. 그러나 여전히 수많은 보수적인 교회의 지도자들은 파리대학에서 벌어지고 있는 떠돌이 지식인들의 지적 향연에 대해 못마땅한 눈초리를 보내고 있었다. 예를 들면 흔히 기독교 역사의 마지막 교부(The Last Apostolic Father)라는 별명으로 불리는 시토 수도회의 창립자 클레르보의 베르나르(Bernard of Clairvaux)는 매우 강력한 어조로 파리대학의 지적 오만과 신성 모독을 경고하곤 하였다.

파리대학의 명성은 알베르투스 마그누스(Albertus Magnus, Albert the Great, 1245-1248)와 보나벤투라(1248-1255)에 이어 신학의 '마스터' 였던 토마스 아퀴나스에 의해 최고조에 달했다.* 특히 1265년부터 저술을 시작한 그의 〈신학대전 Summa Theologica〉은 중세를 넘어 오늘날까지 가톨릭 신학의 기본 골격을 이루고 있다. 당시 모든 학문의 여왕으로 불렸던 신학은 일반

---

* 토마스 아퀴나스는 로마의 남쪽에 위치한 도시 아퀴노(Aquino)의 귀족 가문에서 태어났지만 새로 설립된 도미니크 수도회에 가입하여, 파리대학에서 당시 신학자로 명성을 날리고 있던 알베르투스의 문하에서 가르침을 받는다(1245-1252년). 이때 아퀴나스는 스승 알베르투스를 통해 아리스토텔레스 철학을 전수받는다. 파리대학 신학부의 '마스터' 로 임명된(1256년) 토마스는 1252년부터 1259년까지 당시 유럽 최고의 수준을 자랑하던 파리대학에서 강의하였으며, 이탈리아로 초빙되어 도미니크 신부들을 가르치다가(1259-1268년), 다시 파리대학의 신학부를 이끄는 '마스터' 로 복귀한다(1269-1272년). 그후 나폴리의 새로운 신학교 설립을 위해 이탈리아로 파견되었다가 1274년 리용의 종교회의에 참석하러 가던 도중 죽음을 맞이하였다.

학문과는 달리 오랜 시간의 연구기간을 필요로 했는데, 신학박사가 되기까지 16년이 소요되었다.* 이 신학과정의 연구에는 스콜라 방식으로 알려진 학문적 '논쟁(Disputationes)'이 중요한 대학교육의 도구로 사용되었다.

스콜라 방식은 대충 이런 것이다. 먼저 교수에 의해 타당성 있는 신학적 질문이 제기되면, 첫 발표자는 그 신학적 질문에 대해 일단 자신의 견해를 신학적으로 진술한다. 그러면 이 견해에 반대하는 몇 가지 반론이 논리적으로 제기되고, 발표자는 이 반대논리에 대한 반대논리를 제시한 다음, 자신의 견해를 다시 정리하여 발표한다. 그리고 이 정리된 발표를 반박하는 논리를 다시 한 번 재반박하는 절차를 거친다. 이러한 학문토론 방식을 스콜라 방식이라고 하는데, 토마스 아퀴나스의 〈신학대전〉이 바로 이 방식으로 씌어진 대표적인 저술이라고 할 수 있다.

토마스 아퀴나스의 공헌은 그의 〈신학대전〉의 집필 동기처럼, '신학(sacra doctrina)'을 두 가지 종류의 '진리'로 간주하고 '철학적 진리'와 '신학적 진리'를 구별하여 궁극적으로는 '철학'과 '신학'이 서로 조화를 이루며 대화할 수 있는 길을 열어놓은 것이다. 토마스 아퀴나스에 의하면 '철학적 진리'는 인간의 이성과 논리를 통하여 충분히 논의될 수 있다. 예를 들면 하나님의 존재에 대한 증명은 인간의 이성과 논리로 설명할 수 있는 철학적 부분이 분명히 존재한다는 것이다. 반대로 하나님의 '신성(神性, Divine attributes)'이나 삼위일체의 신

파리대학의 '마스터' 토마스 아퀴나스

---

* 13세기 동안 신학과정은 8년의 수업을 요구하였는데, 14세기는 16년, 그리고 15세기는 15년의 수업으로 연장되었다. 보통 16-17세에 시작하는 신학과정을 모두 마치고 신학 박사학위를 취득하는 데 약 20년의 집중적인 학문 연구가 요구되었다.

비(The Mystery of Trinity) 같은 '신학적 진리'는 인간의 이성과 논리로 설명될 수 없으며 오로지 '하나님의 계시'에 의해 설명된다. 하나님이 인간의 모습으로 우리에게 오셨다는 '성육신(Incarnation)' 사건 역시 이성과 논리로는 설명이 불가능한 '신학적 진리'이다. 토마스 아퀴나스의 신학적 공헌은 이러한 두 가지 종류의 진리에 대한 명확한 분리를 통하여 아리스토텔레스 사상을 이용한 철학적 진리탐구의 길을 열어놓았을 뿐 아니라, 하나님의 계시에 의존하는 신학의 영역을 동시에 확보하였다는 것이다. 세속의 학문과 성스러운 믿음의 세계가 동시에 병립할 수 있는 신학적 터전이 마련되었는데, 이러한 새로운 학문적 도약이 가능할 수 있었던 역사적 배경에는 아리스토텔레스의 철학을 소개한 중세 대학이 있었기 때문이다.

이탈리아의 볼로냐대학과 프랑스의 파리대학으로 출발한 중세 대학의 발흥은 기독교의 역사를 이끌고 갈 새로운 지식인 계급을 창출하였다. 특히 파리대학이 설립되지 않았다면, 우리는 교회사의 빛나는 인물들인 토마스 아퀴나스, 에라스무스, 이그나티우스 로욜라, 장 칼뱅 등을 만나지 못했을 것이다. 이들은 모두 파리대학 출신이다.

파리대학 출신으로 예수회(Society of Jesus)를 설립하여 16세기 가톨릭 교회의 개혁을 이끌었던 이그나티우스 로욜라의 모습

동·서양의 교류와 더불어
'마음의 종교'로 자리잡은 기독교

1492년에 일어난 두 사건은 장구한 기독교 역사의 중요한 분기점을 이룬다. 유럽의 마지막 이슬람 영토였던 스페인 그라나다가 기독교 군대에 의해 탈환됨으로써, 유럽의 지리적 기독교화가 마침내 완결되었다. 바로 같은해, 콜럼버스는 지중해 항로를 따라 지금까지 유럽인들에게 알려져 있지 않던 라틴 아메리카의 비기독교인들을 발견함으로써, 새로운 선교 대상을 유럽교회에 소개하였다. 유럽의 기독교화가 완결된 바로 그해에 새로운 선교지가 발견됨으로써, 기독교는 또 한 번의 순례의 길에 오르게 된다. 유럽의 한복판에서 일어났던 개신교회의 종교개혁과 더불어 가톨릭 교회도 트렌트공의회와 아시아, 라틴 아메리카 선교를 통해 새로운 시대를 열어가고 있었다. 〈흠정역 성서〉의 번역과 대중화는 영국의 일반대중이 사제의 도움없이 성서에 접근할 수 있는 새로운 가능성을 열어놓았으며, 영국과 미국 북동부를 흔들어 놓았던 영적 각성은 도그마나 형식주의에 빠져 있던 기독교를 '마음의 종교(Religion of Heart)'로 전환시켰다.

감리교회의 창시자 존 웨슬리(1703~1791년)
"만일 그대 마음이 내 마음과 같다면 나와 손 잡읍시다."

1492년 콜럼버스의 '신대륙' 발견

새로운 선교의 대상을 발견한 콜럼버스

1492년 콜럼버스가 신대륙을 발견함으로써 라틴 아메리카에 기독교를 전파하는 계기가 되었고, 신대륙에 대한 지식이 유럽 기독교의 인간이해에 새로운 영향을 미치기 시작했다.

1492년 10월 12일, 아메리카 '신대륙'에 도착한 콜럼버스의 모습
콜럼버스가 스페인 국기를 들고 있고, 그 뒤에 프란체스코 수도사가
십자가상을 들고 있다. 존 반덜린의 작품(1847년)으로 미국수도역사학회
(US Capital Historical Society) 소장

콜럼버스가 미지의 대서양 항로를 통해 유럽대륙의 서쪽 반대편에 있는 아시아 대륙을 찾기 위해 생명을 건 모험의 항해를 떠난 1492년의 사건은 단순한 콜럼버스 개인의 지리적 발견을 넘어서는 인류 역사의 중요한 분기점이다. 물론 콜럼버스가 발견한 땅은 마르코 폴로의 〈동방견문록〉에서 묘사하고 있는 아시아 대륙이 아니라 신대륙 '아메리카'였다. 그때까지만 해도 유럽인들에게 미지의 땅으로 알려져 있던 신대륙을 콜럼버스가 '발견' 했다는 유럽 중심의 역사논리는 최근 여러 학자들에게 비판받고 있지만,* 여전히 1492년의 '지리적 발견'은 세계사의 중요한 분수령임에 틀림없다.

많은 남미국가들의 소장학자들이 콜럼버스의 업적을 비판하면서, 근대 초기의 유럽 식민제국주의를 남미로 불러들인 원흉으로 몰아붙이고 있지만, 콜럼버스의 지리적 발견을 통해 남미와 유럽세계가 처음으로 만날 수 있었다는 역사적 공헌을 무시할 수 없다. 콜럼버스의 항해 동기는 보는 각도에 따라서 여러 가지로 설명될 수 있지만, 가장 중요한 역할을 했던 직접적인 동기는 중세의 경건한 신앙을 추구하였던 콜럼버스의 믿음 때문이었다. 중세 유럽사회의 전반적인 퇴조와 함께 중세 문명이 쇠락의 길로 접어들고 있을 때, 신대륙을 발견한 콜럼버스는 기독교 역사를 움직인 중요한 인물이 되었다.

콜럼버스(1451-1506)가 지닌 역사적 의미를 재평가하기 위해서는 우선 그의 항해가 시작되었던 15세기 말의 유럽사회를 살펴볼 필요가 있다. 15세기의 유럽은 인구의 40퍼센트를 죽음으로 몰고간 14세기의 흑사병(Black Death)의 공포에서 조금씩 벗어나고 있었지만, 여전히 정치 경제적으로 불안정한 시기였다. 15세기 유럽의 불안했던 평화는 1453년, 오스만투르크(Ottoman Turks)의 군대가 유럽 동남부의 비잔틴 제국을 정복함으로써 다

---

* 콜럼버스가 '최초로' 아메리카 대륙을 발견했다는 견해에 도전하는 가장 최근의 저술은 Gavin Menzies, *1421 : The Year China Discovered America*(New York : Harper Collins, 2002).

시 깨지기 시작했다. 다음 세기(16세기)부터 대서양과 인도양의 해상교통의 패권을 장악하고 세계 곳곳으로 식민개척에 나섰던 스페인과 포르투갈의 군사력은 아직까지 미미한 단계에 머물러 있었다. 더욱 중요한 것은 당시 유럽인들은 자신들이 세계 최고의 문화를 향유하고 있다는 자부심을 가지고 있지 않았다는 점이다. 오히려 15세기의 세계 패권은 중화(中華)사상을 바탕으로 하는 명(明)왕조가 통치하던 중국이 인구의 집중과 물자의 생산과 소비, 그리고 문화적인 측면에서 세계 최고의 수준을 자랑하고 있던 시기였다. 그나마 국제 무역에 활발하게 참여하였던 이탈리아 북부의 해상도시들이 겨우 유럽의 체면을 살려주고 있던 때였다. 인도양을 통한 아시아 제국들과 유럽의 무역로가 이슬람의 팽창과 오스만투르크의 군사적 차단으로 인하여 가로막히자, 이탈리아 북부 도시의 자본가들은 새로운 무역로를 찾아 나설 수밖에 없는 상황에 처해 있었고, 이러한 배경 가운데서 콜럼버스의 항해가 가능하게 된 것이다.

    콜럼버스의 업적에 대한 비판적 의견이 지배적인 최근의 학계 풍토에서도, 콜럼버스의 탐험의 원동력이 되었던 기독교적 배경에 대해서는 많은 학자들이 동의하고 있다. 기독교적 배경에 한해서는 콜럼버스 역시 그 시대의 아들이었다. 토마스 아켐피스의 〈그리스도를 본받아〉로 대표되는 15세기의 개인의 헌신과 경건한 그리스도인의 삶을 강조하던 시대적 흐름이 콜럼버스의 신대륙 탐험에 지대한 영향을 미치게 되었다.* 특히 콜럼버스의 프란체스코 교단과의 관계에 대해 많은 학자들이 관심을 가지고 있다.

    원래 콜럼버스는 이탈리아 북부의 국제 무역도시 제노아의 뱃사람이었다. 그는 1477년부터 1484년경까지 아이슬란드(1477년 추정), 마데이라

---

* Robert Royal, 'Columbus and the Beginning of the World' in Richard Neuhaus, ed., *The Second One Thousand Years : Ten People Who Defined a Millennium*(GrandRapids : William B. Eerdmans, 2001), 56-59.

콜럼버스의 초상화

(1478년), 영국(1479년), 그리고 지금의 아프리카 서해안의 가나(Ghana, 1482-1484년)까지 오가며 해상무역에 종사한 전형적인 15세기 말의 해양인이었다. 콜럼버스의 선반에는 항상 마르코 폴로의 〈동방견문록〉과 프랑스 추기경 피에르 다이(Pierre d'Ailly)의 〈이마고 문디 Imago Mundi〉라는 세계지리총람이 놓여 있었다. 콜럼버스의 이 개인 장서들은 지금 스페인 세비야(Sevilla)의 고문서실에 보관되어 있는데, 이 책들의 갈피 갈피에 쓰어 있는 콜럼버스의 독서메모들은 학자들에게 중요한 정보를 제공하고 있다.

이 행간의 메모를 통해서 콜럼버스가 대서양 서쪽으로의 항해를 시작하기 오래 전부터 유럽과 아시아 대륙 간의 최단거리 항해로에 대해서 많은 관심을 가지고 있었음을 알 수 있다.

콜럼버스가 유럽과 아시아 간의 최단거리 해상로에 대해 더욱 관심을 갖게 된 계기는 1481년경에 알게 된, 과학자이자 지도 제작자였던 토스카넬리(Paolo Toscanelli)와 마틴스(Fernao Martins) 간의 대서양 항해에 관한 서신교환이었다. 콜럼버스는 과학자인 토스카넬리와 교회지도자였던 마틴스가 대서양 항해의 가능성에 대해 의견을 교환한 다음 이를 포르투갈의 국왕 요한 2세(John II)에게 보고하였다는 것을 알게 되었다.

콜럼버스는 토스카넬리의 추천을 받아, 자신이 그 서신의 사실을 증명하기 위해 대서양 탐험에 나서고 싶다고 포르투갈 국왕을 알현한 자리에서 청원하였다. 콜럼버스는 대서양의 크기와 최단거리 항해로에 대한 자신의 견해를 포르투갈 국왕에게 밝혔다. 콜럼버스에 의하면 지구의 경도가 360도라고 할 때, 유라시아 대륙의 크기는 2세기 과학자 마리누스(Marinus of Tyre)가 주장한 225도와 마르코 폴로의 탐험을 통해 밝혀진 추가 28도를 합한 253도이다.

역시 마르코 폴로에 의해 제시된 유라시아 대륙의 동쪽 끝에서 지팡구(Zipangu, 지금의 일본을 지칭함) 간의 거리인 30도를 더하면(283도), 나머지 77도(360−183 = 77)가 지팡구에서 유럽까지의 대서양의 거리일 것이라는 자신의 계산을 발표하였다. 결국 유럽과 아시아 간의 최단거리로 계산한 경도 77도의 거리인 약 2,400마일만 서쪽으로 계속 항해할 수 있다면 아시아 대륙에 도착할 수 있다는 것이 콜럼버스의 결론이었다.

그러나 포르투갈의 왕은 콜럼버스의 대서양 항해 계획을 허락하지 않았다. 콜럼버스는 크게 실망하였지만, 그의 불운은 여기서 그치지 않았다. 포르투갈의 귀족 출신인 아내(Dona Felipa Perestrello)마저 1485년에 운명하고 말았다. 포르투갈에서 낙심한 콜럼버스는 아들 디에고(Diego)와 함께 당시 포르투갈의 경쟁 국가였던 스페인으로 이주하기로 결심하였다.

당시 스페인은 이베리아 반도의 동부를 차지하고 있던 아라곤 왕국의 페르디난트(Ferdinand)와 중부지역 캐스틸 왕국의 이사벨라가 1469년 결혼함으로써 남부 유럽의 새로운 강자로 등장하고 있었다.

콜럼버스의 야심에 찬 계획은 세비야의 프란체스코 수도회의 책임자였던 안토니오 데 마체나(Antonio de Marchena)를 통해서 페르디난트와 이사벨라에게 보고되었다. 1486년, 콜럼버스는 스페인 궁정의 소환을 받고 자신의 항해를 재정적으로 후원받게 될 기회를 잡았다. 대서양의 크기와 유럽과 지팡구(일본)의 거리에 대한 자신의 견해를 개진하기 위해, 콜럼버스는 지구의와 관련 지도 외에 또 다른 명분을 제시했다. 콜럼버스는 페르디난트와 이사벨라에게 신성한 가톨릭 군주로서 마땅히 감당해야 하는 복음전파의 사명을 잊지 말라고 호소했다. 그의 청원이 스페인 궁정에서 심사되는 동안 콜럼버스는 코르도바(Cordoba)에 머무르고 있었는데, 이때 그는 베아트리체

(Beatrice de Harana)라는 여인과의 불륜관계를 통하여 또 다른 아들 페르디 난트를 낳는다. 이 두 번째 아들 페르디난트에 의해 이후 콜럼버스의 전기가 씌어졌다. 황실의 재정을 담당하던 유대인 출신의 루이스(Louis de Santagel)의 조언을 받아들인 페르디난트와 이사벨라는 콜럼버스의 항해 계획을 승인하고 스페인 정부의 재정적인 후원을 약속한다. 그러면서 만약 콜럼버스가 새로운 아시아 대륙을 발견하게 되면 그 영토는 스페인 정부에 귀속된다는 조건을 붙였다. 물론 콜럼버스에게도 유리한 조건이 명시되었다. 그는 '제독(Admiral)'의 칭호와 함께, 만약 새로운 항해로가 개척되어 새로 발견된 영토가 스페인의 국토로 추가될 경우, 콜럼버스가 그 지역의 총독으로 자동 취임하며, 금은보화의 발견을 포함한 재정적인 이익이 발생할 경우, 십분의 일을 콜럼버스가 차지한다는 내용의 각서가 교환되었다.* 스페인 정부의 지원을 받아, 산타 마리아(Santa Maria), 니나(Nina) 그리고 핀타(Pinta) 호가 87명의 승무원을 태우고 지팡구를 찾아 대서양 서쪽으로 항해를 시작한 것이 1492년 8월 3일이었다.

콜럼버스가 페르디난트와 이사벨라의 환송을 받으며 스페인 항구 팔로스에서 출발하는 장면. 드 베리(De Bry)의 작품인데, 페르디난트와 이사벨라의 등장은 역사적 사실과 다르다.

항해 초기에 발견된 니나와 핀타 호의 고장과 결함을 아프리카 서해안의 카나리 섬에서 약 1개월간 수선한 다음, 다시 9월 8일 대서양 서쪽으로 항해

---

* 이 각서의 내용이 산타페에서 확정되었기 때문에 'The Capitulation of Santa Fe' 라고 부른다.

를 계속했다. 콜럼버스는 북극성의 위치를 보고 항로를 찾는 '경도 항해법'을 이용하여 같은 위도를 따라서 계속해서 서쪽으로 항해를 계속했다. 콜럼버스는 아프리카 카나리 섬과 지팡구(일본)가

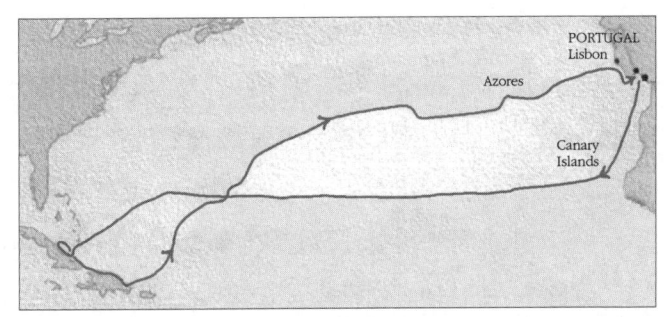

1492년 8월 3일부터 1493년 3월 15일까지 계속된 콜럼버스의 제1차 대서양 횡단 경로

동일한 위도상에 있다고 믿었기 때문에, 선원들을 독려하며 동일한 위도를 따라서 서쪽으로 항해를 계속하였다. 콜럼버스의 첫 항해에는 사제가 동승하지 않았기 때문에 콜럼버스 자신의 주도로 매일 선상에서 예배를 드렸다.

항해를 시작한 지 오래 지났지만 육지가 나타나지 않자, 선원들이 동요하기 시작하면서 해상 반란 조짐까지 보였다. 그러나 콜럼버스는 선원들의 믿음이 나약함을 질책하면서, 만약 며칠 안으로 육지가 발견되지 않을 경우 다시 스페인으로 돌아갈 것을 약속하면서 그들의 불안을 진정시키는 지도력을 발휘하였다. 지금의 바하마 군도에 점점 가까워지자, 선원들은 해변가에서 발견되는 바다새들을 목격한다.

마침내 1492년 10월 11일 밤 10시경, 콜럼버스는 저 멀리 해안선에 촛불처럼 가물거리는 육지의 불길을 발견하였다. 다음날(10월12일), 콜럼버스와 선원들은 인류 역사상 가장 위대한 탐험의 하나라 할 수 있는 사건의 주인공이 되었다. 이 항해를 통하여 그때까지 알려져 있지 않던 미지의 신대륙을 발견한 것이다.

그러나 콜럼버스와 선원들은 자신들이 발견한 땅을 아시아를 통칭하는 '인도(Indies)'의 일부라고 생각하였다. 소위 '신대륙'에 도착한 첫날, 콜럼버스는 '벌거벗은 원주민'들을 보았다는 기록을 일기에 남기고 있다. 기독

교회사의 관점에서 볼 때 콜럼버스가 만난 라틴 아메리카의 원주민들은 지금까지 유럽교회가 한 번도 생각해보지 않았던 새로운 신학적인 문제를 제기하였다. 벌거벗은 상태로 생활하면서 문명의 진보와는 아무런 상관 없이 살아가고 있는 이 라틴 아메리카의 원주민들에게 복음의 진리를 전하는 것이 타당한 일인가? 십자가에 못박히신 예수 그리스도의 대속(代贖)의 은총이 이 라틴 아메리카의 원주민들에게도 적용될 수 있는가? 어떤 방법으로 이들

신대륙에 첫 발을 내딛는 콜럼버스 일행의 모습을 그린 상상도

에게 복음을 전할 것인가? 만약 이들이 사용하는 언어에 '죄'나 '은총'과 같은 신학적인 개념이 없다면, 어떠한 방법을 통해 복음의 고귀한 의미를 이 라틴 아메리카의 정글에 살고 있는 원주민들에게 전달할 것인가? 도대체 이들도 유럽인들과 같은 '인간'으로 부를 수 있을 것인가?

콜럼버스의 1차 항해(1492년)의 일원이었던 라스카사스(Las Casas)의 아들인 바르톨로메 데 라스카사스(Bartolomé de Las Casas)는 그의 부친의 뒤를 이어 콜럼버스의 3차 항해(1498년)에 동승하였다.* 그 또한 다른 식민정

복자(conquistadores)와 마찬가지로 신대륙에서의 일확천금을 꿈꾸던 24살의 혈기왕성한 스페인 사람이었다. 그러나 그의 삶은, 식민정복자들의 만행을 서슴없이 규탄하면서 반기독교적인 착취를 중지할 것을 설파하는 도미니크 수도회 소속 신부 몬테시노스(Montesinos)의 설

콜럼버스의 함대와 인디언들의 무력충돌을 묘사한 그림 왼쪽 하단에 인디언들이 시체를 토막 내서 바비큐를 하고 있는 모습이 그려져 있다.

교를 듣고 일대 변화를 경험한다. 1509년, 산토도밍고에서 일어난 이 사건은 바르톨로메의 삶의 전환점이 되었다.

먼저 그는 자기가 소유하고 있던 노예들을 해방시켜 주고, 신학 수업을 받은 다음 사제가 되었다. 그는 가는 곳마다, 유럽 식민정복자들의 만행으로 희생되고 있는 인디언들을 보호하기 위해 노력하였다. 그러나 라스카사스 신부의 줄기찬 노력에도 불구하고 변화의 기미는 보이지 않았다. 탐욕에 눈먼 식민통치자들의 횡포는 계속되었다. 그래서 라스카사스 신부는 5번에 걸쳐 대서양을 오가면서, 스페인의 국왕에게 신대륙에서 벌어지고 있는 참상을 직접 보고하고, 식민정복자들의 만행을 중지시킬 수 있는 입법 활동을 전개하였다. 〈인디언들의 몰락 The Destruction of the Indies〉이라는 그의 상세한 보고서도 이 목적으로 제출되었다. 마침내 이러한 바르톨로메의 노력이 결실을 맺어, 스페인의 카를 5세는 〈신법 New Law〉을 제정하고 신대륙에서

---

* 콜럼버스는 모두 네 차례에 걸쳐 대서양을 횡단하였다. 제1차 항해는 1492년 8월 3일~1493년 3월 15일, 제2차 항해는 1493년 10월 13일~1496년 6월 11일, 제3차 항해는 1498년 5월~10월, 제4차 항해는 1502년 4월 3일~1504년 11월.

의 강제 노예제도와 비인간적인 원주민 노동착취를 금지하는 법안을 통과시켰다. 도미니크 수도회 소속의 라스카사스 신부에게는 페루의 쿠즈코(Cuzco)에 본부를 둔 교구의 감독자리가 주어졌다. 그러나 그는 쿠즈코의 교구감독직이 자신에게 과분한 자리라며 사양하고, 멕시코의 오지인 치아파(Chiapa) 지역의 감독자리를 청하였다.

신대륙의 선교현장으로 귀환한 바르톨로메는 다시 한 번 식민정복자들의 노동착취와 원주민 강제노동에 경악을 금치 못한다. 카를 5세에 의해 새

바르톨로메 데 라스카사스(Bartolomé de Las Casas)
라스카사스는 '인디언들의 눈물을 닦아준 사람(The Collector of Indians' Tear)'으로 불렸다.

로운 법률이 통과되었음에도 불구하고, 신대륙에서 자행되고 있는 인디언들에 대한 착취는 그치지 않고 있었다. 그는 감독이라는 자신의 위치를 이용하여, 라틴 아메리카의 모든 가톨릭 사제들에게 다음과 같은 내용의 서한을 발송하였다.

"이제부터 어떤 누구의 고해성사를 듣고 용서를 하기 전에, 먼저 그 사람이 인디언들을 어떤 식으로 다루고 있는지에 대해 질문한 다음, 만약 노예제도나 원주민 강제노역을 계속하고 있으면, 그의 고해성사를 받아주지 말라."

이러한 바르톨로메 신부의 입장은 단순히 개인적인 양심에서 우러나온 즉흥적인 행동이 아니었다. 오히려 이러한 바르톨로메의 행동은 신대륙이 발견됨으로써 지금까지 복음을 알지 못하던 새로운 세계에 어떻게 기독교 신앙을 전파하고, 이를 수용할 수 있도록 할 것인가 하는 새로운 신학적 반성이 있었기 때문에 가능한 일이었다.

신대륙 발견 당시, 그 시대의 유럽 사람들은 당연히 아리스토텔레스와 토마스 아퀴나스의 사상을 신학적인 인식의 틀로 삼고 있었다. 그래서 16세기 초의 유럽 신학자들은 신대륙 발견과 더불어 새롭게 등장한 선교 대상에게 기독교를 설명하기 위하여 아리스토텔레스와 아퀴나스로 돌아갈 수밖에 없었다. 당시 세계 해상항로의 패권을 장악하고, 아프리카와 아시아, 그리고 신대륙에 수많은 선교사를 파견하던 스페인과 포르투갈의 신학자들에 의해 토마스 아퀴나스의 신학이 다시 발전하기 시작하였다. 사실, 새로운 발전이라기보다는 토마스 아퀴나스의 신학에 대한 재해석이라고 보는 것이 더 타당한 말일지 모른다. 16세기 초반에 일어난 이 일련의 학문적 도전과 발전을 우리는 '제2의 토미즘(The Second Thomism) 시대' 라고 부른다.

특히 스페인의 고도(古都) 살라망카(Salamanca)대학의 도미니크회 신학자들에 의해 제2 토미즘이 집중적으로 연구되었는데, 프란시스코 데 비토리아(Francisco de Vitoria, 1492-1546)가 대표적인 경우이다.* 이들 신학자들은 라틴 아메리카 정글에 살고 있는 인디언들도 하나님으로부터 참된 인간의 본성을 부여받았으며, 무지와 혼돈 속에 빠져 있는 그들의 제2 본성은 유럽문명과 기독교를 통해 개선될 수 있다는 견해를 밝혔다. 콜럼버스와 라스 카사스 등에 의해 유럽으로 전달된 신대륙에 대한 지식이 유럽 기독교의 인간이해에 새로운 영향을 미치기 시작한 것이다.

---

* Elsa C. Frost, 'Indians and Theologians : Sixteenth-Century Spanish Theologians and Their Concept of the Indigenous Soul', in Gary Gossen, ed., *South and Meso-American Native Spirituality* (New York : Crossword, 1993), 119-139.

1517년 마르틴 루터의 독일 종교개혁

교회의 전통보다는
'오직 성서'를 주장한 마르틴 루터

종교개혁의 중심 사상인 '오직 성서' 덕분에 각 나라말로 성서가 번역되는 등, 평민을 위한 기초학문이 발달된 반면, '오직 믿음'으로 구원받는다는 마르틴 루터의 '칭의론'은 급진주의적 종교개혁자들에게 '성화'의 중요성을 간과했다는 비판을 받는다.

비텐베르크 성당 정문에 면죄부의 남용을 반대한 〈95개조〉를 붙이는 루터의 모습

역사는 보는 사람의 관점에 따라서 다르게 해석된다. 16세기 유럽교회의 역사를 보는 시각에도 많은 차이가 있다. 개신교인(Protestants)들은 마르틴 루터의 종교개혁을 통해 중세 기독교의 모순과 불합리가 새롭게 '개혁' 되었다고 보지만, 천주교인(Catholics)들은 수도사였던 루터의 주장으로 인하여 교회가 '분열'의 아픔을 경험했다고 본다.

어떤 관점에서 16세기 유럽교회의 역사를 이해하든지, 1517년 비텐베르크 성당의 정문에 면죄부의 남용을 경고하는 〈95개조〉를 써 붙임으로써 시작된 마르틴 루터의 종교개혁은 기독교 역사에 중요한 분기점을 이룬다. 로마 교황청을 중심으로 하는 가톨릭 교회(Roman Catholic Church)와 그리스와 러시아를 중심으로 하는 동방정교회(Eastern Orthodox Church)로 분열(1054년)되어 있던 기독교에 개신교회(Protestant Church)라는 새로운 분파가 형성된 것이다. 가톨릭 교회가 사도적 전승을 중요시하는 전통 중심의 교회라면, 동방정교회는 성례전 중심의 교회이고, 루터에 의해 시작된 개신교회는 성서의 우월성과 모든 사람이 하나님의 부르심을 받았다는 만인제사장의 교리를 중요시하는 교회이다.

1483년, 독일 아이슬레벤(Eisleben)에서 태어난 마르틴 루터(1483-1546)는 전형적인 중세 시대의 인물이었다. 그의 중세적인 신앙은 폭풍우 속에서 떨어지는 벼락과 천둥소리에 놀라서 수도사가 되겠다고 서원한 에피소드에 잘 드러나 있다. 그는 이런 중세적인 배경을 가지고 에르푸르트(Erfurt)에 있는 아우구스티누스 수도원에 입단하여 수도사의 생활을 시작했지만, 그의 신앙은 언제나 인간의 죄를 심판하시는, 분노하시는 하나님의 모습에서 출발하고 있었다.

그러나 루터의 중세적 신앙, 즉 인간의 선행과 참회를 통해 분노의 하나님으로부터 용서를 받고자 했던 노력은 1505년부터 시작된 그의 깊이 있는 성서 연구를 통해 서서히 극복되고 있었다. 1510년부터 1511년까지 공적인 임무로 로마를 방문한 이후, 마르틴 루터는 비텐베르크(Wittenberg)에 새로 설립된 비텐베르크대학의 성서학 교수로 취임한다(1511년). 이듬해 박사학위를 취득한 루터는 1518년까지 비텐베르크대학에서 시편, 갈라디아서, 히브리서 등을 강론하면서 종교개혁의 핵심사상인 '오직 성서의 가르침을 따라, 하나님의 은혜로 주어지는 구원의 은총'에 성서적 기초를 확신하게 된다.* 특히 1516-1517년까지 진행된 갈라디아서 강론은 율법의 준수, 즉 인간의 선행이나 참회를 통한 구원이 아니라 십자가에 달려 죽으신 예수 그리스도의 구속의 은총에 의한 구원이라는 루터 신학의 핵심에 도달하는 계기가 되었다.

루터 자신은 이러한 자신의 성서해석을 '십자가의 신학(theologia crucis)'이라고 불렀다. 루터의 '십자가의 신학'이 탄생하게 된 배경에 대해 많은 학자들의 연구가 쏟아져 나오고 있다. 무엇보다 루터 자신이 속해 있던 아우구스티누스 수도회의 신학적 원류인 성 아우구스티누스(St. Augustinus)가 가졌던 펠라기우스주의(Pelagianism)에 대한 강력한 반론에 많은 영향을 받았다. 인간에 대한 선행이나 참회의 노력을 강조했던 펠라기우스를 반대하며 하나님의 절대적 은총을 강조했던 아우구스티누스의 신학이 루터와 종교개혁의 신학에 절대적인 영향을 미쳤다. 또한 요하네스 타울러(Johannes Tauler, 1300?-1361)의 신비주의도 루터 신학에 영향을 끼친 것으로 추정된다. 타울러의 신비주의는 하나님과 인간의 관계가 하나님의 주도로 이루어짐을 강조했다. 이에 영향을 받은 루터의 구원론은 인간의 수동적 위치를 강조한다. 그러나 성서학자였던 루터의 구원론은 1517년까지 로마 교황청이나 교회의 권위에 도전하는 행동으로 연결되지는 않았다.

루터의 종교개혁은 1517년 10월 30일 비텐베르크 성당에 면죄부의 남용

---

* 루터의 성서해석은 성서의 '문자적'인 해석과 '기독론적' 해석 및 '도덕적 근거에 기초한' 해석을 중요시함과 동시에, 인문주의자들의 '문헌학적' 해석을 도입하여 성서해석의 근거를 삼았다.

을 경고하는 〈95개조〉를 붙임으로써 시작되었다고 보는 것이 전통적인 견해이다. 그러나 그 사건 자체를 확인할 만한 직접적인 사료는 발견되고 있지 않으며, 〈95개조〉를 비텐베르크 성당문에 써 붙인 사건 자체는 당시 사람들에게 특별한 의미로 받아들여지지 않았을 가능성이 크다.* 많은 중세의 신학자들이 이런 방식을 통하여 신학적인 토론이나 수업 자체를 진행하였고, 이 〈95개조〉를 보고 루터의 신학토론에 참여한 사람이 한 명도 없었던 것으로 알려져 있다. 그러나 중요한 것은 이 〈95개조〉의 인쇄본이 독일 전역으로 퍼져나감으로써 루터의 존재가 알려지기 시작했고, 이때부터 루터의 구원론이 사람들의 관심을 끌기 시작했으며, 이를 통해서 16세기 종교개혁의 불씨가 당겨지게 되었다는 점이다.

1518년부터 1524년까지 7년 동안 진행된 '초기 종교개혁'은 독일 내에서 루터와 연관된 여러 가지 사건과 더불어 진행되는데, 이 시기의 종교개혁은 거의 전적으로 루터와 가톨릭 교회 간의 개인적인 충돌이라고 해도 과언이 아니다. 면죄부에 대한 루터의 비판적인 견해는 즉각 로마 교황청의 주목을 받았다. 이러한 교황청의 민감한 반응은 루터의 로마 소환(1518년)으로 이어졌지만, 삭소니의 영주 프레데릭(Frederick, 1463-1525)의 개입으로 아우크스부르크(Augsburg)에서 종교재판이 열리게 되었다.

루터는 추기경 카예타누스(Cajetanus, 1469-1534)의 심문을 받았지만 면죄부 판매에 대한 성서적 근거가 없다는 종전의 견해를 굽히지 않았다. 루터는 또한 신학을 연구하는 신학자들로부터 공격을 당했다. 라이프치히에서 열린 도미니크회 신학자 에크(Johann Eck, 1486-1543)와의 신학 논쟁에서도 루터는 면죄부 판매를 승인한 로마의 교황청 권위를 인정하지 않았다.

---

* 루터가 비텐베르크 성당 문에 〈95개조〉를 붙였다는 최초의 기록은 루터의 후계자였던 멜란히톤이 루터의 사망 이후에 주장한 것이다. 이와 관련하여 분명한 역사 자료로 확인할 수 있는 것은 1517년 10월 31일 〈95개조〉를 마인츠의 대주교 알브레히트에게 보낸 사실이다.

루터의 종교개혁은 점차 교회 내부의 제도적인 변화를 초래하기 시작했다. 그가 가르치던 비텐베르크대학의 커리큘럼은 중세 시대 동안 변치 않고 지켜져 왔던 스콜라 방식에 의한 신학공부 방식에서 성서 연구 중심의 커리큘럼으로 변하기 시작했다. 아리스토텔레스의 철학책과 아퀴나스의 신학책 대신에 성서 66권이 신학 연구의 기본교재로 쓰이기 시작한 것이다. 이러한 대학의 변화는 루터의 갈라디아서 주석(1519년)과 시편 주석(1519-1521년)의 출간과 밀접하게 연관되어 있다.

　1520년은 루터가 종교개혁의 시금석이 되는 중요한 세 권의 책을 동시에 출간한 해이다. 〈독일제국의 기독교인 제후들에게 고함〉, 〈바빌론의 포로가 된 교회〉 그리고 〈기독교인의 자유〉가 바로 그 책들이다. 이 책들의 성공적인 출간과 많은 독자들의 확보를 통하여 루터의 종교개혁은 확실한 신학적 기반과 체계를 동시에 갖추게 된다.* 또한 1520년은 루터가 로마 교황청과의 완전한 결별을 선언한 해이다. 그해 12월 10일, 로마로부터 도착한 교황의 교서(Exsurge Domine)를 많은 사람들이 보는 앞에서 불태움으로써, 루터와 교황청과의 결별이 확실시되었다. 당시 로마 교황청의 파문은 곧 죽음을 뜻하는 것이었다.

　그러나 당시 독일의 황제 카를 5세는 자신의 동의없는 루터의 처벌을 허락하지 않았다. 그래서 황제는 루터를 보름스로 소환하여 자신의 견해를 철회할 수 있는 마지막 기회를 주고자 하였다. 그러나 1521년에 열린 보름스 국회(The Diet of Worms)에서도 루터는 자신의 입장을 굽히지 않음으로써 교황과 황제로부터 동시에 이중파문을 받게 된다. 그러나 독일 영주들의 보호를 받아오던 루터는 보름스에서 비텐베르크로 돌아오던 길에 작센의 선제

---

* 1520년에 출간된 이 세 권의 책은 포트리스 출판사에서 한 권으로 출간되었다. Martin Luther, *Three Treatises*(Philadelphia : Fortress, 1970), 2nd revised edition.

바르트부르크의 성채에 은신하면서 성서를 번역하고 있는 루터의 모습

후였던 프리드리히의 개입으로 바르트부르크(Wartburg)의 성채에 은신하면서, 성서를 독일어로 번역하는 중요한 업적을 남긴다.*

루터의 종교개혁은 1530년 멜란히톤에 의해 쓰인 아우크스부르크 고백서(Augsburg Confession)의 채택과 1546년 마르틴 루터의 사망, 그리고 1555년 루터 교회와 가톨릭 교회 간의 평화협정(Religious Peace of Augsberg)을 거치면서 서서히 정착되었다. 루터의 종교개혁은 츠빙글리를 위시한 스위스 종교개혁가, 재침례파, 종교개혁 2세대의 가장 중요한 인물인 제네바의 장 칼뱅, 그리고 영국의 종교개혁을 거치면서 전 유럽으로 퍼져나갔다.

1517년 마르틴 루터가 비텐베르크 성당 정문에 〈95개조〉를 붙임으로써 시작된 종교개혁은 여러 가지 다른 신학적 방향과 다양한 신앙고백으로(Confessionalization) 발전하면서 기독교 역사의 새로운 분수령이 되었다. 다양한 분류가 가능하겠지만 마르틴 루터가 시작한 종교개혁은 대략 다음의 여섯 가지 개혁운동으로 발전하였다.

---

* 루터의 성서번역은 1522년 신약성서, 1534년은 신구약 전체, 그리고 개정판은 그가 죽은 1546년까지 계속되었다. 루터의 독일어 성서번역에 대한 연구는 Heinz Bluhm, *Martin Luther, Creative Translator* (St. Louis, 1965).

- 인문주의적 종교개혁 : 에라스무스(Desiderius Erasmus, 1469-1536)
- 루터의 종교개혁 : 마르틴 루터(Martin Luther, 1483-1546), 필립 멜란히톤(Philip Melanchton, 1497-1560)
- 개혁주의(칼뱅주의)적 종교개혁 : 존 칼뱅(Jean Calvin, 1509-1564), 츠빙글리(Huldrych Zwingli, 1484-1531), 하인리히 불링거(Heinrich Bullinger, 1484-1531)
- 가톨릭의 종교개혁 : 카예타누스(Thomas de Vio Cajetanus, 1469-1534), 로욜라(Ignatius de Loyola, 1491-1556), 아빌라의 테레사(Teresa de Avila, 1515-1582)
- 영국의 종교개혁 : 토머스 크랜머(Thomas Cranmer, 1489-1556), 리처드 후커(Richard Hooker, 1554-1600)
- 급진주의적 종교개혁 : 토머스 뮌처(Thomas Münzer, 1490-1525), 메노 사이먼스(Menno Simons, 1496-1561)

이렇게 다양한 신앙고백 형태로 발전한 종교개혁의 역사적 의미를 한 마디로 정의하는 것은 어려운 일이다. 그러나 16세기 종교개혁의 가장 두드러진 업적은 성서의 의미에 대한 재평가라고 할 수 있다. 특히 종교개혁의 중심사상이었던 '오직 성서(Sola Scriptura)'를 통하여 일반 대중이 교회전통과 사제의 중재를 거치지 않고 직접 성서의 내용을 읽게 됨으로 말미암아 '교회의 전통보다 앞서는 성서의 권위'가 개신교회의 신학핵심으로 발전하였다. 이러한 성서 중심의 신학은 일반 대중이 쉽게 읽을 수 있는 성서의 필요성을 촉진시켰고 자연히 각국의 성서번역으로 이어졌다. 어려운 라틴어가 아닌 각 나라말로 성서번역이 진행됨으로써 유럽 각국의 초등교육과 일반 평민을 위한 기초학문 과정이 발달하게 된 것도 종교개혁의 결과였다.

종교개혁자들의 모토였던 '오직 성서' 덕분에, 성서에 대한 치밀한 학문적인 연구가 진행되기 시작한 것도 16세기부터이다. 또한 주어진 성서의 본문을 어떻게 해석하는지에 대한 철학적 분석이 진행됨으로써 해석학(Hermeneutics)이 발전하게 된 것도 빠트릴 수 없는 역사적 결과라고 할 수 있다. 한편 '오직 믿음'으로 구원을 받는다는 마르틴 루터의 '칭의론(Justification)'은 '급진주의적' 종교개혁자들에게 의해 '성화(Sanctification)'의 중요성을 간과했다는 비판을 받았다. 이러한 성도의 성결된 삶에 대한 강조는, 독일 경건주의와 존 웨슬리의 감리교회 운동을 거쳐 오늘날까지 그 영향을 미치고 있다.

흔히 가톨릭 교회는 루터와 칼뱅의 종교개혁에 대항하여 반(反)종교개혁적(Counter-Reformation) 탄압만 한 것으로 알려져 있지만, 최근 이런 개신교회의 일방적 역사관에 대항하는 새로운 역사해석이 등장하고 있다. 흔히 '가톨릭 종교개혁(Catholic Reformation)'으로 알려져 있는 이 견해에 의하면, 가톨릭 교회는 이미 15세기부터 교회 내부의 모순과 부패를 인정하고 이에 대한 대대적인 개혁운동을 자체적으로 진행했다는 것이다. 또한 16세기에는 로욜라 예수회(Society of Jesus)와 같은 개혁파 수도회가 새로운 교회의 모습을 성실하게 그려가고 있었다고 본다. 이러한 가톨릭 교회의 자체적인 종교개혁은 트렌트공의회(Council of Trent, 1545-1563년)에서 절정에 달했다.

1534년 예수회 설립

16세기 가톨릭 종교개혁에 앞장섰던 '예수회'

예수회는 스페인 출신의 이그나티우스 로욜라(1491-1556년)가 파리대학 재학시절 설립한 수도회이다. 마르틴 루터의 종교개혁과는 무관하게 자체적인 개혁을 추구하던 예수회는 가톨릭 교회의 시대정신을 반영하는 대표적 수도회였다. 또한 트렌트공의회(1545-1563년)를 통해 가톨릭 교회는 내부적 모순에 대한 철저한 진단과 개혁을 위한 신학적인 토대를 마련하였다.

트렌트 공의회(1545-1563)는 16세기 가톨릭 교회 개혁의 분수령이었다.

최근 역사학자들은 16세기 종교개혁이 루터와 칼뱅 등의 '개신교도(Protestant Reformers)'들에 의해서만 추진되었다는 전통적인 견해에 새로운 의문을 던지고 있다. 과연 16세기 종교개혁은 개신교의 전유물인가? 결론부터 말하자면 그렇지 않다는 것이다. 16세기 가톨릭 교회도 내부의 모순과 타락을 분명히 직시하고 있었으며, 루터와 칼뱅의 종교개혁 운동과는 별도의 혁신운동을 강력히 추진해왔다는 사실이 밝혀지고 있다. 복잡하게 전개되었던 16세기 신·구교 간의 관계 연구에서 시작된 이런 학계의 움직임은 최근 '가톨릭 종교개혁(Catholic Reformation)'이란 이름으로 활발히 연구되고 있다.*

독일의 역사학자 랑케에 의해 처음 사용되기 시작한 '반(反)종교개혁(Counter-Reformation)'이라는 학술용어는, 1517년 비텐베르크 성당 정문에 면죄부 남용을 고발하는 〈95개조〉를 써 붙임으로써 시작된 루터의 종교개혁에 대한 자체 방어 혹은 공격적 반발의 뜻으로 사용되어 왔다.

그러나 최근 들어 이미 15세기 말부터 시작된 가톨릭 내부의 자생적인 정화 움직임과 예수회(The Society of Jesus)로 대표되는 개혁파 수도회의 등장 및 트렌트공의회를 통한 가톨릭 자체 개혁의 의지와 실천을 중시하면서, 종전의 '반(反)종교개혁' 대신에 '가톨릭 종교개혁'이란 학술용어가 학계에 널리 받아들여지고 있다. 중세교회의 전통과 종교개혁의 혁신이 전혀 무관한 형태로 발전한 것이 아니라, 16세기 가톨릭 교회의 자체적 내부 개혁이 중세교회, 현대교회와 역사적으로 연속성을 가지고 있다는 새로운 견해이다.

이미 1495년부터, 스페인의 총교구가 설치되어 있던 톨레토의 프란시스

---

* Michael Mullett, *The Catholic Reformation*(London : Routledge, 1999) ; David Luebke, ed., *The Counter-Reformation*(Oxford : Blackwell, 1999) ; R. Po-chia Hsia, *The World of Catholic Renewal, 1540-1770*(Cambridge : Cambridge University Press, 1998) ; John Olin, *Catholic Reform : From Cardinal Ximenes to the Council of Trent, 1495-1563*(New York : Fordham University Press, 1990).

코 지메네스(Francisco Ximenes de Cisneros, 1437-1517) 추기경은 중세 말기의 교회에 나타나고 있던 각종 불합리와 타락에 대한 대대적인 개혁을 주도하였다. 그는 직접 스페인 전역의 수도원과 교구를 순회 방문하면서 교회와 수도원의 개혁을 촉구하였을 뿐 아니라 성직자들의 학문적 수련을 특별히 강조하여, 알칼라(Alcalá)대학을 설립하기도 하였다. 16세기에 접어든 가톨릭 교회의 종교개혁은 새로운 개혁파 수도회의 형성과 밀접하게 연관되어 있다. 가톨릭 교회 내부의 자체적인 개혁을 추구하던 많은 수도회들이 루터의 종교개혁과 무관하게 유럽의 곳곳에서 태동하기 시작하였다. 특히 스페인 출신의 이그나티우스 로욜라(Ignatius Loyola, 1491-1556)가 파리대학에서 설립한 예수회(Society of Jesus)는 이러한 시대정신의 대표적 수도회로서, 16세기 가톨릭 종교개혁의 최선봉에서 활약하였다.*

스페인의 귀족출신으로 한때 방탕한 생활을 하기도 했던 로욜라는 1517년부터 스페인 군대에 몸을 담고 있었다. 1521년, 그의 삶에 중요한 전환점이 찾아온다. 스페인의 팜플로나(Pamplona)를 점령하고 있던 프랑스 군대를 공격하던 중 날아온 포탄으로 인해 다리에 큰 부상을 입게 되는데, 그 사고를 계기로 42세의 퇴역군인 로욜라는 병상에 누워 중세 성인들의 전기와 기독교 고전을 읽으며 영적인 세계를 새롭게 경험한다. 성모 마리아의 환상을 경험한 로욜라는 예루살렘 성지를 향한 순례의 길을 결심한다. 온갖 고생을 하면서 예루살렘에 도착한 로욜라는 다시 스페인으로 귀국할 것을 권유

---

* 이그나티우스 로욜라에 대한 전기는 Philip Caraman, *Ignatius Loyola : A Biography of the Founder of the Jesuits*(New York : Harper & Row, 1990) ; W. Meissner, *Ignatius of Loyola : The Psychology of a Saint*(New Haven : Yale University Press, 1992) ; John O'Malley, *The First Jesuits*(Cambridge : Harvard University Press, 1993) ; John O'Malley, 'Was Ignatius Loyola a Church Reformer? How to Look at Early Modern Catholicism' in David Luebke, ed., *The Counter-Reformation*(Oxford : Blackwell, 1999), 65-82.

자코피노 델 콘테(Jacopino del Conte)가 1556년에 그린 이그나티우스 로욜라의 초상화. 로마의 예수회 본부가 소장하고 있다.

하는 프란체스코 수도사의 조언을 받아들인다. 당시 예루살렘에는 순례자들의 몸값을 노리는 납치계획이 있었기 때문이다. 1524년에 스페인으로 돌아온 그는 알칼라대학에서 만학도의 길을 가면서 가난한 이웃들을 섬기고 그들에게 복음을 전하는 데 전념한다.*

16세기 스페인 최고의 대학이었던 살라망카대학을 거쳐 로욜라는 당대 인문학의 최고봉이었던 프랑스의 파리대학에서 학문적 수련을 계속한다. 가톨릭 종교개혁의 최정예였으며 근대 가톨릭 교회의 가장 중요한 교단으로 활동하였던 예수회(Society of Jesus)는 바로 이곳에서 결성되었다. 로욜라의 영적 지도를 따르던 7명의 외국학생과 3명의 프랑스 태생의 학생동료들에 의해 예수회의 초창기 멤버들이 활동을 시작하게 된 것이다. 이들은 1537년 교황 바오로 3세로부터 예루살렘 성지 순례를 위한 후원을 받고자 하였으나 예수회 멤버들을 위한 성지는 예루살렘이 아니라 로마라는 교황의 권고를 받게 된다. 1540년 교황으로부터 공식적인 수도회 설립 인가를 받고 그들은 자신들에게 맡겨진 가톨릭 종교개혁이라는 시대의 소명을 감당키 위해 유럽과 세계 곳곳으로 흩어지기 시작한다.

16세기를 대표할 만한 가톨릭 종교개혁은 1545년 겨울부터 시작된 트렌트공의회를 통한 기독교 신학과 교회제도의 변화이다. 마르틴 루터의 〈95개

---

* 당시 스페인에서는 이런 신비주의자들(Spanish mystics)이 많이 있었는데, 그들은 로마 교황청의 종교재판에 회부되기도 하였다. 이그나티우스도 한때 이러한 혐의로 스페인 종교재판(Spanish Inquisition)에 소환되어 잠시 투옥되기도 하였다.

조〉부터 시작된 '교회의 분열'에 대한 원인을 분석하고 종교개혁자들의 새로운 신학적 도전에 응답하기 위하여 가톨릭 교회를 대표하는 3명의 대주교와 21명의 추기경, 그리고 다섯 수도회의 최고 책임자들이 참석한 이 대규모 종교회의를 통하여 가톨릭 교회의 자체 정화를 위한 구체적인 청사진이 마련되었다.

루벤스(Peter Paul Rubens)의 1617년 작품 〈이그나티우스 로욜라의 기적〉

트렌트공의회는 시작부터 독일제후 카를 5세의 정치적 입장과 로마 교황청의 입장이 서로 충돌과 타협을 거듭하면서 진행되었다.* 트렌트공의회가 알프스 산맥이 멀지 않는 이탈리아 북부지방에 위치한 트렌트에서 개최된 것도 이러한 두 세력 간의 세력안배를 위한 것이었다. 이러한 독일제후와 로마 교황청의 긴장관계는 때로 독일제후의 무력시위라는 형태로 등장하기도 하고, 로마 교황청의 장소 이전 문제를 둘러싸고 형성되기도 했다.** 그러나 점차 시간이 지나면서 로마 교황청의 입장이 강화되는 쪽으로 진행되었다. 트렌트공의회는 새로운 신학이나 제도를 창출하였다기보다 전통적 견해를 재확인하여 결정하는 것이 대부분이었다.

예를 들면 불가타(Vulgata) 라틴어 성서가 가톨릭 교회의 공식적인 번역으로 재확인되었으며, 중세교회의 전통으로 내려오던 7가지의 성례전과 성만찬에 관한 전통적 견해가 다시 공인되었다. 트렌트공의회가 결정한 가장 중요한 신학적 결론은 루터를 위시한 종교개혁자들이 제기한 '믿음에 의한 구원(Justification by faith alone)'에 대한 가톨릭 교회의 공식입장이었다. 카를 5세는 어떠한 형태로든 자신이 통치하던 독일의 분리된 교회를 통합하고자 줄기찬 압력을 가했지만, 1547년 1월 13일 트렌트공의회에 참석한 대표단은 종교개혁자들의 견해를 반박하며 전통적인 가톨릭 교회의 구원관을 재확인하였다. 교회와 사제의 권위를 인정하며, 구원과 직접적으로 연관된 선행의 성스러운 가치를 존중하는 가톨릭 교회의 구원론을 재확인함으로써, 결국 개신교와의 분리를 공식적으로 선언하게 되었다.

---

* 16세기 가톨릭 종교개혁 연구에 두각을 나타내고 있는 뉴욕대학의 포시아 시아(Po-chia Hsia) 교수는 "트렌트공의회는 타협이었다(Trent was a compromise)"라는 표현을 사용한다. R. Po-chia Hsia, *The World of Catholic Renewal, 1540-1770* (Cambridge : Cambridge University Press, 1998), 12

** 1546년, 찰스는 스말칼트 지역의 종교개혁을 진압하기 위하여 군대를 진격시키면서 트렌트를 지나갔다. 1547년부터 1548년까지는 로마 교황청의 입장을 대변하던 이탈리아 대표단의 주동으로 회의 장소가 볼로냐로 잠시 이동되기도 하였다.

트렌트공의회의 결과는 결국 개신교와 가톨릭 간의 분열을 고착화시킨 것이었다.* 성례전과 성서번역에 관한 한 가톨릭 교회는 중세의 전통을 재확인함으로써 새로운 타협의 가능성을 막고 말았다. 그러나 트렌트공의회는 결코 종교개혁자들의 도전에 방어적인 입장만 취한 것이 아니었다. 수많은 참석자들이 가톨릭 교회 지도자들의 부조리와 타락을 솔직히 인정하고 교회개혁의 당위성을 주장하였다.** 독일과 프랑스에서 진행중인 루터와 칼뱅 종교개혁에 대한 진전과정이 수많은 회의와 휴정 시간을 통하여 대표단들에 의해 토론되었다. 가장 진지한 가톨릭 교회의 종교개혁은 트렌트를 떠나면서부터 시작되었다. 개혁의 당위성을 함께 확인하고 새로운 교회의 모습을 그리며 트렌트를 떠났던 유럽 각국의 대표들에 의해 가톨릭 교회는 종교개혁이라는 분열의 상처를 서서히 극복하고 있었다.

트렌트공의회가 진행되고 있는 모습

---

* 1552년 1월에 일단의 독일 종교개혁자들이 트렌트공의회에 참석하였지만, 중세교회의 성례전 전통을 재천명하는 결정으로 인하여 종교개혁자들의 견해가 처음부터 배격되었으며, 결국 대표단은 철수하고 말았다.
** 포르투갈의 대표단은 리스본 지역의 100명의 신부들 중 무려 94명이 결혼과 관계 없이 여성들과 불륜관계를 맺고 있다고 밝히고 이에 대한 개혁을 주장하였다.

1601년 마테오리치의 베이징 입경

중국 '상티'와 기독교의 '하나님'을 동일시한 마테오리치

마테오리치의 저서 〈천주실의〉는 단순한 교리서가 아니었다. "상티〔상제〕는 우리가 믿는 하나님〔天主〕이며 단지 이름만 다를 뿐"이라는 혁신적인 발상으로 세상을 깜짝 놀라게 했다. 리치의 〈천주실의〉는 17세기 조선으로 유입되어 조선의 실학사상가들에게도 많은 영향을 미쳤다.

1667년 암스테르담에서 발간된 〈China monumentis illustrate〉의 표지 그림
중국지도를 들고 있는 사람이 마테오리치(오른쪽)와 아담 샬(왼쪽)이고, 그 위가 로욜라(왼쪽)와 프란시스 사비에르(오른쪽)이다.

1583년, 두 명의 이탈리아 선교사들이 중국 광동성의 번화한 도시 차오칭 거리를 걸어가고 있었다. 당시 중국은 명(明)왕조 신종(神宗)의 철저한 쇄국정치로 인하여 외국인의 입국이나 통행이 엄격히 금지되어 있던 때였다. 번잡한 차오칭의 저잣거리는 갑자기 나타난 파란색의 눈을 가진 색목인(色目人)의 등장으로 더욱 소란스러워졌다. 동네꼬마들은 미지의 나라에서 나타난 외국인들을 신기한 듯 멀리서 따라다니고 있었다. 이 두 명의 이탈리아 선교사들의 이름은 미셸 루지에리(Michele Ruggieri)와 마테오리치(Matteo Ricci, 1552-1610)였다. 이들은 모두 로욜라에 의해 설립된 예수회 소속의 선교사들이었다.

　중국 한족이 통치했던 당(唐)왕조와 몽골족이 통치했던 원(元)왕조 기간 동안에는 외국인의 중국 출입이 제한적으로 허용되고 있었다.* 그러나 명나라 말기에 이르러 중국인들은 자신들이 세계의 중심이라는 중화(中華)사상을 더욱 강화하며 외국과의 외교통상관계를 단절하고 있었다. 중국의 동해안에 창궐했던 일본 해적〔倭寇〕들의 노략질도 중국인들의 쇄국정책을 더욱 강화하는 빌미가 되었다.

　인도 동남부 해안지역과 일본 선교의 문을 열었던 '아시아 선교의 개척자' 프란시스 사비에르(Francis Xavier, 1506-1552) 때부터 이미 예수회에 소속된 아시아 지역 선교사들은 토착문화와 종교를 존중하고 상위계급을 먼저 접촉하는 소위 '위에서 아래로'의 선교 방식을 채택하고 있었다.

---

* 당(唐)왕조 시대 동안 장안(長安)에서 활동했던 네스토리우스 선교사들의 역사는 Yoshiro Saeki, *The Nestorian Monument in China*(London : SPCK, 1915) ; Yoshiro Saeki, *The Nestorian Documents and Relics in China*(Tokyo : Maruzen, 1951), 2nd edition ; A. C. Moule, *Nestorians in China*(London : The China Society, 1940) ; John Foster, *The Church of the T'ang Dynasty*(London : SPCK, 1939) ; C. H. Hsü, 'Nestorianism and the Nestorian Monument in China', in *Asian Culture Quarterly*, 14(1986), 41-81 ; Lam Chi-Hung, 'Political Activities of the Christian Missionaries in the T'ang Dynasty' (Ph. D. Diss. : University of Denver, 1975). 몽골족과 원(元)왕조 시대의 기독교와 중국의 교류에 대해서는 Christopher Dawson, *Mission to Asia : Narratives and Letters of the Franciscan Missionaries in Mongolia and China in the Thirteenth and Fourteenth Centuries*(New York : Harper & Row, 1966).

또한 서양의 진보된 과학문물을 소개하면서 간접적으로 기독교의 복음과 유럽의 문명이 불가분의 관계에 있음을 보여주는 선교전략이 사용되었다. 이를 위해서 예수회 선교사들은 유럽 최고의 인문과학 분야의 훈련을 받고 아시아의 여러 나라로 파송되었는데, 마테오리치의 경우도 당대 유럽 최고의 인문지리 교육을 받은 사람이었다.

　　마테오리치가 중국 본토로 들어가서 제일 먼저 착수한 선교사업은 다름 아닌 세계지도의 제작이었다. 세계지도를 상류층 중국 지식인들에게 먼저 소개함으로써 서양의 진보된 문명을 기독교와 연관짓고자 하는 의도와 더불어, 중국을 세계의 중심으로 보는 명나라 말기의 중화사상에 일침을 가하려는 고도의 선교전략이었다.

　　리치의 의도대로 1583년에 제작한 〈곤여전도 坤輿全圖〉라는 세계지도(Mappamundo)에 이어 이듬해에는 보다 정교한 〈산해여지전도 山海輿地全圖〉가 광동성의 중국 지식인들에게 큰 관심을 불러일으켰다.* 광동성의 지식인 관료들은 중국어를 유창하게 구사하는 이 유럽 선교사에게 매료되기 시작했다. 선교사 리치는 이들 광동성의 사대부들과 교류하면서 중국 상류층을 파고들면서 이들 사람들과의 학문적 교류를 통해 명대 중국인들의 세계관을 지배하고 있던 유교에 대한 지식을 넓혀갔다.**

　　이때 일어난 중요한 선교정책상의 변화는, 그때까지 선교사들이 입고 있던 불교 승려의 가사(袈裟)를 벗고 유교 사대부의 선비복장을 입기 시작함으로써 기독교와 중국문화의 접촉점(Point of Contact)이 불교에서 유교로 전환되었다는 것이다.

---

* 마테오리치가 중국 광동성에서 제작하였던 세계지도는 아브라함 오르텔리우스(Abraham Ortelius)의 세계지도(Typus Orbis Terrarum)를 참고하였다.

** 마테오리치는 이때부터 공맹(孔孟) 시대의 원시 유교와 주자에 의해 철학화된 신유교에 대한 차이를 분별하기 시작했다. Dunne, Generation of Giants, 32.

광동성에 머무르는 동안 리치는 클라비우스의 〈기하학 Elements of Geometry〉을 중국어로 번역하여 〈기하원본 幾何原本〉이라는 이름으로 출간하였으며, 1591년에는 최초로 중국의 고전인 사서(四書)를 라틴어로 번역하기도 하였다. 1594년부터 마테오리치의 대표작이라고 할 수 있는 〈천주실의 天主實義〉가 쓰여지기 시작한다. 리치는 10년이 넘도록 광동성에 거주하며 중국 사대부들과의 친분을 넓히는 동시에 유학 연구에 정진하고 있었지만, 상류층에게 먼저 복음을 전한다는 원칙에 따라 수도 베이징에서 황제에게 직접 선

마테오리치가 명나라 말기 사대부의 복장을 입고 있는 모습
기독교와 중국문화의 접촉점을 불교가 아닌 전통 유교사상에서 찾았던 리치는 복장뿐만 아니라 사상의 구조까지 철저히 중국화하려고 노력하였다.

교하겠다는 꿈을 언제나 간직하고 있었다. 1595년 잠시 베이징에 머물렀지만, 당시는 왜구의 침입으로 시작된 조선의 임진왜란이 벌어졌던 시기로, 모든 외국인들에 대한 경계령이 내려져 있던 상태였다. 마테오리치는 이를 알고 난징〔南京〕으로 급히 거처를 옮겨 1598년까지 그곳에 머무른다.

난징에서 리치는 중국 사대부와 황제의 친족들과의 교류를 더욱 넓혀갔다. 그들의 요청으로 유럽의 중요한 윤리덕목을 소개하기 위하여 키케로(Cicero, B.C.106-43, 로마의 문인)의 〈우정에 대하여 De amiticia〉를 중국어로 번역, 〈교우론〉이란 제목으로 출간하였다. 이 책은 중국 지식인들의 많은 사랑을 받았는데, 리치의 대표작인 〈천주실의〉와 함께 이후 조선으로 유입되어 조선의 실학사상가들에게 많은 영향을 미쳤다. 특히 난징의 사대부들

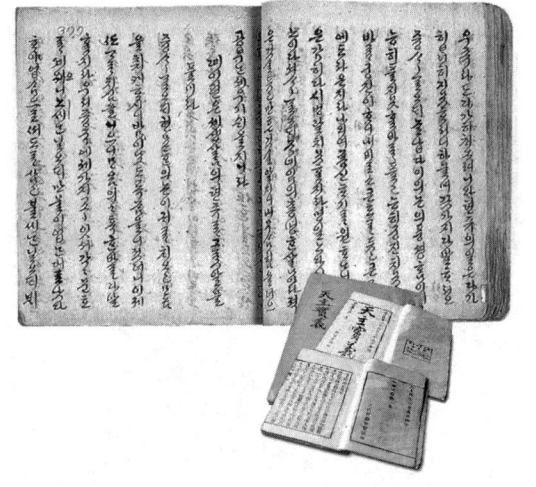

마테오리치는 〈천주실의〉를 1593년경에 완성하고 아시아 선교 책임자에게 검열을 의뢰하였다. 그러나 1594년 검열이 통과되지 않은 채로 난창(南昌)에서 출간되어 중국인들 사이에 읽혀지기 시작했다. 1603년에 베이징에서 공식적으로 출간된 〈천주실의〉는 지금까지 최소한 10번 이상 중국에서 출간되었다. 또한 조선을 포함하여 일본(1603년)과 베트남(1630년)에서도 출간되었다. 한편 항저우(杭州)에서도 〈천주실의〉가 발간되었는데, 항저우에서 발간된 이 〈천주실의〉는 명말(明末)의 학자 이지조(李之藻)가 편찬한 〈천학초함天學初函〉(1629)에 포함되었다.

은 리치가 지닌 기억술에 상당한 관심을 가지고 있었다. 중국 고전의 한 페이지를 한번 읽고는 그 문장을 정확하게 암기할 뿐 아니라 문장의 역순까지 암기하는 탁월한 기억술을 지닌 리치는 중국 지식인들에게 기이한 존재였다.*

베이징 선교를 향한 마테오리치의 줄기찬 노력은 1601년 1월 24일 마침내 성취되었다. 외국인의 중국 출입을 관장했던 예조판서의 특별조치로 리치와 예수회 선교사들의 베이징 체류가 잠정적으로 허용된 것이다. 특별히 황제에게 선물로 바친 자명종이 고장날 경우를 대비해서 시계기술을 가진 유럽의 선교사가 항상 상주하도록 조치가 취해졌다. 마테오리치는 1610년 사망할 때까지 베이징을 떠나지 않았다. 비록 그토록 원했던 명황제 신종(神

---

* 예일대학교 역사학과 교수인 조나단 스펜스는 마테오리치의 기억술에 착안하여 리치의 생애에 대한 연구서적을 발간하였다. Jonathan Spence, *The Memory Palace of Matteo Ricci*(New York : Viking Penguin, 1984). 리치의 이 신기한 기술은 원래 아리스토텔레스에서부터 연구되던 유럽 전래의 암기술에서 비롯되었다. 이에 대해서는 Mary Carruthers, *The Book of Memory in Medieval Culture*(Cambridge : Cambridge University Press, 1990) ; Mary Carruthers, *The Craft of Thought : Meditation, Rhetoric, and the Making of Images, 400-1200*(Cambridge : Cambridge University Press, 1998).

宗)을 직접 알현하지는 못했지만, 베이징 체류 10년 동안 리치는 수많은 저술 작업에 몰두하여 동아시아 역사에 지대한 영향을 미치게 된다. 또한 그는 이 집필활동을 통하여 중국뿐 아니라 조선 선교에도 절대적인 영향을 미쳤다. 1603년 베이징에서 출간된 〈천주실의〉와 1608년에 출간된 〈기인십편 畸人十篇〉이 그의 대표적인 저술이다.

마테오리치의 대표적인 저술 〈천주실의〉는 단순한 교리서가 아니었다.* 마테오리치는 이 책을 통하여 기독교의 하나님(Deus)과 중국의 절대신인 상티〔上帝〕가 어떤 연관성을 가지고 있는지에 대해서 신학적으로 연구하였다. 〈천주실의〉에서 리치는 유교 고전에서 상티〔上帝〕가 어떠한 신격을 가진 중국의 절대자였는지를 상세히 고찰한 다음, 고대 중국 유교의 절대신이었던 이 상제야말로 유럽의 기독교에서 믿는 하나님과 같은 절대신임을 주장하였다. 이를 리치는 "수많은 고전을 검토한 결과 상제는 결국 우리가 믿는 하나님〔天主〕이며 단지 이름만 다를 뿐이다(歷觀古書 而知上帝與天主特異以名也)"라는 견해를 피력하였다.** 이러한 리치의 혁신적인 발상은 엄청난 파급효과를 가져왔다.

2천 년 기독교 선교의 역사에서 마테오리치가 중국에서 시도한 중국 유교의 절대신과 기독교 하나님과의 동일화(Identification) 작업은 그 유래를

---

* 〈천주실의〉를 영역한 랭커셔는 이 책의 목적을 "전도 예비를 위한 대화록(a pre-evangelical dialogue)"이라고 표현하였다. Douglas Lancashire, et al., 'Translator's Preface', in *The True Meaning of the Lord of Heaven*(St. Louis : Institute of Jesuit Sources, 1985), 15. 스팔라틴은 〈천주실의〉의 목적을 "교리서가 아니라 학문적 논쟁을 위한 책"이라는 견해를 제시하고 있다. Christopher Spalatin, 'Matteo Ricci's Approach to 16th Century Confucian China', in *International Symposium on Chinese-Western Cultural Interchange in Commemoration of the 400th Anniversary of the Arrival of Matteo Ricci, SJ in China*, 667. 앤드류 로스는 "일종의 기독교 변증서(a piece of Christian apologetic)"라고 보았다. Andrew Ross, *A Vision Betrayed : The Jesuits in Japan and China, 1543-1742* (Maryknoll : Orbis, 1994), 147.

** 랭커셔가 번역한 영문판의 원본을 사용하였다. Matteo Ricci, *The True Meaning of the Lord of Heaven*(St. Louis : Institute of Jesuit Sources, 1985), 124-125.

찾아보기 힘든 놀라운 신학적 발상이었다.* 선교지 현장의 문화와 종교를 존중해야 한다는 것은 의문의 여지가 없는 사실이지만, 흔히 '잡신'이나 '우상'으로 간주되던 선교지 토착종교의 절대신과 기독교 하나님을 동일시하였던 마테오리치의 생각은 심각한 신학적 논란을 불러일으켰다. 기독교 내부에서도 이 문제가 심각한 논의를 불러일으킨 것은 말할 필요도 없거니와, 중국 지식인들과 동아시아의 유교학자들에게 이 문제는 충격적인 것이었다.

선교사들은 그들 나름대로 리치의 동일화를 극렬히 반대하였다. 동시에 보수적인 중국의 유학자들도 리치의 동일화 작업을 반대하면서 자신들의 '상티'를 마테오리치가 "도적질하여 갔다〔竊〕"고 주장하였다.** 이러한 논쟁은 중국 기독교 역사를 혼돈으로 몰고 갔던 17-18세기의 전례논쟁(Chinese Rites Controversy)으로 이어졌다.***

마테오리치의 〈천주실의〉는 17세기 조선과 일본의 지식인들에게 널리 읽혀졌다. 조선 후기의 학자 이익(李瀷, 호는 星湖), 이헌경(李獻慶), 안정복(安鼎福), 신후담(愼後聃) 등 성호(星湖) 계열의 지식인들에 의해 연구되었다.****

---

* 마테오리치의 선교학적 공헌에 대해서는 필자의 영문서적을 참고할 수 있다. Sangkeun Kim, *Strnage Names of God : The Missionary Translation of the Divine Name and the Chinese Responses to Matteo Ricci's Shangti in Late Ming China, 1583-1644* (New York : Peter Lang Publishing, 2004).

** 명말청초(明末淸初) 시기 동안 중국의 지식인들은 마테오리치와 천주교를 공격하는 선동적인 글을 발표하였다. 1639년 서창치(徐昌治)에 의해 편집된 〈성조파사집聖朝破邪集〉은 그 대표적인 글모임이다.

*** 이 문제와 연관된 중국의 성례논쟁(Chinese Rite Controversy)에 대한 연구는 David Mugello, ed., *The Chinese Rite Controversy : Its History and Meaning*(Nettetal : Steyler Verlag, 1994).

**** 이원순, '서학의 도입과 전개' 한국정신문화연구원 편, 〈한국사상사 대계〉, 제5권(성남 : 한국정신문화연구원, 1992)과 배현숙, '17-18세기에 전래된 천주교 서적' 〈교회사 연구〉, 3권(1981), 3-45. 또한 Donald Baker, 'A Note on Jesuit Works in Chinese which Circulated in Seventeenth and Eighteenth Century Korea', China Mission Studies Bulletin, vol. 5(1983), 28-36.

명나라 말기의 중국 지식인들에게 새로운 각도에서 기독교를 소개한 마테오리치는 복음이 어느 정도까지 선교 현지의 문화적 토양에 뿌리내릴 수 있는지에 대한 중요한 물음을 남겼다. 유교의 절대신을 사악한 이방인의 잡신으로 정죄하지 않고 오히려 복음의 접촉점(A Point of Contact)으로 보았던 리치의 노력을 통해, 기독교는 유럽이라는 지역적 범위를 넘어서서 세상 모든 민족에게 복음의 씨앗이 뿌리내릴 수 있는 기반을 조성한 것이다.

1611년 〈흠정역 성서〉 번역

역사상 최고의 성서번역본 〈흠정역 성서〉

엘리자베스 여왕이 〈제네바 성서〉에 호의를 가졌던 반면, 제임스 1세는 국왕의 절대권력을 인정하는, 새로운 영어 성서를 필요로 하며 〈흠정역 성서 The King James Bible〉 번역을 지시한다. 〈흠정역 성서〉는 유려한 번역문체와 17세기의 표준영어를 사용함으로써 일반 대중의 사랑을 받았으며, 영국과 미국 교회뿐만 아니라 전 세계 기독교에 영향을 미쳤다.

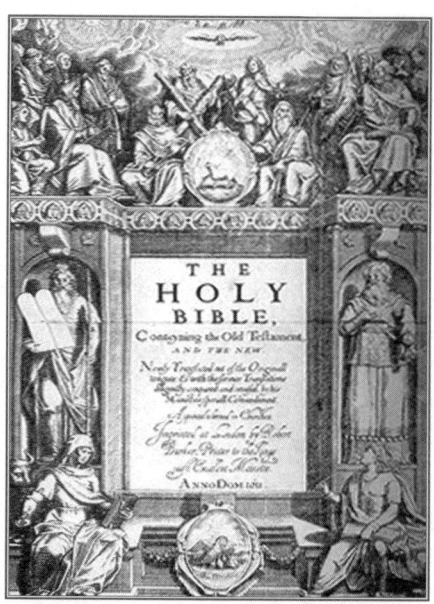

흔히 〈흠정역 성서〉로 알려져 있는 '킹 제임스 바이블
(The King James Bible)' 의 겉표지(1611년)

성서는 지금까지 2,200여 언어로 번역되어 인류역사상 가장 많이 읽혀진 베스트셀러이다. 지금까지 약 25억 권의 성서가 제작된 것으로 추산되고 있다. 특히 16세기 종교개혁자들의 핵심적인 모토였던 '오직 성서(Sola Scriptura)'로 인하여 일반 평신도들이 성서를 직접 읽을 수 있는 동기가 부여된 이래, 종교개혁의 진원지였던 유럽 국가들마다 라틴어 성서를 모국어로 번역하는 것은 당연한 일이었다. 대표적 종교개혁자인 마르틴 루터와 장 칼뱅이 각각 자신의 모국어인 독일어와 프랑스어로 성서를 번역한 사실은 널리 알려져 있다.

비록 유럽대륙에 포함되어 있지 않았지만 16세기 종교개혁의 영향권 아래에 있었던 영국에서도 성서번역이 추진되었다. 수많은 우여곡절 끝에 탄생한 〈흠정역 성서 *The King James Bible*〉의 출간(1611년)으로 인하여 사제들의 라틴어 성서해석에만 의존하던 성서에 대한 이해가 영국의 일반 대중에 의해 시도되기 시작했을 뿐만 아니라, 윌리엄 셰익스피어의 문학작품과 더불어 표준 영어를 확립하는 데 결정적인 역할을 하게 된다.

성서번역의 기원을 따져보면 기원전 285년의 〈70인역 *Septuagint*〉(줄여서 LXX)으로 거슬러 올라간다.* 히브리 원문의 구약성서가 지중해 그리스 문명의 요청에 힘입어 그리스어로 번역된 이 유명한 번역본에는 전설적인 이야기가 많이 전해져 내려오고 있다. 신약성서가 정경으로 확정될 때까지 초대교회가 사용했던 공식적인 성서는 바로 이 〈70인역〉이었다.**

기원후 400년 전후 기간 중, 베들레헴에서 활동하던 신학자 제롬(Jerome, 340-420 추정)에 의한 라틴어 성서번역(Vulgate)은 존 위클리프(John Wycliffe, 1330-1384 추정)의 신약성서 번역 이전까지 서구 중세 기독

---

* 〈70인역〉에 대한 최근의 연구는 Martin Hengel, *The Septuagint as Christian Scripture : Its Prehistory and the Problem of Its Cannon*(Edinburgh : T & T Clark, 2002).

** 신약성서의 정경화에 대한 역사적 배경에 대해서는 본서의 제3장을 참고할 수 있다.

존 위클리프(John Wycliffe, 1330-1384 추정)

교를 대표하는 성서번역본이었다.* 교회와 정치 권력의 결탁을 경고하면서 어려운 라틴어로만 읽혀졌던 성서의 일부를 영어로 번역하였던 위클리프는 종교개혁의 선구자였을 뿐 아니라, 영국 성서번역의 기초를 닦은 사람이라고 할 수 있다. 그러나 위클리프의 영어 성서는 일반 대중에게 큰 관심을 끌지 못했다. 15세기에 이르러서야 영어 (English)가 영국의 공식언어로 자리매김하기 시작했기 때문이다. 14세기까지만 해도 영국의 귀족들은 영어보다 라틴어나 프랑스어를 더 선호하였다.

그런데 '영문학의 아버지'로 불리는 제프리 초서(Geoffrey Chaucer)의 〈캔터베리 이야기 Canterbury Tales〉가 대대적인 성공을 거두고, 영국과 프랑스 간의 백년전쟁(The Hundred Years War, 1337-1453)을 통하여 영국의 자의식이 점차 프랑스와 대륙에서 벗어나기 시작하면서, 영국사람들은 자국어인 영어에 좀더 많은 관심을 나타내기 시작했다.

그러나 16세기까지 영국의 상류계급과 지성인들은 여전히 라틴어 사용을 선호하고 있었다. 영국 최고의 명문대학인 옥스퍼드와 케임브리지 두 대학에서도 1540년대까지 라틴어를 공식적인 학문의 언어로 사용한 것이 그 대표적인 실례이다. 따라서 16세기 초의 영국교회도 여전히 라틴어를 공식언어로 채택하고 있었다.

---

* 위클리프의 생애에 대한 대표적 연구는 Anthody Kenny, ed., *Wycliffe in His Times*(Oxford : Clarendon Press, 1986).

그러나 영국교회의 이러한 라틴어 선호는 마르틴 루터의 종교개혁으로 인하여 큰 도전을 받게 된다. '오직 성서'에만 계시의 근거가 있음을 강조하였던 루터와 종교개혁자들의 새로운 신학적 해석으로 인하여 영국에서도 일반 대중이 읽을 수 있는 영어 성서의 번역이 요구되기 시작했다. 위클리프의 신약성서는 그리스어 원본이 아닌 중세교회의 라틴어 성서에서부터 번역되었기 때문에, 보다 원문에 충실한 새로운 영어 성서번역이 필요하게 되었다.

한편 구텐베르크(Gutenberg)에 의해 시작된 서양의 인쇄술의 발전은 성서번역과 대중적인 성서 출간에 새로운 이정표를 세웠다.* 구텐베르크에 의해 이동과 위치변동이 가능한 금속 활자체가 발명됨으로써 다량의 서적 제작이 가능해짐에 따라, 유럽의 지식인 사회는 새로운 '읽을거리'를 제공해야 하는 지적 시장(Intellectual Market)이 형성되었다. 읽고 쓰기를 통한 인문학적 소양을 강조하던 르네상스 정신의 시대적 요청에 따라 구텐베르크의 인쇄술은 사회 각처에 지대한 문화적 영향을 미치기 시작한다. 당시 사람들에게 가장 많이 읽힌 책은 당연히 성서였다. 구텐베르크는 1456년에 약 185권 정도의 성서를 처음으로 출간하여 상업적인 대성공을 거두었다. 현재 약 40권 정도의 '구텐베르크 성서(Gutenberg Bible)'가 남아 있다.

현존해 있는 구텐베르크 성서의 〈잠언〉 부분

---

* 물론 서양의 인쇄술은 아랍문명을 거쳐 들어온 중국의 영향 아래에서 발전하였다. 유럽에 최초로 인쇄를 위한 종이공장이 등장한 것은 1074년 스페인에서였다. 구텐베르크의 인쇄술로 인해 초래된 문명의 발전에 대한 연구는 George Fletcher, *Gutenberg and the Genesis of Printing*(New York : Pierpoint Morgan Library, 1994) ; Elizabeth Eisenstein, *The Printing Press as an Agent of Change : Communications and Cultural Transformations in Early Modern Europe*, 2 vols.(Cambridge : Cambridge University Press, 1979).

16세기에 이르러 종교개혁의 시대정신이 중부 유럽을 강타했을 때, 하나님을 향한 직접적인 믿음을 통한 구원(Salvation by Faith)이 신학적 이슈로 등장함에 따라, 일반 대중이 쉽게 접근할 수 있는 성서번역이 절실히 요구되었다. 종교개혁 시기의 인문학자 에라스무스(Erasmus, 1466-1536)가 그리스어 원문을 번역한 신약성서를 출간하였을 때(1516년) 종전까지 알려지지 않았던 불가타 라틴어 성서의 번역오류들이 발견되기도 하였다. 에라스무스의 번역을 이용한 마르틴 루터의 독일어 성서번역(1522년)은 종교개혁의 또 다른 지적 원동력이 되었을 뿐 아니라, 독일어가 언어로서의 구조와 품격을 갖추는 데 결정적인 역할을 하였다.

　한편 영국에서는 윌리엄 틴들(William Tyndale, 1494-1536)이 중세교회에서 천 년 이상 사용되어 왔던 불가타 라틴어 성서와 마르틴 루터의 독일어 성서번역을 참고한 최초의 영어 신약성서를 출간하였다(1525년).* 틴들의 신약번역은 영어로 인쇄된 최초의 성서였지만 이 성서번역 때문에 그는 목숨을 잃었다. 그의 성서번역은 교회 전체를 향한 반항으로 받아들여졌다. 비록 틴들은 순교를 당하고 말았지만 틴들의 친구들의 노력으로 신구약 성서 전체가 마침내 영어로 번역되었다(1535년).** 틴들의 신약번역과 후속 번역이 1530년대에 진행된 성서번역이었다면, 1539년에 출간된 〈대성서 The Great Bible〉는 주로 영국교회의 필요에 의해 등장한, 큰 판형의 성경이었다. 캔터베리의 대주교 토머스 크랜머(Thomas Cranmer, 1489-1556)에 의해 주도된 이 〈대성서〉의 번역 역시, 틴들과 그의 친구들이 번역한 성서를 주로

---

* 틴들의 생애에 대한 대표적 연구는 David Daniell, *William Tyndale : A Biography* (New Haven : Yale University Press, 1994). 틴들의 영어 신약성서는 독일의 보름스에서 1526년 출간되었다. 현재 2권의 책이 남아 있다.

** 틴들의 후속 번역은 커버데일에 의해 완성되었다. 1535년에 신구약 성서 전체를 영어로 번역한 커버데일에 대한 대표적 연구는 Henry Guppy, *Miles Coverdale and the English Bible, 1488-1568* (Manchester : Manchester University Press, 1935).

참고하여 번역되었다.*

한편 영국의 왕조가 튜터 가문으로 넘어가고, 영국을 가톨릭 신앙으로 돌리려는 메리 여왕(Queen Mary, 1553-1558년간 통치)의 개신교 탄압정책에 의해, 많은 숫자의 개신교도들이 장 칼뱅의 종교개혁이 진행 중인 스위스 제네바로 도피하였다. 그곳에서 활동하던 영국 개신교 학자들에 의해 〈제네바 성서 Geneva Bible〉가 1560년 출간되었다.

영어 성서에서 최초로 장절의 구분이 시작된 것도 이 〈제네바 성서〉이다. 종교개혁자 칼뱅의 영향을 받은 이 〈제네바 성서〉는 학문적으로 매우 뛰어난 번역이었지만, 성서 본문의 여백에 인쇄되어 있는 각주들과 참고기록들로 인해, 일부 영국의 개신교도들의 반감을 사기도 했다.**

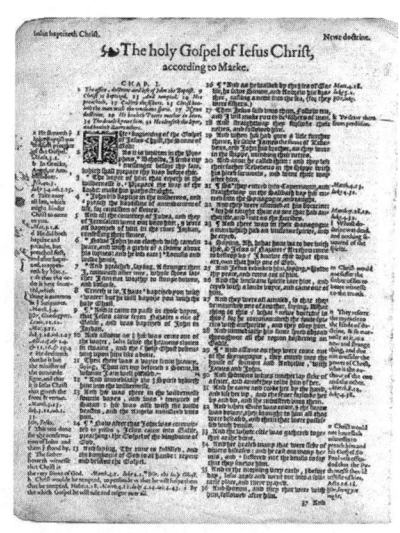

1594년에 출간된 〈제네바 성서〉의 마가복음 첫 장 두 개의 칼럼으로 인쇄되었는데, 좌우의 여백에 각주와 설명이 첨가되어 있는 것을 볼 수 있다.

메리 여왕의 뒤를 이은 엘리자베스 여왕(1558-1603년간 통치)은 이 〈제네바 성서〉와 〈대성서〉를 이용하여 다시 영국교회에서 공식적으로 사용될 수 있는 번역본을 내놓았는데(1568년), 이를 흔히 〈감독 성서 The Bishop's Bible〉라고 부른다. 이 번역 또한 캔터베리 대주교의 주도로 진행되었다. 그

---

* 크랜머의 생애에 대한 최근의 연구는 Diarmaid MacCulloch, *Thomas Cranmer : A Life*(New Haven : Yale University Press, 1996).

** 영국의 청교도들이 북미대륙으로 이주할 때 가지고 간 성서는 〈제네바 성서〉였다. 미국의 건국에 영향을 미친 성서에 대한 연구는 Nathan Hatch and Mark Noll, *The Bible in America : Essays in Cultural History*(New York : Oxford University Press, 1982). 〈제네바 성서〉가 영국의 종교개혁에 미친 영향에 대해서는 Dan Danner, 'The Contribution of the Geneva Bible of 1560 to English Protestantism', in *Sixteen Century Journal* 12(1981), 5-18.

러나 아쉽게도 엘리자베스 여왕이 후원했던 〈감독 성서〉는 〈제네바 성서〉의 인기에 눌려 별다른 성공을 거두지 못하였다.

엘리자베스 여왕 시대의 인물이었던 작가 윌리엄 셰익스피어의 문장에 등장하는 대부분의 성서구절은 〈제네바 성서〉에서 인용되었다는 사실이 이를 단적으로 설명하고 있다.

16세기 말의 영국교회는 엘리자베스 여왕의 관용적인 종교 정책 결정(1559년)에도 불구하고 영국 성공회(Episcopal Church)와 청교도(Puritans) 간의 갈등이 계속해서 심화되고 있었다. 영국 국왕의 지원을 받던 성공회 신부들에게 착용을 의무화했던 성직자 복장 문제와 예배시 의무적으로 사용해야 하는 공동기도문의 채택을 둘러싼 이견 등으로 청교도들은 계속해서 영국의 국교인 성공회와 갈등을 빚고 있었다.

엘리자베스 여왕의 뒤를 이어 1603년에 영국의 왕위에 오른 제임스 1세(1603-1625년간 통치)는 특히 〈제네바 성서〉에 대해 반감을 가지고 있었다. 스코틀랜드의 국왕으로 통치하고 있을 동안 제임스 1세는 외형적으로는 종교개혁을 지지하고 개신교를 선호하는 종교정책을 취했다. 그러나 그는 평등과 민주제도를 선호하는 장로교회의 전통보다 국왕의 절대권력을 인정하는 영국 성공회 제도를 은연중에 선호하였다. 그래서 그는 새로 왕위에 오르자마자 궁정회의를 소집하고(The Hampton Court Conference, 1604년) 영국교회에서 사용할 수 있는 새롭게 통일된 영어 성서를 위한 번역작업을 결의하였다.

영국 성공회를 대표했던 리처드 밴크로프트(Richard Bancroft, 1544-1610)는 제임스 1세를 성공회의 우호적인 국왕으로 만들기 위해서, 이 궁정회의를 주도하며 국왕의 공인을 받은 성서번역을 추진하는 책임을 맡는다. 그는 영국 국왕이 공인하는 영어 성서번역에 대한 15가지의 번역원칙을 발표하였는데 그중 가장 중요한 여섯 가지 원칙은 다음과 같다.

(1) 새 성서번역은 〈감독 성서 The Bishop's Bible〉를 참고하여 번역한다.
(2) 성서에 등장하는 고유명사는 일반 대중이 이미 사용하고 있는 이름을 존중한다.
(3) 교회에 정착된 번역을 존중한다. 특히 '교회'라는 단어를 계속 사용하고, 이를 '회중'으로 번역하지 않는다.
(4) 한 단어가 여러 가지 의미로 사용될 경우, 교회의 전통적 의미를 따른다.
(5) 특별한 경우에만 성서의 장절의 구분을 수정할 수 있다.
(6) 행간에 성서의 내용을 부연하여 설명하는 것을 금한다. 단지 히브리어와 그리스어의 의미가 확인되어야 할 경우는 예외로 행간에 설명을 첨가할 수 있다.*

모두 47명에 이르는 당대 최고의 성서학자들과 언어학자들이 참여한 이 방대한 번역작업은 모두 6개의 번역팀으로 나뉘어 웨스트민스터, 옥스퍼드대학, 케임브리지대학에 각각 2개의 번역팀이 작업에 들어갔다.** 이들 6개 팀의 번역은 1608년부터 1610년까지 시차를 두고 마감되었고, 이듬해 1611년 〈흠정역 성서〉의 이름으로 출간되었다. 〈흠정역 성서〉에는 〈제네바 성

---

* Alister McGrath, In the Beginning : The Story of the King James Bible and How It Changed a Nation, a Language, and a Culture (New York : Doubleday, 2001), 173-175에서 '15가지 번역원칙'의 나머지 부분을 확인할 수 있다.

** 웨스트민스터 번역팀에게는 창세기에서 열왕기하까지와 신약성서 중 서신부분의 번역이 맡겨졌고, 옥스퍼드대학 번역팀에게는 이사야에서 말라기까지와 신약의 사복음서, 사도행전, 요한계시록이 맡겨졌고, 케임브리지대학 번역팀에게는 역대상에서 아가서까지와 위경들의 번역이 각각 할당되었다.

서〉에서 논쟁거리였던 여백의 해석과 관주를 삭제하였지만 장절의 구분은 존중키로 하였다.

이런 과정을 통하여 가장 대표적이며 역사상 최고의 성서번역으로 인정받고 있는 〈흠정역 성서〉가 완성되었다. 물론 〈흠정역 성서〉가 〈제네바 성서〉의 인기를 누르고 영국과 신대륙 미국의 대표적인 성서번역본으로 정착된 경위에는, 찰스 2세(Charles II, 1660-1685년간 통치)의 왕정복귀(1660년)와 1662년에 공포된 통합법령(Act of Uniformity)으로 〈흠정역 성서〉가 영국교회의 공식적인 성서로 다시 한 번 공인된 이유가 있지만, 〈흠정역 성서〉 자체의 유려한 번역문체와 17세기의 표준영어를 사용함으로써 일반 대중의 사랑을 받았기 때문이었다. 〈흠정역 성서〉는 영국과 미국의 교회에만 영향을 미친 것이 아니라 성서번역 과정을 통하여 전 세계 기독교에 영향을 미쳤다.

영국성서공회나 미국성서공회가 미전도 종족의 언어로 성서를 번역할 때마다 이 〈흠정역 성서〉를 우선적으로 참고하였기 때문에 많은 국가들의 성서번역에 〈흠정역 성서〉의 영향이 남게 되었다.

1738년 존 웨슬리의 올더스게이트 회심

'마음이 뜨거워지는' 신앙체험에서 감리교회 태동

종교개혁자들의 모토였던 '믿음을 통한 구원'의 정신이 형식주의에 젖어들 즈음, 존 웨슬리는 '마음이 뜨거워지는' 신앙체험을 통하여 '마음의 종교'를 믿는 진실된 그리스도인의 모습을 보여주었다.

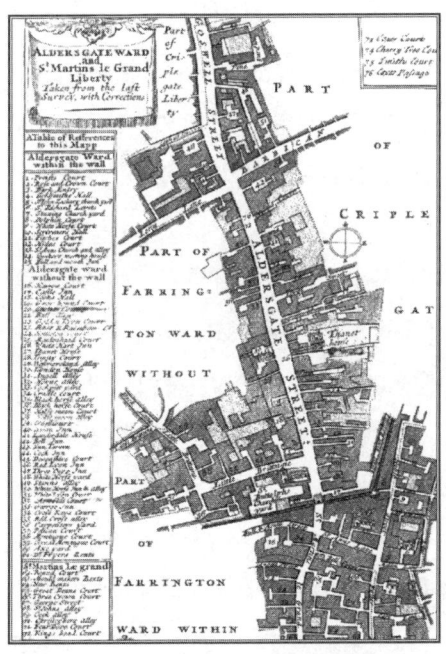

1738년 5월 24일, 존 웨슬리가 회심의 경험을 한 올더스게이트 거리의 지도

마르틴 루터가 1517년 독일의 비텐베르크 성당문에 면죄부의 남용을 경고하는 〈95개조〉를 써 붙임으로써 시작된 종교개혁은 언제까지 계속되었을까? 어떤 역사가는 1555년 가톨릭 교회와 독일 루터 교회 사이에 체결된 평화협정(Peace of Augusburg)을 종교개혁의 끝이라고 주장하기도 하고, 어떤 역사가들은 기독교 신앙을 '절대의존의 감정'으로 규정한 18세기 말의 신학자 슐라이어마허(Schleiermacher, 1768-1834)에 의해 종교개혁의 참된 정신이 마무리되었다고 본다. 사실 종교개혁의 기본 전제는 "예수 그리스도를 믿음으로 구원의 은총을 얻는다"는 로마서 3장 23-25절의 말씀이다. 성례전을 포함한 교회의 전통이나 개인의 선행을 통해서가 아니라, 그리스도를 구주로 고백하는 신앙의 결단이 요구되었다.

그렇다면 1738년 5월 24일 영국 런던의 올더스게이트(Aldersgate)에서 '이상하게 마음이 뜨거워진' 경험을 통해 존 웨슬리(John Wesley, 1703-1791)가 회심한 사건과 감리교회의 태동이야말로 종교개혁의 기본정신이 구체화되는 역사적 사건이라고 볼 수 있다. 뜨거운 가슴의 신앙(Religion of Heart)이 구체적인 신앙고백화(Confessionalization)의 단계를 거쳐 새로운 교단을 형성함으로써 종교개혁 운동이 일시적인 사건이 아닌 기독교의 한 신앙고백 운동으로 정착하는 계기가 된 중요한 사건이 1738년 올더스게이트에서 발생한 것이다.

널리 알려진 대로 존 웨슬리의 아버지 사무엘 웨슬리는 명문 케임브리지 대학 출신의 영국 성공회의 사제였고, 그의 어머니 수잔나 웨슬리는 자녀들에 대한 엄격한 신앙교육으로 유명한 분이었다. 목회자로서의 명성보다 학자로서의 면모가 강했던 사무엘 웨슬리는 수잔나와 결혼한 후 1696년경에 엡워스(Epworth)의 목사관으로 이사하였다. 존 웨슬리는 이 부부의 15번째 자녀로 태어났다.

1709년에 일어났던 엡워스 목사관의 화재사건과 극적으로 구출되었던 존 웨슬리에 대한 이야기는 널리 알려져 있다. 화염으로 인해 집이 불타 없어져 버렸지만, 자녀들이 모두 무사하다는 소식을 들은 사무엘 웨슬리는 이렇게 외쳤다.

"이웃에 사시는 여러분, 함께 기도드립시다. 하나님께 감사하십시다. 8명의 자녀들이 한 명도 상함이 없도록 해주셨습니다. 집이야 불타 없어져도 상관없습니다. 나는 여전히 부자입니다."

어머니 수잔나를 통하여 엄격한 가정교육과 신앙훈련을 받은 존 웨슬리는 동생 찰스 웨슬리와 함께 1720년 명문 옥스퍼드대학에 입학하였다. 당시 존 웨슬리에게 심각한 영적인 도전을 준 책은 토마스 아켐피스(Thomas à Kempis, 1379-1471)의 15세기 기독교 고전인 〈그리스도를 본받아 The Imitation of Christ〉였다. 이 책을 통하여 존 웨슬리는 간결한 의도와 순수한 사랑을 가진 '내적 종교(Inward Religion)'와 '마음의 종교(Religion of Heart)'를 자기 신앙의 이상적 모델로 본받게 되었다. 역시 같은 시기에 읽은 제레미 테일러(Jeremy Taylor, 1613-1667)의 〈성화된 삶과 죽음을 위한 규칙과 훈련 Rule and Exercise of Holy Living and Holy Dying〉(1650, 1651)은 웨슬리의 신앙과 삶의 목표가 되었던 '성화된 삶(Holy Life in Christian Perfection)'에 대한 직접적인 동기를 부여하였다.

젊은 웨슬리에게 영국 성공회는 형식과 제도만 남아 있는 이름뿐인 기독교(Nominal Christianity)로 보이기 시작했다. 웨슬리가 사모했던 교회의 모습은 '진실한 기독교인의 공동체(The Community of Real Christians)'였기 때문이다. 영적으로 잠들어 있는 영국교회를 깨우고 싶다는 열망을 안고, 존 웨슬리는 1725년 성공회의 사제로 안수를 받은 다음, 자신의 모교에서 잠시 그리스어 강사로 생활하다가, 1727년 그의 부친 사무엘 웨슬리가 섬기는 교회에 부임한다. 이 시기에 탐독한 윌리엄 로(William Law, 1686-1761)의 〈기독교인의 완전 Christian Perfection〉과 〈신실하고 성화된 삶을 향한 진지한 부르심 Serious Call to a Devout and Holy Life〉은 젊은 웨슬리 목사의 삶의 방향을 결정하는 중대한 도전이 되었다. 웨슬리는 다음과 같이 그때의 경험을 일기장에 기록하였다.

> 1년 혹은 2년 후에, 내 손에는 윌리엄 로의 〈기독교인의 완전〉과 〈진지한 부르심〉이 쥐어졌다. 이 책을 읽고 난 다음, 이전보다 더욱 절실하게, 적당하게 반쯤 믿는(being half a Christian) 기독교인의 삶이 절대적으로 불가능함을 확신하게 되었다.
> 나는 하나님의 은혜와 더불어(내 속에서 더욱 확실하게 필요성을 확인한 그 은혜), 나의 모든 것을 드리는 신실한 기독교인이 되기를 결심하였다. 나의 모든 영혼, 나의 모든 육체, 나의 모든 본질조차도 하나님께 드리리라.*

2년 후 다시 옥스퍼드로 돌아온 존 웨슬리는 동생 찰스와 함께 초기 '메서디스트(Methodist)'라고 불리는 집단적 경건주의 운동을 시작한다.** 1729년부터 1735년까지의 시기를 '옥스퍼드 메서디즘(Oxford Methodism)'이라고 부르기도 하는데, 외형상 경건주의의 영향을 받은 '밴드(Band)' 모임처럼 보였던 이 초기 메서디스트들은 철저한 경건생활과 더불어 옥스퍼드의

---

* John Wesley, *The Works of the Rev. John Wesley, M.A.*, Thomas Jackson, ed.(London : Wesleyan Methodist Book Room, 1829-1831 ; Grand Rapids : Baker Book, 1978), vol. 11, 367. Kenneth Collins, *A Real Christian : The Life of John Wesley* (Nashville : Abingdon, 1999), 29에서 재인용. 필자의 번역.

** 이 초기 모임에 가담했던 인물 중에는 조지 화이트필드(George Whitefield)가 있었다. '칼뱅주의를 따르는 감리교인(Calvinist Methodist)'의 대표적 인물이라고 할 수 있는 화이트필드는 후에 야외설교(Field Preaching)를 통하여 영국과 미국의 영적대부흥운동에 큰 영향을 끼쳤다.

감옥과 빈민가를 순회하며 가난한 사람들을 돕는 자선활동을 펼쳤다. 옥스퍼드 지식인의 안락한 생활을 뒤로하고 존 웨슬리가 선택한 신앙의 여정은 이제 막 식민지 개척활동이 시작된 미국의 남부 조지아 주의 선교사 생활이었다. 널리 알려진 대로 웨슬리의 미국 선교사 생활은 성공적이지 못했다. 젊은 여성과의 스캔들에 연루되어 곤욕을 치렀고,* 본인의 의사와는 달리 미국 원주민 인디언들에게 복음을 전할 수 있는 기회는 거의 없었다.

미국에서의 선교사 생활은 웨슬리 자신의 영적 상태를 뒤돌아볼 수 있는 계기가 되었다. 이러한 자기 성찰의 계기는 아우구스트 스팡겐베르크(August Spangenberg)와 같은 모라비아(체코 동부지방) 선교사들과의 만남을 통해 가능해졌다. 독일어를 사용하는 이 모라비아형제단의 철저한 헌신과 신실한 믿음을 목격하면서, 형식주의에 빠져 있는 자신의 신앙에 문제가 있음을 다시 한 번 확인하게 된 것이, 웨슬리가 선교사 생활을 통해 배운 교훈이었다. 회한과 실망을 안고 영국으로 돌아오던 웨슬리는 자신의 일기에 이렇게 고백하고 있다.

"나는 인디언들을 개종시킨답시고 미국으로 건너갔다. 오, 그렇다면 나 자신은 누가 개종시킬 수 있단 말인가? 과연 누가 어떻게 이 비신앙의 추한 마음으로부터 나를 구해줄 것인가?"**

영국으로 다시 돌아온 웨슬리는 모라비아 선교사들과의 관계를 계속 유지하였는데, 특히 1738년 피터 뵐러(Peter Böhler)와의 만남과 그가 설립한 페터 레인(Fetter Lane) 협회에서의 설교 등을 통해 모라비아 경건주의에 계

---

* 당시 18살이었던 소피아 홉키(Sophia Hopkey)와 웨슬리는 서로에게 친밀한 감정을 느끼고 있었으나 1737년 소피아가 다른 사람과 결혼하자, 그해 8월 웨슬리는 소피아의 성만찬 참여를 금지시키는 조치를 취하였다. 이 사건은 웨슬리로 하여금 미국을 떠나게 만드는 간접적인 계기가 되었다.

** John Wesley, *Journals and Diaries*, Reginald Ward and Richard Heitzenrate, ed.(Nashville : Abingdon, 1988-1995), 18 : 211. 필자의 번역.

속해서 영향을 받는다. 모라비아형제단과 더불어 영적 생활을 계속하던 웨슬리를 극적으로 변화시키는 역사적인 사건이 1738년 5월 24일 올더스게이트(Aldersgate)에서의 기도모임에서 일어났다. 이때 일어난 유명한 '올더스게이트 회심사건'에 대해 존 웨슬리는 자신의 일기에 이런 기록을 남겼다.

> 그날 저녁, 나는 올더스게이트에서 열린 모임에 망설이면서 참석하였는데 그곳에서 어떤 사람이 루터의 〈로마서 강해〉의 서문을 읽고 있었다. 저녁 9시 15분 전쯤 되었을 때, 그리스도를 믿음으로 우리 마음에 나타나는 하나님의 변화시키시는 능력에 대해 설명하다가 이상하게 내 마음이 뜨거워지는 것을 느꼈다. 내가 그리스도를 진심으로 믿고, 그리스도를 믿음으로 구원을 받으며, 나 같은 죄인에게도 구원의 확신을 주시고, 죄와 사망의 율법에서 나를 구원해주신다는 것을 느낄 수 있었다.*

이 올더스게이트에서의 회심을 통하여, '마음이 뜨거워지는' 것을 강조하는 웨슬리의 신학과 감리교회의 정신이 태동된 것이다. 웨슬리의 회심은 '믿음으로 구원을 받는다(Salvation by Faith)'는 전통적인 종교개혁자들의 신학 위에, 신실한 믿음과 동시에 성화된(Sanctified) 삶을 강조하는 웨슬리 특유의 신학이 조화를 이룬 사건이었다.**

---

* John Wesley, *Journals and Diaries*, Reginald Ward and Richard Heitzenrate, ed. (Nashville : Abingdon, 1988-1995), 18:249-250. 필자의 번역.

** 웨슬리의 신학(특히 구원론)은 1738년 7월 11일 옥스퍼드대학에서 한 설교, '믿음에 의한 구원(Salvation by Faith)'에 잘 나타나 있다.

1738년의 영적 체험 이후 웨슬리는 계속해서 모라비아 경건주의에 대해 관심을 가지고 직접 보헤미아 지역을 탐방하며, 친첸도르프 백작(Count Zinzendorf)과 면담하기도 한다. 또한 옥스퍼드 메서디스트의 일원이었던 조지 화이트필드가 1739년부터 시작한 야외설교(Field Preaching)를 메서디스트 운동의 선교방법으로 받아들이면서, 점점 자신만의 독특한 신학과 신앙집단의 면모를 갖추어나갔다.

1771년 6월 13일 발송된 존 웨슬리의 편지 수신인은 감리교회 최초의 여성 평신도 설교자인 메리 보즌켓(Mary Bosanquet)이다. 웨슬리는 이 편지에서 여성에게도 설교할 권리가 있음을 강조하고 있다.*

　　그러나 철저한 교구제로 운영되는 영국 성공회의 입장에서 볼 때, 초기 메서디스트들의 지나친 경건의 강조나 야외설교는 교구제도를 중시하는 영국의 국교에 대한 심각한 도전이었다. 특히 1740년부터 웨슬리의 주도로 시작된 평신도 설교자 제도(Lay Preaching)는 사제 중심인 영국 성공회의 근본을 흔드는 행동으로 비쳐졌다. 감리교회의 초기 역사적 관점에서 본다면, 야외설교와 평신도 설교자 제도가 시작된 1739년과 1740년부터 감리교회가 시작된 것이다. 또한 1740년은 웨슬리가 그때까지 우호적인 관계를 유지하던 모라비아형제단과의 관계를 청산하면서 독자적인 신앙노선을 걷기 시작한 해이기도 하다.**

　　모라비아형제단과 웨슬리의 신학이 결별할 수밖에 없었던 이유는, '구원의 일시적 시점(At the point of being justified)에 인간은 완전하게 성화된다

---

* 이에 대한 연구는 Paul Chilcote, *John Wesley and the Women Preachers of Early Methodism* (Metuchen : Scarecrow, 1991).

** 1740년 7월부터 웨슬리와 그를 따르던 초기 감리교인들은 피터 뵐러의 페터 레인 협회에서 탈퇴하여 파운드리(Foundery)에서 독자적인 모임을 시작하였다.

(Being entirely sanctified)'는 모라비아형제단의 구원론을 웨슬리가 받아들일 수 없었기 때문이다. 또한 웨슬리는 구원의 시점 이후 인간의 모든 죄는 사함받고 다시는 범죄를 저지르지 않는다는 모라비아형제단의 견해에도 신학적인 반대를 분명히 하였다. 역시 같은 시기인 1739년에 출간된 웨슬리의 〈값없이 주어지는 은혜 Free Grace〉는 웨슬리와 칼뱅주의 신학의 역사적 분기점이 되었다. 이 책에서 웨슬리는 칼뱅주의의 예정론과 하나님의 무조건적인 선택(Unconditional Election)과 불가항력적인 은혜(Irresistible Grace) 교리 등을 원칙적으로 반대하였다. 이런 웨슬리의 신학적인 결단은 초기 감리교인들과 뜻을 같이하던 많은 칼뱅주의자들의 이탈을 유발하였다.* 감리교회 구원론에 중요한 신학적 방향이 영국 성공회, 모라비아형제단, 그리고 칼뱅주의와의 비교 검증을 통하여 형성되던 시기였다. 이러한 웨슬리의 구원론은 1741년의 유명한 설교 〈기독교인의 완전 Christian Perfection〉을 통하여 다시 한 번 깊이 있는 통찰을 더하게 되었다.

감리교 신학이 태동하던 이 시기에 교회조직 또한 새롭게 정비되기 시작했다. 1739년부터 '연합회(The United Society)'라는 이름으로 런던에서 감리교인들의 모임이 시작되었고, 1742년부터는 속회(Class Meeting)가 처음으로 조직되었다. 이들 초기 모임의 규범이 된 〈연합회의 본질과 일반 규범〉에서는 특히 선행을 장려하는 자연법칙의 존중과 더불어 은혜의 방법(The Means of Grace)을 강조하여 기도와 성경묵상, 성만찬의 참여 등을 강조하였다. 이러한 조직체계의 정비는 1744년 최초의 감리교 연회(The Methodist Conference)를 통하여 결실을 맺게 되었다.

---

* 예를 들어, 조지 화이트필드는 〈웨슬리 목사에 대한 공개서한 : 그의 설교 '값없이 주어지는 은혜'에 답하여(A Letter to the Rev. Mr. John Wesley in Answer to His Sermon 'Free Grace')〉를 저술하여 웨슬리의 견해에 반대하였다. 이 소책자는 1740년에 저술되어 1741년에 출간되었다. 그러나 1742년 웨슬리와 화이트필드는 화해하고 협력관계를 계속 유지한다.

감리교회의 조직적인 정비는 자연히 영국 성공회와의 갈등을 유발하게 되었다. 초기의 웨슬리는 어떠한 일이 있어도 감리교회가 영국 성공회로부터 독립할 것이라고 믿지 않았다.* 그러나 영국교회의 지도자들은 감리교회의 평신도 설교자 제도를 받아들일 수 없었다. 말씀을 강론하고 성례전을 집행할 수 있는 권리는 오직 정식으로 안수받은 성공회

초기 감리교도들에 대한 영국교회의 반응은 냉담했다. 맨체스터 스크랩북(Manchester Scrapbook)에 포함되어 있는 〈Methodistical Rantipole〉이라는 제목의 삽화는 '호언장담을 일삼는 감리교도들의 모습'을 냉소적으로 묘사하고 있다

사제에게만 주어진 것이었기 때문에, 영국교회의 정식 안수절차를 밟지 않고 설교를 하거나 성례전을 집행하는 감리교회 평신도 설교자들을 그들은 받아들일 수가 없었다.

감리교회 내부에서도 이 문제로 갈등이 심화되고 있었다. 존 웨슬리의 동생 찰스가 이 평신도 설교제도를 반대하는 의견을 피력하고 연회장소를 떠나려고 하자, 존 웨슬리는 동생을 설득하기는커녕 옆에 서 있던 사람들에게 "제 동생에게 어서 모자를 주십시오"라고 하면서 동생과 이 문제에 분명한 의견차이가 있음을 강조하기도 하였다.

결국 평신도 설교자의 문제는 감리교회의 합법적인 안수문제로 비화되었다. 사실 웨슬리는 1760년대 중반까지 독자적인 안수를 시행하지 않았다. 감리교회의 독자적인 안수는 미국 식민지의 감리교회와 스코틀랜드 지역의

---

* 예를 들어, 존 웨슬리는 1758년에 〈영국 성공회로부터 독립할 수 없는 12가지 이유〉라는 소책자를 발간하기도 하였다. 심지어 그는 "만약 우리가 성공회를 떠나면, 하나님이 우리를 떠날 것이다"라고까지 말하였다.

감리교회를 위한 정책에서부터 시행되기 시작했다. 스코틀랜드와 미국에서 태동하고 있는 감리교회를 위해 직접 목사안수를 주기 시작한 것이다. 이러한 독자적인 안수시행은 1784년에 발표된 〈행동 선언문 The Deed of Declaration〉에서부터 원칙적으로 채택되었지만, 영국 내의 감리교회를 위한 독자적인 목사안수는 이보다 4년 후인 1788년부터 시작되었다. 이 중대한 변화를 이해하기 위해서 웨슬리와 런던의 영국 성공회 감독 간의 설전을 인용할 필요가 있겠다. 복음전파를 위하여 효과적인 목회자 양성을 주장하던 웨슬리가, 지나친 형식주의에 빠져 선교지 현장의 목회자 수요를 공급하지 못하는 영국 성공회의 정책을 비난하는 분노의 목소리가 잘 표현되어 있다.

저는 감독님께서 목회자 후보생들을 지나칠 정도로 열심히 심사하고 계신다는 말씀을 들었습니다. 예, 그렇습니다. 직접 그렇게 심사를 하실 테니 얼마나 힘드시겠습니까? 계속 그들을 심사하신다니! 도대체 무슨 목적으로 말입니까? 왜 목회자 후보자들이 별로 중요하지도 않은 라틴어나 그리스어를 할 수 있는지, 혹은 복잡한 신학용어를 설명할 수 있는지 그토록 어렵게 심사를 하십니까? 아아, 그런 것들이 실제 목회현장에서 얼마나 도움이 됩니까? 그들이 예수를 믿는지 심사하십니까, 아니면 지식을 숭배하는지를 심사하십니까? 하나님을 사랑하는지 심사하십니까, 아니면 세상을 더 사랑하는지를 심사하십니까? 아니면, 그들이 진정으로 천국과 지옥을 염려하는지 심사하는 것입니까? 아니면 그들이 진정으로 자신과 다른 사람을 구원하는 일에 열심인지 심사하는 것입니까? 만약 그렇지 않다면, 도대체 성공회에서 안수를 받는다는 것이 무슨 의미입니까?*

감리교회의 설립자 존 웨슬리는 25만 마일 이상을 여행하면서 4만 번 이상의 설교와 2백 권이 넘는 저술을 통하여 잠들어 있던 영국의 영혼을 깨우고자 노력하였다. 그는 1791년, "가장 좋았던 것은, 하나님이 우리와 함께 하신다는 것이다(The best of all, God is with us!)"라는 최후의 말을 남기고 운명하였다. 그의 숭고한 삶은 마음의 종교(The Religion of Heart)를 믿는 진실한 그리스도인(A Real Christian)으로서 성화된 삶을 향한 끊임없는 자기 갱신의 모습을 보여주었다. 종교개혁자들의 모토였던 '믿음을 통한 구원'의 정신이 다시 한 번 형식주의에 젖어들기 시작할 즈음, '마음이 뜨거워지는' 신앙체험을 감리교회라는 교단적 신앙 고백으로 구체화시킨 위대한 신앙의 인물이었다.

---

* John Wesley, *The Letter of John Wesley*, Vol. 7(London : Epworth, 1931), 30-31. 콜린스(Collins)의 *A Real Christian: The Life of John Wesley*, 137에서 재인용. 필자의 번역

1730-1770년 1차 영적대부흥운동

심령대부흥의 선구자
'조나단 에드워즈' 와 '조지 화이트필드'

조나단 에드워즈는 '후천년설(Postmillennialism)'에 입각해서 신생독립국가 미국이 하나님의 선택을 받은 나라임을 강조하면서 제1차 심령대부흥운동을 전개하였고, '칼뱅주의 감리교회'의 창시자로 불리는 조지 화이트필드는 감정에 호소하는 열광적인 설교와 효과적인 부흥집회의 운영으로 수많은 회중을 개종시키는 탁월한 능력을 보였다.

영적대부흥운동에 참석하고 있는 회심자들의 모습(미국 북동부 뉴잉글랜드)

18세기 중엽 동안 북미대륙의 동부에서 연쇄적으로 일어났던 제1차 심령대부흥(The First Great Awakening)운동은 계몽주의 철학이 지배하던 유럽, 특히 영국과 독일에서 동시에 진행되었다. 1730년대부터 1770년대까지 대서양을 사이에 두고 양 대륙에서 동시에 일어났던 심령대부흥운동은 합리적 이성과 도덕률로서의 기독교만을 인정하던 계몽주의의 시대정신에 대한 종교적 반발이었다. 신앙의 영적 차원을 무시하고 이성적 판단에만 의존하던 합리주의적 기독교에 반발하면서 인간의 죄된 속성을 발견하고 진정한 회개를 통한 '믿음에 의한 구원'을 주장하였던 18세기 중엽의 심령대부흥은 '가슴의 신앙(Religion of Heart)'의 역사적 실현이었다.

　미국 동북부에서 전개된 제1차 심령대부흥은 펜실베이니아와 뉴저지 지역의 장로교인들을 중심으로 시작되었다. 스코틀랜드 출신인 장로교회 윌리엄 테넷(William Tennet) 목사의 주도로 시작된 참회를 강조하는 심령부흥운동은 성만찬을 중심으로 전 회중(會衆)이 참가하는 방식으로 발전되어 갔다.* 펜실베이니아와 뉴저지 지역의 심령대부흥의 열기는 곧바로 미국의 동북부 지방인 뉴잉글랜드 지역으로 확산되었는데, 특히 이 지역에서의 심령부흥운동은 청교도들(Puritans)과 침례교인들이 주도하였다. 스코틀랜드 장로교 전통을 따랐던 펜실베이니아와 뉴저지 지역과는 달리 뉴잉글랜드 지역의 심령대부흥은 철저한 칼뱅주의 전통과 오순절의 성령체험이 동시에 나타나는 양상으로 전개되었다.

　인간의 전적인 타락과 하나님의 절대적 주권 사이에서, 죄의 값으로 받을 수밖에 없는 지옥의 형벌은 오직 철저한 회심의 경험을 요구하였다. 특히 이러한 칼뱅주의적인 방향은 제1차 심령대부흥운동을 이끌었던 조나단 에드

---

* 테넷 목사의 심령부흥운동은 뉴저지 프린스턴대학의 설립으로 이어졌다. 프린스턴 신학대학원이 프린스턴대학에서 분리되기 전에 테넷 목사의 칼뱅주의 정신은 두 학교에 지대한 영향을 미쳤다.

조나단 에드워즈(1703-1758)의 초상화

워즈의 글과 설교에 잘 나타나 있다.*

　조나단 에드워즈는 신대륙의 동북부에 거주하는 사람들이 하나님의 천년왕국을 앞당기기 위해 새로운 시대를 향한 부르심을 받았다는 사상을 가지고 있었다. 예수 그리스도의 재림이 이 땅에 임하기 전에, 백인 남성들이 반드시 성취해야 하는 역사적인 임무가 있다는 것이다. '후천년설(Postmillennialism)'이라고 불리는 에드워즈의 사상은 미국의 건국 전까지 점점 강화되었는데, 이러한 종교 이념적 발전을 주도한 것이 바로 제1차 심령대부흥운동이었다.** 그리스도의 재림을 앞당기기 위한 '기독교인의 사명감'과 미국이라는 신생독립국가의 선택의식이 결합되는 계기가 된 것이다. 이러한 시대의 흐름은 왜곡된 종말관으로 발전하기도 하였다. 보스턴의 파크 스트리트 교회(Park Street Church)의 담임목사였던 에드워드 그리핀(Edward D. Griffin) 목사는 예수 그리스도가 자기 교회가 위치한 보스턴 코먼스(Boston Commons)에서 케이프 코드(Cape Cod) 사이에 구체적으로 재림할 것이라는 주장을 펴기까지 하였다.***

---

* 가장 많이 알려져 있는 에드워즈의 설교는 '진노하신 하나님의 장중에 사로잡힌 죄인들(Sinners in the Hands of an Angry God)'이다. 이에 대한 간단한 소개와 에드워즈의 생애에 대해서는 김상근, 〈교회사를 바꾼 30명의 인물들〉(서울 : 은성출판사, 2003), 193-201.

** 소위 '전(前)천년설(Premillennialism)'은 예수 그리스도의 재림을 시작으로 천년왕국이 시작된다는 견해이며, 이와 반대로 '후(後)천년설'은 재림이 천년왕국의 마지막에 임한다는 견해이다.

*** William Hutchison, *Errand to the World : American Protestant Thought and Foreign Missions*(Chicago : University of Chicago Press, 1987), 56-57.

조나단 에드워즈와 더불어 제1차 심령대부흥을 미 동부지역 전역으로 확산시킨 사람은 영국 성공회 소속 목사이며 존 웨슬리와 함께 초기 감리교회를 이끌었던 조지 화이트필드(George Whitefield, 1714-1770)였다. 흔히 '칼뱅주의 감리교회(Calvinistic Methodism)'의 창시자로 알려져 있는 화이트필드는 감정에 호소하는 열광적인 설교와 효과적인 부흥집회의 운영으로 수많은 회중을 개종시킨 탁월한 능력의 설교자였다.

부흥사로서의 화이트필드의 능력은 단순히 열광적인 설교에만 제한되지 않았다. 18세기부터 급격히 팽창하기 시작한 식민경제의 흐름을 파악하고 새로운 인쇄매체로 떠오른 신문을 이용한 대대적인 홍보전략을 통하여 부흥집회를 상업적인 흥행과 연결하였던 그의 탁월한 판단력은 이후 미국의 부흥사들이 모방할 정도로 뛰어난 것이었다.*

심령대부흥운동의 열광주의를 반대하던 사람들은 화이트필드의 부흥회에서 일어나는 현상들에 대해 성령의 역사가 아닌 정신병적 발작증상이라고 몰아붙였다. 도덕주의를 주장하던 영국의 지식인들(British Moralists)은 이러한 열광주의의 뒷면에서 미국 식민지의 부정한 윤리환경 때문이라는 비난을 퍼부었다. 이에 대한 신학적 해석을 시도한 사람은 조나단 에드워즈였다. 그는 조지 화이트필드의 부흥회에서 나타나는 지나친 열광주의를 일단 경계하면서도 심령대부흥의 열기를 단순히 감정적 분출이나 정신이상으로 비판하는 견해에 대해서는 반대의 입장을 표명했다.

에드워즈의 입장을 간단하게 요약한다면, 심령대부흥의 열기 가운데 나타나는 환상, 입신, 기절, 방언, 예언 등의 현상은 성령의 직접적인 역사는 아니지만 충분히 일어날 수 있는 '회심의 체험 가운데 나타날 수 있는 부수

---

*화이트필드의 이러한 상업적인 부흥회 준비에 대한 연구는 Frank Lambert, *Pedlar in Divinity : George Whitefield and the Transatlantic Revivals, 1737-1770* (Princeton : Princeton University Press, 1994).

적인 현상'이라고 보았다.* 에드워즈는 진정한 '성령의 역사'는 성도의 삶 가운데 나타난다고 보았기 때문에 그의 유명한 책 〈종교적 감성〉에서 이렇게 주장하였다.

> 성령은 참된 성도의 삶 속에 거하신다. 그곳에서 가장 적절하게 마지막 거하실 곳을 찾으신다. 성령은 성도의 마음을 변화시키시며, 새로운 본성을 만들어 가시거나 성스러운 초월적인 삶과 행동으로 나타나신다. 성경에 나타나 있는 성령은 이동하실 뿐 아니라, 성도의 마음을 변화시키시며, 한 곳에 거하시며 안주하시는 분이시다(고전 3:16, 고후 6:16, 요 14:16-17). 또한 성령은 영혼의 여러 기능을 하나로 묶어주며, 새로운 인간성과 인생의 새로운 규범이 되신다. 따라서 성도의 삶이란 예수 그리스도가 그 안에 거하시는 삶이다(갈 2:20). 성령의 인도하심에 따라 예수 그리스도가 성도의 삶에 거하실 뿐 아니라, 직접 살아 역사하신다. 따라서 참된 성도의 삶은 성령에 의한 그리스도가 거하는 삶이다. 삶의 기본전제가 되는 성령께서 그들을 하나로 묶어주신다. 성도는 생수를 마실 뿐만 아니라 '영원한 생수'가 마치 그들의 영혼 가운데 메마르지 않는 우물이나 샘물이 되신다.**

---

* Ann Taves, *Fits, Trances and Visions : Experiencing Religion and Explaining Experience from Wesley to James* (Princeton : Princeton University Press, 1999), 36.

** Jonathan Edwards, *A Treatise Concerning Religious Affections* (New Haven : Yale University Press, 1959), 200. 필자의 번역.

열광주의자로 비난받기도 했던 조지 화이트필드(1714-1770)의 부흥회 장면
사팔뜨기로 그려져 있는 화이트필드의 모습에서 당시 일부 지식인들이 가지고 있던 심령대부흥운동의 열광주의에 대한 비판 의식이 드러나 있다.

조나단 에드워즈의 신학적 해석에도 불구하고 심령대부흥의 열광주의는 교단별로 다르게 받아들여지거나 배척되었다. 전통과 교구제도를 엄격히 준수하는 영국 성공회 소속 목사들과 엄숙주의를 고수하던 퀘이커들은 심령대부흥운동을 반기독교적인 열광주의라고 비난하였다. 한편 회중교회(Congregationalists)와 장로교회는 지지파와 반대파로 양분되었는데 심령대부흥에 참여한 교회는 '뉴 라이트(New Light)' 라고 불렸고, 참가를 반대하던 교회는 자신들을 '올드 라이트(Old Light)' 라고 불렀다. 심령대부흥의 열기를 통해 새로운 교단적 발전의 도약을 삼았던 교단은 감리교회와 침례교회였다.

특히 성화된 삶(Sanctification)을 강조하던 존 웨슬리와 인간의 전적인 타락과 절대적인 하나님의 은총에 의한 구원을 강조하였던 침례교인들의 신학이 심령대부흥의 정신과 일치되면서 이 두 교단이 미국의 대표적 교단으로 성장하는 기반을 마련하게 된다. 지금도 이 두 교단이 미국교회에서 가장 많은 교인 숫자를 확보하고 있음을 볼 때 미국의 건국 이전에 있었던 제1차 심령대부흥이 미친 영향을 미루어 짐작해볼 수 있다.

제1차 심령대부흥의 발달과정과 후대에 미친 종교적 영향에 대해서 서로 다른 역사적 해석이 대립하고 있다. 일부 역사가들은 미국 건국의 정신이 청교도적인 것과 상관이 없다고 주장하면서 제1차 심령대부흥운동도 미국의 초기 역사에 특별한 공헌을 한 것이 없다는 학설을 펼치고 있다. 예를 들어 존 버틀러(Jon Butler)는 제1차 심령대부흥이 역사적 사실이기보다 일부의 종교적 현상을 열광주의적으로 과장해서 해석한 것일 뿐이라는 견해를 주장하고 있다.*

---

* Jon Butler, 'Enthusiasm Described and Decried : The Great Awakening as Interpretive Fiction', *Journal of American History* 69(1982-1983), 305-325. 보다 상세한 연구는 Jon Butler, *Awash in a Sea of Faith : Christianizing the American People* (Cambridge : Harvard University Press, 1990). 최근에 출간된 버틀러의 연구는 Jon Butler, *Becoming America : The Revolution Before 1776* (Cambridge : Harvard University Press, 2000).

그러나 미국교회사뿐만 아니라 세계 기독교의 역사에서 18세기 중반에 미국에서 전개된 제1차 심령대부흥은 다방면에 걸쳐서 영향을 끼쳤다. 특히 '위대한 선교의 세기'로 불리는 19세기 동안 개신교회의 해외선교는 심령대부흥운동의 종교적인 열기를 바탕으로 확산되었다. 또한 조나단 에드워즈의 '후천년설(Postmillennialism)'에 입각한 천년왕국설은 종말의 시기에 미국이라는 새로운 나라를 선택한 것은 하나님의 섭리임을 강조하면서 "땅 끝까지 이르러 내 증인이 되라"는 예수 그리스도의 지상명령을 선택받은 미국의 백인 남성에게 자의식을 심어 주었다. 흔히 '백인 남성들의 부담감(White Men's Burden)'이라는 관용적 표현으로 요약되는 이러한 미국 백인들의 선택의식은 긍정적인 요소와 부정적인 요소를 동시에 포함한 채 19세기 세계선교를 추진해가는 역사적 원동력이 되었다.*

---

* 이런 주장을 뒷받침할 수 있는 탁월한 연구는 하버드대학의 교수였던 William Hutchison, *Errand to the World : American Protestant Thought and Foreign Missions* (Chicago : University of Chicago Press, 1987).

'개신교 선교의 아버지'로 불리는 윌리엄 캐리(1761~1834년)

영국 노샘프턴서 출생의 목사 윌리엄 캐리 묘비명에는 이렇게 씌어 있었다고 한다.
"더럽고 불쌍하고 무력한 벌레인 제가 주의 친절하신 팔에 안깁니다"

'위대한 선교의 세기'를 지나 다양하게 변모하는 현대 기독교

'위대한 선교의 세기'로 요약될 수 있는 19세기는 윌리엄 캐리의 캘커타 선교에서부터 시작되었다. 세계선교를 통해 기독교가 만난 것은 세계종교의 다양한 신앙체계였다. 타종교라는 '타자'와의 만남과 더불어, 개신교회에는 분파주의가 심화되어 갔다. 20세기로 접어들면서, 개신교회 안에서는 교단과 교파의 분열을 통해 다양한 신앙고백이 창출되었으며, 세계대전과 같은 급변하는 시대의 요청에 부응하는 신학체계가 발전되어 갔다. 1925년의 '원숭이재판'에서 과학과 종교의 충돌이라는 숙명적인 과제가 드러나기에 이르렀고, 세계교회협의회의 결성(1948년)과 제2차 바티칸공의회를 통한 가톨릭 교회의 쇄신은 시대의 흐름과 호흡을 맞추겠다는 현대교회의 중요한 선언이었다. 전통과 보수주의가 허물어지던 격동의 1960년대, 기독교는 해방신학이라는 라틴 아메리카의 신학적 반성을 통해 교회의 사회적 사명을 돌아보았으며, 교회를 떠났던 베이비 부머들의 귀환을 준비하기 위한 교회들의 발빠른 변신도 많은 사람의 주목을 받았다. 21세기 기독교는 아프리카와 라틴 아메리카를 위시한 '남반부 기독교(Southern Christianity)'의 등장과 더불어 시작되었다. 이제 기독교와 교회의 미래는 아프리카와 라틴 아메리카의 세련되지 않은 신학체계와 그들의 뜨거운 신앙에 달려 있다고 해도 과언이 아니다.

세계적인 전도사 빌리 그래함(1918~)
"사스(SARS)와 에이즈, 그리고 이라크 전쟁과 테러 등 세계는 지금 역사상 유래가 없을 정도로 어려운 시기를 겪고 있다. 그러나 우리에게는 아직 희망이 있는데 그것은 바로 우리 주님이 함께 계시다는 것이다"
— 2003년 5월 샌디에이고 대전도집회에서

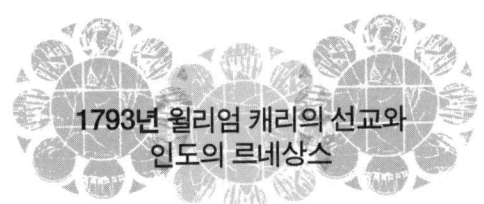

1793년 윌리엄 캐리의 선교와 인도의 르네상스

기독교 선교가 '인도의 르네상스'를 낳다

'개신교 선교의 아버지'로 불리는 윌리엄 캐리에 의해서 시작된 인도선교는 19세기 인도사회에 지대한 영향을 미쳤다. 기독교 복음을 통하여 힌두 경전을 새로운 각도로 바라보면서, 고등 종교로서 가져야 할 신학과 윤리성에 눈뜨게 되면서 라모한 라이와 찬드라 센의 '브라마사마지'를 통한 인도사회 개혁운동으로 발전하는데, 우리는 이를 19세기 '인도의 르네상스(Indian Renaissance)'라고 부른다.

'개신교 선교의 아버지' 윌리엄 캐리와 '인도 최초의 개종자' 크리슈나 팔의 모습

아메리칸 인디언들에게 복음을 전하고 있는 존 엘리엇 선교사

흔히 윌리엄 캐리를 '개신교 선교의 아버지'라고 부르지만, 캐리의 인도선교 이전에 이미 세계 도처에서 복음을 전파하던 개신교 선교사들의 눈부신 활약이 있었다.

1632년 미국 동북부 매사추세츠 지역의 장로교 선교사로 임명된 존 엘리엇(John Eliot, 1604-1690)는 그 지역에 살고 있던 이로쿼이족(Iroquois) 인디언의 언어를 습득하여 그들에게 직접 복음을 전하였고, 1651년에는 기독교로 개종한 인디언에게 최초로 세례를 베풀기도 하였다. 엘리엇 선교사는 라틴 아메리카의 가톨릭 선교사들이 선교의 수단으로 이용하였던 '신앙 집단촌'의 모델을 본받아 '기도촌(Praying Town)'을 건설하고 3,600명의 인디언 크리스천들이 집단적으로 거주하도록 하였다(1671년). 또한 엘리엇 선교사는 인디언들의 언어인 모히칸(Mohikan)어로 신약(1661년)과 구약(1663년)을 번역하는 중요한 업적을 남기기도 하였다.* 엘리엇 선교사의 뒤를 이어 뉴저지와 펜실베이니아 지역의 인디언들을 위해 활동한 선교사 중 데이비드 브레이너드(David Brainerd, 1718-1747)의 이름도 잊을 수 없다. 조나단 에드워즈가 정리하여 출간한 브레이너드의 일기는 수많은 사람들에게 깊은 감동을 주었고, 많은

---

* 존 엘리엇이 남긴 기록은 John Eliot, *A Brief Narrative of the Progress of the Gospel among the Indians in New England*(London : John Allen, 1671) ; John Eliot, *A Late and Further Manifestation of the Progress of the Gospel among the Indians in New England*(London : M. S., 1655). 존 엘리엇에 대한 연구는 Richard Cogley, *John Eliot's Mission to the Indians Before King Philip's War*(Cambridge : Harvard University Press, 1999). 조금 다른 각도에서의 미국의 초기 선교에 대한 연구는 George Tinker, *Missionary Conquest : The Gospel and Native American Cultural Genocide*(Minneapolis : Fortress Press, 1993).

젊은이들이 선교사로 헌신케 하는 계기가 되었다.*

윌리엄 캐리 이전에 활동한 유럽 출신의 18세기 개신교 선교사들은 대부분 독일 경건주의 운동의 영향을 받은 사람들이었다. 성화된 삶을 위한 개인의 회심을 강조하던 경건주의 계통의 선교사들 중 가장 유명한 사람은 덴마크 무역 상인들의 집

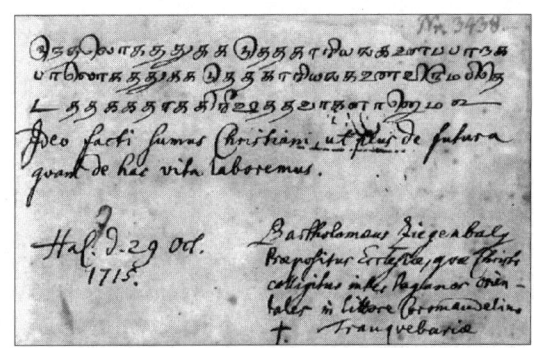

1715년 10월 29일, 타밀어와 라틴어로 기록되어 있는 바르톨로메 지겐발크의 서신

단촌이 있던 인도 남부의 트란퀘바르(Tranquebar)에서 1706년부터 활동한 바르톨로메 지겐발크(Bartholomäus Ziegenbalg, 1683-1719) 선교사이다.**

17세기 초의 위대한 예수회 선교사 로베르토 드노빌리(Roberto de Nobili)의 뒤를 이어 인도 동남부 지역에서 활동하였던 지겐발크 선교사는 인도 문화와 종교에 대한 깊이 있는 연구를 통해서 후대 선교사들에게 매우 중요한 자료를 남긴 공헌자이다.

그러나 개신교회의 본격적인 해외선교는 '선교의 아버지'로 불리는 윌리엄 캐리의 인도 캘커타 선교에서부터 시작되었다. 윌리엄 캐리가 선교사로 헌신을 결정한 동기는, 캐나다에서 프랑스 군대와의 전투에 참가했던 그의 삼촌 피터 캐리로부터 들은 무용담과 하와이와 오세아니아 지역을 탐험했던 쿡 선장(Captain Cook)의 여행기를 읽음으로써 비롯되었다. 미지의 세

---

* 한글 번역본은 조나단 에드워즈 편, 〈데이비드 브레이너드의 생애와 일기〉(서울 : 크리스챤다이제스트, 1984).
** 선교역사학자 스테판 닐은 지겐발크의 5가지 선교정책을 요약하였다. (1) 교회와 학교를 함께 선교의 도구로 이용한다. (2) 성경을 토착어(타밀어)로 번역한다. (3) 선교지 지역주민의 정서를 먼저 이해한다. (4) 개인적인 회심이 우선한다. (5) 인디언 자체 선교사를 배출하는 것을 목표로 한다. Stephen Neill, *A History of Christian Missions* (London : Penguin Books, 1964), 195-196.

계에 대한 막연한 동경심과 더불어 철저한 칼뱅주의 신앙을 가졌던 캐리는 6년간 노샘프턴셔의 침례교회 목사로 있으면서(1787-1793년) 동료 목회자들과 함께 침례교 선교단체의 설립을 구상한다. 결국 그의 유명한 선교논문인 〈이방인의 개종을 위해 적절한 수단을 사용해야 하는 그리스도인의 의무에 대한 고찰 An Enquiry into the Obligations of Christians to Use Means for the Conversion of the Heathens〉이 1792년에 발표되면서 개신교회 역사상 최초로 종합적인 해외선교에 대한 신학적 방향이 설정된 것이다. 캐리의 주도하에 설립된 이 침례교 최초의 선교단체(Particular Baptist Society for Propagating the Gospel amongst the Heathen)는 나중에 침례교 선교협회(Baptist Missionary Society)로 발전하였으며, 19세기 초에 등장한 많은 해외선교단체의 효시가 되었다.

윌리엄 캐리는 1793년 덴마크의 상선을 이용하여 같은 해 6월 12일 인도 동북부 캘커타 지역에 도착하였다. 상업적인 이익을 위하여 인도에 설립되어 있던 영국의 동인도회사(East India Company)는 캐리의 인도선교에 대해 매우 부정적인 입장을 취하고 있었기 때문에, 캐리의 초기 선교활동은 많은 어려움이 뒤따랐다. 경제적인 어려움도 캐리의 선교사역에 많은 지장을 초래하였다. 결국 캐리는 무드나바티(Mudnabatty)에서 농장 지배인으로 취직하여 생계를 유지하면서 벵골어로 성서를 번역하는 작업에 몰두한다. 기대했던 것과는 달리 1800년에 이르러서야 최초의 개종자인 크리슈나 팔(Krishna Pal)에게 세례를 베풀 수 있었다.

그의 인도선교는 수많은 어려움 속에서 진전되었다. 특히 1812년에는 선교사 숙소에 화재가 발생하여 오랜 기간 동안 준비하여 왔던 성서번역 원고가 모두 불타는 심각한 타격을 입기도 했다. 캐리의 인도 캘커타 선교에서 특이한 점은 소위 '세람포르 삼총사(Serampore Trio)'라고 불리던 윌리엄 워드(William Ward), 조슈아 마시맨(Joshua Marshman), 그리고 리더격이었던 윌리엄 캐리 간의 협력선교였다는 것이다. 그들의 성격과 재능은 각기 달랐지만 캐리를 중심으로 서로 협력하면서 효과적인 선교활동을 펼쳐 후대 선교사들의 귀감이 되었다.

윌리엄 캐리를 중심으로 하는 세람포르의 침례교 선교사들이 성서번역 사업을 중심으로 하는 인도선교를 지향했다면, 스코틀랜드 교회에서 최초로 인도로 파송된 선교사였던 알렉산더 더프(Alexander Duff, 1806-1878)는 '교육선교(Educational Mission)'를 인도선교 현장에 적용하여 대대적인 성공을 거두었던 인물이다.

1829년 스코틀랜드 교회로부터 최초로 해외선교사로 파송된 알렉산더 더프는 두 번의 침몰사고를 겪으며, 1830년 인도 캘커타에 도착하였다. 라모한 라이(Rammohan Ray)와 같은 인도의 진보적인 개혁파 지식인들의 조언을 듣고 더프는 당시로서는 혁신적인 영어를 공용어로 사용하는 대학을 인도의 선교현지에 설립하였다. 영국 식민정부 관리와 동인도회사의 극렬한 반대도 있었고, 인도의 성스러운 종교언어인 산스크리트어의 보존을 주장하던 인도 보수파 지식인들의 반발도 있었지만, 더프에 의해 시작한 영국식 대학교육은 3년 만에 성공적이며 효과적인 선교방식으로 인정되었다.

더프의 교육선교는 철저한 기독교 정신에 기초한 것이었다. 모든 교과과정의 기본이 되는 것은 물론 성서의 내용이었는데, 이를 통해서 인도 지식인들이 간접적으로나마 기독교의 영향을 받게 하는 데 목적을 두고 있었다. 비록 영어를 공용어로 사용하는 교육선교를 주장하던 더프였지만, 그는 인도 사회를 지배하고 있는 종교와 문화를 무시하는 제국주의적인 선교정책에 반대한 인물이었다. 더프가 남긴 인도 종교와 문화 연구는 아직까지 학계에서 그 중요성을 인정받고 있다.* 더프의 교육선교를 시작으로 영국과 유럽의 선교사들이 19세기 인도의 종교와 사회에 지대한 영향을 미치기 시작했다. 인

---

* Alexander Duff, *India and Indian Missions, Including Sketches of the Gigantic System of Hinduism Both in Theory and Practice* (Edinburgh : J. Johnstone, 1839).

인도 사회개혁 단체인 '브라마사마지'를 결성한, '근대 인도의 아버지' 라모한 라이

도에서 오랫동안 계속되던 무굴제국의 이슬람 통치가 마감되어 가던 시점에서 유럽의 문명과 기독교가 인도사회에 또 다른 대안으로 제시된 것이다. 그렇다면 인도사람들은 기독교와 유럽문명의 도전을 어떻게 받아들였을까?

유럽의 기독교에 제일 먼저 반응한 인도의 지식인은 '근대 인도의 아버지'로 불리는 라모한 라이(Rammohan Ray, 1772-1883)였다. 라모한 라이는 산스크리트어와 아랍어에 정통한 언어학자였을 뿐 아니라 힌두교, 이슬람교, 불교, 기독교의 역사와 신학에 조예가 깊은 진보적인 인도 지식인이었다. 그는 1828년 캘커타에서 '브라마사마지(Brahmo Samaj)'라는 종교사회 개혁단체를 결성하였다. 전통 힌두교의 경전인 베다(Veda)의 정신으로 돌아가서 엄격한 신본주의 신앙을 가질 것과 이성과 합리성에 근거를 둔 인도 종교와 사회의 개혁운동을 위해 결성된 단체였다. 영국 선교사들과 자주 접촉하면서 기독교와 유럽문명의 이성적인 측면에 주목하였던 라모한 라이는 인도종교에 만연해 있던 미신적 요소를 타파하고 인도의 근대화를 이끌기 위하여 여러 가지 개혁안을 제시하였다.* 심지어 그는 영국의 식민정부가 채택한 영어 공용화 정책을 지지하고 자신이 직접 영어를 공용어로 사용하는 학교를 설립하기도 하였다.

'브라마사마지'는 라모한 라이가 영국 여행중 사망함으로 인하여 진보

---

* 라모한 라이는 벵골 지역에서 활동하던 침례교 선교사들과 긴밀한 접촉을 하면서 벵골어로 신약성서를 번역하는 데 참여하기도 하였다. 그러나 1820년 라모한 라이가 〈예수의 교훈 : 신약성서에서 발견하는 평화와 행복을 위한 가이드(*The Precepts of Jesus : The Guide to Peace and Happiness Extracted from the Books of the New Testament*)〉를 출간한 이후 선교사들과의 관계가 악화되었다. 예수의 신성이나 기적에 대해 부정적인 견해를 가졌던 라모한 라이는 신약성서의 윤리적 측면을 강조하였다.

단체로서 존립 위기에 놓이게 된다. 그러나 유명한 타고르 가문의 도움과 협력으로 19세기 중반 동안 명맥을 유지하였다. 1857년에 이르러 '브라마사마지'는 새로 가입한 젊은 지도자로 인하여 새로운 전성기를 맞는다. 열정적인 조직운영과 탁월한 언변으로 새롭게 '브라마사마지'를 이끌었던 사람은 찬드라 센(Keshab Chandra Sen)이었다.

찬드라 센의 조직운영은 주로 혁신적인 사회개혁 운동과 연결되었다. 여성을 정식회원으로 받아들이고 여성의 재혼을 합법화하고 축첩제도의 폐지를 주장하는 등 혁신적으로 인도사회의 개혁을 이끌어갔다. 찬드라 센의 혁신적인 개혁운동이 '브라마사마지'를 순수한 종교운동으로 발전시키기를 원하던 원로회원들과의 갈등으로 발전하자, 찬드라 센은 1867년 새로운 개혁단체를 구성하고 '브라마사마지'로부터 독립을 선언한다.

라모한 라이와 찬드라 센의 혁신적인 인도사회 개혁운동은 당시 벵갈 지역에서 왕성한 선교활동을 벌이고 있던 영국 선교사들의 영향을 받았다. 이들 인도의 개혁자들은 서양 철학과 기독교의 이성주의(Rationalism)가 어떻게 하면 인도의 힌두문명 속에서 정착될 수 있을지 씨름하였다. 흔히 '인도의 르네상스'로 불리는 19세기의 종교개혁 운동은 기독교의 자기 이해에도 공헌한 바 크다. 특히 예수 그리스도가 아시아적 영성을 가졌음을 강조하면서 아시아의 종교들은 상호 대립이나 투쟁이 아니라 공존과 상호 존중의 종교환경을 이끌어가야 한다고 주장했던 찬드라 센의 주장은 다종교 문화권에 살고 있는 대다수의 아시아 사람들에게 기독교 이해에 대한 시대를 앞선 교훈을 남겼다.*

브라마사마지의 개혁을 선도한, 찬드라 센

비록 영국 선교사들의 직접적인 영향은 받지 않았지만 '브라마사마지' 이후, 19세기 중반부터 인도사회에서 전개된 종교개혁 운동의 성향도 일정부분 기독교와 유럽문명에 대한 인도종교의 반응이었다고 볼 수 있다. 특히 다야난다 사라스와티(Dayananda Saraswati, 1824-1883)에 의해 조직된 '아르야사마지(Arya Samaj)'와 라마크리슈나(Ramakrishna, 1836-1886)에 의해 시작된 '라마크리슈나 미션(Ramakrishna Mission)'이 대표적인 예이다. 힌두교의 신비주의 영향권 아래에서 이슬람과 기독교의 계시적 차원의 종교성까지 포괄하였던 라마크리슈나의 새로운 종교운동은 비베카난다(Vivekananda, 1863-1902)의 활기찬 포교활동으로 전 세계에 소개되었다.

윌리엄 캐리에 의해 시작된 인도선교는 알렉산더 더프의 영어 공용화 정책과 서구식 고등교육을 통하여 19세기 인도사회에 지대한 영향을 미쳤다. 전통적인 인도사회에서 극심한 신분상의 차별을 받던 천민들(Dalits)과 여성들에게 서구식 교육의 기회가 제공됨으로써 인도사회를 지탱하고 있던 카스트 제도가 새로운 도전에 직면하기도 하였다. 그러나 캐리와 더프의 선교는 인도 지식인들로 하여금 자기 문화와 전통에 대한 자각을 일깨우는 계기가 되는 가장 중요한 결과를 초래하였다. 기독교의 복음을 통하여 자신들의 힌두 경전을 새로운 각도로 바라보면서, 고등 종교로서 가져야 할 신학과 윤리성에 대한 자각이 일어난 것이다. 또한 이들의 자각은 고루한 전통에 사로잡혀 있던 인도사회에 대한 개혁운동으로 발전되어 갔는데, 이를 우리는 19세기 '인도의 르네상스(Indian Renaissance)'라고 부른다. 라모한 라이와 찬드라 센의 '사마지'를 통한 인도사회 개혁운동이 그 대표적인 경우라고 볼 수 있다. 인도 문명과 사회에 대한 이들의 자각은 유럽 선교사들과의 긴밀한 협력을 통해 일어났다.

---

* 찬드라 센은 1866년 5월 5일 콜카타(Kolkata)에서 행한 연설 '예수 그리스도는 아시아 사람이 아니었던가?(Was Not Jesus Christ an Asiatic?)'에서 이 문제를 상세히 언급하였다. 찬드라 센의 연설문은 Keshub Chunder Sen, *Keshub Chunder Sen's Lectures in India* (London : Cassell, 1901)에서 찾을 수 있다.

19세기 위대한 선교의 세기

유럽 제국주의의 팽창과 더불어
'위대한 선교의 세기' 도래

19세기 동안 서구교회의 해외선교는 유럽 제국주의의 팽창과 더불어 전성기를 맞이하지만, 선교사들이 '서구 제국주의의 사냥개'로 비판받기도 하였다. 또한 '백인 남성의 책무'라는 시대정신이 고양되면서 하버드, 예일, 프린스턴 대학교에서 수학하던 최고의 남성 지식인들이 해외선교에 자원함으로써 기독교 선교의 전성기를 맞게 되었다.

19세기 후반 중국에서 활동한 중국내륙선교회(China Inland Mission)
소속 선교사 딕슨 호스트(Dixon Hoste)의 모습

예일대학교의 교회사 교수였던 라투렛 박사는 19세기를 기독교 역사에서 가장 위대한 선교의 세기(Great Century of Mission)였다고 규정한 바 있다.* 해외선교에 눈을 뜬 유럽과 미국 교회가 평신도 중심의 초교파 선교단체의 활동을 통하여 세계 각국에 해외선교사를 경쟁적으로 파송하면서, 기독교가 세계종교로서의 초기 면모를 갖추기 시작한 시기였다. 해외선교의 열기와 더불어 동시에 진행된 서구 제국주의의 반인륜적 범죄와 타락은 기독교 선교역사의 암울한 시대를 열기도 하였다. 노예매매가 그 대표적인 예이다. 세계복음화를 위한 맹렬한 선교사업이 서구 식민주의와 동시에 진행되면서 기독교 역사의 자랑스러움과 부끄러운 일면이 동시에 나타났던 격동의 19세기를 조망해보기로 한다.

18세기 동안 가톨릭 교회의 해외선교 열기는 침체되어 있었다.** 16세기부터 가톨릭 교회의 해외선교를 선두에서 이끌었던 예수회(Society of Jesus)가 강제 해산된 것이 직접적인 영향이라면, 당시 유럽의 사상계를 지배하던 계몽주의 정신은 간접적으로 가톨릭 교회의 해외선교에 부정적인 영향을 미치고 있었다. 당시 유럽의 철학자들은, 아프리카 정글에 거주하는 원주민들이 서구 문명에 오염되지 않은 순수한 '백지상태(tabla rasa)'의 영혼을 가지고 있다면, 왜 기독교라는 생소한 유럽의 종교를 그들에게 소개해야 하는지에 대한 낭만주의적인 의문을 제기하고 있었다. 합리주의에 근거한 이들의 계몽주의 철학은 해외선교의 당위성에 대한 이론적인 반론으로 받아들여졌다.

중국과 인도에서 진행되었던 전례논쟁(Rites Controversy) 역시 가톨릭 교회의 선교를 위축시키는 결과를 가져왔다. 기독교 복음이 선교현지에서

---

* Kenneth S. Latourette, *A History of the Expansion of Christianity*, vols. 4-6(New York : Harper & Row, 1941).

** 이 시기 동안의 가톨릭 교회의 선교역사는 A. Camps, 'The Catholic Missionary Movement from 1789 to 1962', in F. J. Verstrelen, et al., eds., *Missiology : An Ecumenical Introduction*(Grand Rapids : William B. Eerdmans, 1995), 229-236.

토착화되는 것에 대한 가톨릭 교회의 신학적 반대는 선교현지에 자체적인 교회를 세우고 원주민에게 그 교회 운영의 책임을 맡기려 했던 현지 선교사들에게 큰 혼란을 초래하였다. 선교현지의 문화에 대한 연구와 현지인 교회 지도자 양성을 강조하던 가톨릭 선교국(The Congregation for the Propagation of the Faith)의 선교정책은 번번이 포르투갈과 스페인의 식민지 정책과 충돌하였고, 특히 노예매매의 합법성을 둘러싼 교회와 국가 간의 논쟁은 해외선교의 큰 장애물이었다.

19세기에 접어들면서 가톨릭 교회는 점차 해외선교를 재개하기 시작했는데, 역시 이런 변화의 계기는 1814년 교황 비오 7세에 의한 예수회 재건 결정에 힘입은 바 크다. 그러나 19세기 세계선교는 윌리엄 캐리의 인도 선교를 시발점으로 개신교회에 의해 주도되었다.

개신교회가 19세기 해외선교를 주도할 수 있었던 역사적 배경에는, 이성(理性) 중심의 계몽주의와 도덕적 범위 내에서의 기독교 이해에 반대하였던 18세기의 영적대부흥운동이 있었기 때문이다. 그리스도를 구주로 고백케 하는 개인의 회심을 강조하던 개신교회의 간결한 신학은 선교지 원주민들에게 보다 접근하기 쉬운 '마음의 종교(Religion of Heart)'로 받아들여졌다. 전통적 사회체제의 붕괴와 급격한 유럽 제국주의의 유입에 따른 경제질서의 재편으로 인한 빈부의 격차는 선교지 원주민들에게 기독교를 새로운 희망의 종교로 받아들일 수 있는 요소로 작용했다. 이 시기에는, 기독교가 유럽의 진보된 문명과 함께 소개됨으로써 복음과 유럽문명이 혼동을 일으키는 부작용도 낳았다.

윌리엄 캐리의 인도 캘커타 선교에서부터 시작된 현대 개신교회의 선교는 19세기 초반 선교단체의 구성과 더불어 활기를 띠기 시작했다. 최초로 설립된 침례교선교회(BMS, 1792년)를 위시하여, 초교파 선교단체였던 런던선교회(London Missionary Society, 1795년), 미국 국제선교 본부(ABCFM : American Board of Commissioners for Foreign Missions, 1810), 바젤선교회, 영국 성공회 선교국(Church Missionary Society) 등이 순차적으로 결성되었다.*

19세기 동안 활발하게 전개된 서구교회의 해외선교는 유럽 제국주의의 팽창과 시대적으로 맞물리면서 선교와 제국주의의 밀착에 대한 비판이 일어났다. 참혹하고 무자비한 식민통치가 시작되는 곳에 언제나 교회가 먼저 세워졌기 때문에, 선교사들이 '서구 제국주의의 사냥개'로 비판받기도 하였다. 특히 아프리카 서해안 지역에서 활발하게 전개되었던 노예매매는 기독교인의 신앙 양심의 문제로 떠올랐다.** 퀘이커 교도들과 감리교회의 초기 지도자들에 의해 노예매매제도의 반기독교성에 대한 분명한 지적이 있었지만, 영국의 복음주의자였던 윌리엄 윌버포스(William Wilberforce, 1759-1833)를 중심으로 한 클래펌파(Clapham Sect)의 노예제도 폐지운동의 결과로 1807년에 노예매매가 영국법으로 금지되었으며,*** 1838년에는 노예제도 자체에 대한 위법성이 공식적으로 제도화되었다.

반인륜적이며 비기독교적인 노예제도를 폐지하기 위한 윌버포스의 노력은 영국 하원을 중심으로 전개되었다. 무려 11차례의 노예제도 폐지결정 반대가 있었지만, 윌버포스의 줄기찬 노력을 통해 1807년 마침내 노예매매제도에 대한 위법성이 법으로 채택되었다. 윌버포스와 클래펌파의 노력은 박

---

* CMS의 역사에 대한 최근의 연구는 Kevin Ward and Brian Stanley, eds., *The Church Mission Society and World Christianity, 1799-1999* (Grand Rapids : William B. Eerdmans, 2000). BMS의 역사에 대해서는 Brian Stanley, *The History of the Baptist Missionary Society, 1792-1992* (Edinburgh : T. & T. Clark, 1992).

** 아프리카 노예제도의 역사에 대해서는 James Pope-Hennessy, *Sins of Fathers : The Atlantic Slave Traders, 1441-1807* (London : Phoenix Press, 1967).

*** 클래펌파(Clapham Sect)는 웨스트민스터 인근의 작은 마을에 살았던 영국 성공회의 상류층 복음주의자들을 말한다. 19세기 영국의 박애주의 정신을 대표하는 집단이라고 볼 수 있다.

애주의와 복음주의 신앙에서 출발한 것이었다. 감리교회의 설립자 존 웨슬리의 마지막 편지에도 노예제도의 폐지를 촉구하는 내용이 담겨 있는데, 이 편지는 영국 하원에서의 노예제도 위법결정을 지지하기 위해 윌버포스에게 쓰여진 것이었다.

계몽주의 철학에 자주 등장했던 '고귀한 야만인(Noble Savages)' 이론은 기독교 해외선교에 지대한 영향을 끼쳤다. 미지의 세계에서 원시 시대의 생활관습과 함께 '자연의 상태'로 살고 있는 원주민들은 문명의 타락이라는 부정적인 영향을 받고 있지 않기 때문에, 비록 그들이 야만적인 생활을 하고 있지만 정신만은 '고귀한' 존재들일 것이라는 낭만주의적인 견해

포르투갈에 의해 주도되었던 아프리카 노예매매는 유럽 기독교인들의 참회의 제목이다. 아메리카 대륙의 식민주의자들은 아프리카 노예들을 착취하여 엄청난 경제적 이득을 취하였다. 위 사진은 현존하는 희귀한 노예선의 모습을 담고 있다.

였다. 사실 이러한 '고귀한 야만인' 이론은 미지의 세계에 대한 불확실성과 유럽문명의 오염에 대한 경계심에서 출발한 것으로, '자기 자신을 규정하고 보호하기 위한 타자(Others)에 대한 낭만주의적 해석'이었다. 다른 문화나 인종에 대한 배려에서 출발한 것이 아니라, 막연하게나마 타자를 규정하기 위한 도구에 불과하였다. 이러한 '고귀한 야만인' 이론은 서구 선교사들에게 낭만주의적인 선교정책을 채택하는 데 영향을 미치기도 하였다.

그러나 칼뱅주의 선교신학의 기본인 인간의 전적 타락(Absolute Corruption of Humanity)의 강조는 이 '고귀한 야만인' 이론과 정면으로 충돌하였다. 해외선교 정책의 결정과정에서 현지인에 대한 신학적 이해는 매우 중요한 선결과제였다. 선교대상이 '백지상태'와 같은 고귀한 심성을 가진 인간인지, 아니면 하나님의 절대적인 은총이 필요한 타락한 존재인지에 대한

판단이 선 상태에서만이 그들을 위한 선교정책을 펼 수 있기 때문이었다.

특히 당시 미국 북동부에 거주하는 백인 남성 지식인 사회에서는 하나님으로부터 부여받은 고귀한 의무인 '백인 남성의 책무(White Men's Burden)'라는 시대정신이 널리 확산되고 있었다. 백인 남성은 세계의 다른 '열등한' 인종들을 계몽하고 그들에게 복음을 전해야 하는 소명을 받았다는 견해이다. 하나님으로부터 새로운 세계를 만들기 위해 부름받았다는 백인 남성들의 자의식과 선택의식 또한 해외선교의 열풍에 많은 영향을 미쳤다. 특히 하버드, 예일, 프린스턴 대학교에서 수학하던 최고의 남성 지식인들이 이러한 '백인 남성의 책무'라는 시대정신에 고양되어 해외선교에 자원함으로써 기독교 선교의 전성기를 맞게 되었다. 이러한 백인 남성 지식인들의 선교자원은 '학생 선교자원운동(Student Volunteer in Mission)'으로 확산되어 20세기 초반까지 왕성한 선교활동을 벌였다.

19세기 동안 활발하게 진행된 해외선교의 또 다른 특징은 평신도 중심의 에큐머니컬적 색채를 가지고 있었다는 것이다. 근대 에큐머니컬 운동의 기원은 19세기 해외선교의 현장에서 출발한다. 한 선교지역에 여러 교단의 선교사들이 몰려 과다한 경쟁을 할 경우 발생할 수 있는 잡음을 없애고, 교단 선교사들간의 상호 협력을 통한 선교지역 분할협정(Mission Comity Agreements)을 체결하기도 하였다. 또한 각 교단의 선교사들이 함께 참여하는 선교대회(Mission Conference)를 통하여 선교현장의 도전과 현안 문제를 함께 협의함으로써 경쟁적 관계에 있던 교단간의 화목을 다지는 계기가 되었다.

20세기 아주사에서 시작된
오순절 운동

'미국의 예루살렘'으로 불렸던 아주사 거리

오순절(Pentecostal) 운동에 대한 이해 없이 20세기 기독교의 역사를 설명하는 것은 불가능하다. 오순절 운동은 1900년 12월 31일 밤, 베델성서학교의 한 여학생이 중국어로 방언기도 하는 것을 계기로 비롯되었다. 이후 1906년 로스앤젤레스에서 시모어의 설교를 듣던 회중이 집단적으로 성령체험과 방언을 한다는 소문이 나돌면서, 아주사 거리는 성령세례와 방언이 터져나오는 20세기의 예루살렘으로 알려지게 되었다.

20세기 오순절 운동의 시발점이자, 성령세례가 임한
'미국의 예루살렘'으로 불렸던 아주사 거리의 교회

1900년 12월 31일 밤, 감리교 목사 찰스 파함(Charles Parham)은 캔자스 주의 작은 도시 토페카(Topeka)에서 자신이 교장으로 있던 베델성서학교의 학생들과 함께 철야기도를 드리고 있었다. 파함 목사와 학생들은 성령체험의 궁극적인 열매는 방언의 은사라고 확신하고 있었기 때문에, 한 해의 마지막 밤을 철야기도를 드리며 간절한 마음으로 방언의 은사를 간구하고 있었다. 그날 밤, 베델성서학교의 여학생이었던 아그네스 오즈만(Agnes Ozman, 1870-1937)이 파함 목사의 안수를 받고 처음으로 방언기도를 시작했다. 오즈만의 당시 방언기도는 중국어로 알려져 있으며, 그녀는 이날부터 3일 동안 영어로는 아무런 대화도 할 수 없었다고 한다. 이날에 일어났던 작은 사건을 통해 20세기 기독교의 중요한 흐름을 형성한 오순절(Pentecostal) 운동이 시작되었다.*

찰스 파함 목사가 운영하던 베델성서학교의 모습

파함 목사는 이듬해 토페카의 베델성서학교를 폐교하고 자신의 오순절 신앙을 널리 전파하기 위하여 텍사스 주 휴스턴에 새로운 교단 본부와 성경학교(The Bible Training School)를 설립했다. 당시 미국의 모든 학교들은 백인 학교와 흑인 학교로 완전히 분리되어 있었는데, 파함 목사의 성경학교 역시 백인들만을 위한 교육기관이었다. 그런데 1905년 어느날, 작은 키에 홍역

---

* Vinson Synan, *The Holiness-Pentecostal Tradition : Charismatic Movements in the Twentieth Century* (Grand Rapids : William E. Eerdmans, 1997), 91.

으로 한쪽 눈을 잃어 보기에도 험상궂은 한 흑인 학생이 파럼의 성경학교를 찾아왔다. 이 흑인 학생의 이름은 윌리엄 세이머(William J. Seymour, 1870-1922)였다. 파함 목사는 이 가난한 흑인 학생에게 공부할 수 있는 기회를 주고 싶었지만, 당시 백인과 흑인이 함께 공부하는 것이 법으로 금지되어 있었기 때문에, 세이머로 하여금 복도에 의자를 놓고 앉아서 창문 너머로 진행되는 백인 학생의 수업에 참여하도록 배려했다.

세이머는 미국의 남부 루이지애나 주 출신이었지만 인디아나폴리스로 이사온 이후부터 감리교회에 출석하면서 존 웨슬리의 성화(Sanctification)의 신앙에 대해 많은 관심을 가지게 되었다. 파함 목사를 통해서 세이머가 배운 것은 기독교인의 성화는 성도들의 '윤리적인 삶의 실천'으로 나타나지만, 이것으로는 부족하다는 것이다. '구원의 확신'이 성도의 변화된 삶의 첫 번째 징표라면, 두 번째 변화의 증거는 성도의 윤리적인 삶의 실천이다. 그러나 진정으로 변화를 경험한 성도의 삶의 징표에는 세 번째 단계가 있는데, 이것이 파함 목사가 주장하는 바로 '성령세례(The Baptism of the Holy Spirit)'라는 것이다. 세이머에게 전수된 파함의 오순절 신앙의 핵심은 이 세 번째 성령세례에 있다. 파함 목사에 의하면 방언의 은사야말로 이 세 번째 징표의 구체적인 상징인 것이다.

우연히 파함 목사의 성경학교를 방문중이던 한 로스앤젤레스 흑인 여성의 소개로 세이머는 1906년 로스앤젤레스의 한 교회를 섬기는 설교자로 초빙을 받게 된다. 세이머가 처음 로스앤젤레스에 도착하여 성령세례와 방언의 은사를 강조하는 설교를 시작하자 많은 반발이 일어났다. 공교롭게도 세이머의 임시숙소는 그의 오순절 신앙을 반대하는 교인의 가정집이었다. 그런데 바로 그 반대파 교인의 집(214 Bonnie Brae Street)에서 놀라운 오순절의 사건들이 일어나기 시작했다. 1906년 4월 9일, 그 집의 거실에서 함께 기도하던 8명이 집단적으로 성령체험과 방언의 은사를 경험한 것이다. 나중에 세이머의 아내가 된 제니 무어(Jennie Moore)는 이때 방언의 은사를 경험하

1907년에 찍은 아주사 거리 리더들의 사진이다. 앞에 앉아 있는 흑인이 윌리엄 세이머이고, 뒷줄 왼쪽에서 세 번째 서 있는 여성이 세이머 목사의 부인 제니 무어이다.

여 히브리어로 찬송을 불렀다고 전해진다. 초대교회에 임했던 오순절 성령의 역사가 로스앤젤레스에서 재현되고 있다는 소문이 꼬리를 물고 이어지면서, 세이머가 설교하던 교회의 교인 숫자가 점점 늘어나기 시작했다. 그래서 늘어나는 교인들을 수용하기 위해 아주사 거리(Azusa Street)의 버려진 감리교회 빌딩에 새로운 예배처소를 마련하였다. 이것이 '아주사의 기적'으로 알려진 20세기 오순절 운동의 출발점이 되었다. 1909년까지 3년 동안 계속된 은사집회를 통해 아주사 거리는 성령세례와 방언이 터져나오는 20세기의 예루살렘으로 알려지게 되었다. 당시 아주사 거리의 은사집회를 방문했던 〈로스앤젤레스 타임스〉의 기자는 다음과 같이 보도했다.

> 부흥집회는 산페르로 거리 인근에 위치한 아주사 거리의 허름한 빌딩에서 열리고 있었다. 그 예배에 참석한 이상한 교리를 신봉하는 그 사람들은 매우 기괴한 형태로 예배를 드리고 있었다. 설교는 위험한 내용을 담고 있었고, 미쳐 날뛰는 것 같은 아주 독특한 형태의 예배였다. 몇 명의 백인들과 함께 대다수의 흑인들로 구성된 회중들이 밤이 되면 부르짖으며 예배드렸기 때문에 많은 동네의 사람들에게 경원의 대상이 되었다. 그들은 밤마다 전후좌우로 오가며 신경을 곤두서게 하는 기도를 몇 시간씩 계속하였다. 그들은 '방언의 은사'를

> 받았다고 주장하면서 그 이상한 중얼거림을 자기들은 정확하게 무슨 뜻임을 안다고 주장하였다.*

〈로스앤젤레스 타임스〉의 기사는 아주사 거리에서 일어나고 있던 세이머 목사의 은사집회에 대해 상당히 부정적이었다. 이 기사의 마지막은 아주사 거리의 예배에 참석하고 있던 한 사람의 경고와 예언으로 끝을 맺고 있다. 그는 로스앤젤레스 사람들이 만약 자신들의 성령세례를 받아들이지 않는다면, 참혹한 재앙(Awful Destruction)이 임할 것이라고 주장하였다. 이 기사가 나간 바로 다음날, 로스앤젤레스가 아니라 샌프란시스코에 대지진(1906년 4월 19일)이 일어났다. 혹자는 이를 우연의 일치였다고 생각했지만, 아주사 거리의 은사집회에 참석하고 있던 많은 사람들에겐 자신들의 신념을 더욱 굳히는 계기가 되었다. 이때부터 아주사 거리는 20세기의 성령이 임한 '미국의 예루살렘'으로 불리기 시작했으며, 전 미국뿐만 아니라 세계 각국의 기독교 지도자들의 순례지가 되었다. 1928년 봄에 한국에 도착하여 오순절 운동을 한국 기독교에 소개한 매리 럼지(Mary Rumsey) 여사도 1907년에 아주사의 집회에 참석하여 방언의 은사를 받은 사람이었다.**

방언의 은사를 성령체험의 열매로 간주하는 아주사의 오순절 운동을 가장 먼저 반대했던 그룹은 은사를 중요시하던 성결파(Holiness Movement) 계열의 교회 지도자들이었다. 아주사 거리에서 시작된 20세기 오순절 운동의 첫 위기는 감리교와 웨슬리의 전통을 따르는 성결파 계열과 '갈보리에서

---

* Los Angeles Times, 1906년 4월 18일자 제1면 기사.
** Vinson Synan, 위의 책, 140.

일리노이 주의 카르타지(Carthage) 변두리에서 진행중인 텐트 집회 전경(1903년)

종결된 예수 그리스도의 구원의 은총'을 강조하는 침례교와 칼뱅주의 계열 간의 분열이었다. 사실 미국의 초기 성령 은사운동은 감리교회의 창시자 존 웨슬리의 '성화(Sanctification)'의 신학에서 출발한다. '구원의 확신'이 하나님을 믿는 사람에게 주시는 첫 번째 선물이라면, 성화라는 두 번째 은사도 역시 중요하다는 웨슬리의 신학은 방언의 은사 등을 동반하는 '성령세례'에 대한 기대로 확대되었기 때문이다. 19세기 미국 감리교회와 침례교회의 대부흥을 이끈 텐트 집회(Tent Meeting)는 이러한 두 번째 은사에 대한 갈망과 밀접한 연관을 가지고 있다.

그러나 이런 웨슬리안 전통을 따르는 오순절 신앙은 갈보리 십자가에서 완성된 예수 그리스도의 단일회적인 구속의 은총을 강조하는 칼뱅주의와 침례교 계통의 성령세례파로부터 도전을 받게 된다.* 결국 이러한 신학 노선의 차이는 초기 오순절 운동을 분열시키는 결과를 초래하였다. 아칸소 주의 핫 스프링스(Hot Springs)에서 열린 오순절 총회에서 칼뱅주의와 침례교 전통을 따르는 '하나님의 성회(The Assemblies of God)'가 기존의 오순절 교단(Church of God in Christ)으로부터 독립하게 된다. 물론 인종적인 요소도 이 분열을 촉진시키는 계기가 되었다. 웨슬리의 전통을 따르던 기존의 오순

---

* 이러한 칼뱅주의와 침례교 전통을 따르는 오순절 운동을 처음 제기한 사람은 시카고 출신의 윌리엄 더럼(William H. Durham) 목사였다. 그는 1910년 시카고의 한 집회에서 '최종적인 구속의 은총'이라는 설교를 통해, 웨슬리의 성화의 신학을 반대하였다.

절 교회가 흑인 중심이었다면, 대다수의 '하나님의 성회' 참여자는 백인이었다. 현재 세계에서 가장 큰 '하나님의 성회' 소속 교회는 조용기 목사가 시무하는 여의도 순복음교회이다.

오순절 운동에 대한 이해 없이 20세기 기독교의 역사를 설명하는 것은 불가능하다. 특히 '남반부 기독교의 등장(The Rise of Southern Christianity)'으로 알려진 제3세계 기독교의 폭발적인 증가의 이면에는 오순절 성령체험의 신앙이 깊이 자리잡고 있다. 세련되지 못해 보이는 오순절 신학을 통해 21세기 새로운 교회의 모습이 그려지고 있다면, 이제까지 기성 교회가 가지고 있던 오순절 신앙에 대한 부정적인 입장을 재고해야 할 때가 왔음을, 기독교의 역사는 웅변하고 있다.

1910년 에든버러 세계선교대회

선교현장의 문제점을 파헤친
에든버러 세계선교대회

에든버러 세계선교대회는 종전의 선교집회와는 성격이 전혀 다르다. 100년의 선교경험을 통해서 얻었던 공과 실을 철저한 설문조사를 통해 검토해보고, 당면한 선교의 문제점이 무엇인지, 각종 현안을 심도 있게 분석하기 위한 실무형 선교대회였다. 에든버러 세계선교대회에 조선대표로 참가했던 윤치호 선생(1865-1945)은 '조선 기독교의 선교현황과 문제점'에 대한 연설을 통해 참석한 모든 대표단들에게 큰 감동을 주기도 했다.

위의 그림은 19세기 말 독일 선교사의 동양에 대한 이미지를 담고 있다.
에든버러 세계선교대회는 이런 낭만적 선교지 이해에 대한 위험을 경고하였다.

1793년 윌리엄 캐리의 인도 캘커타 도착에서부터 시작된 근대적 의미의 개신교 선교는 19세기 초반의 각종 선교단체의 구성과 더불어 비약적인 발전을 거듭하였다. "땅끝까지 이르러 내 증인이 되라"는 예수 그리스도의 부르심에 응답한 수많은 선교사들의 헌신이 '위대한 선교의 세기'였던 19세기를 빛내고 있었다. 서구 제국주의와의 타협이라는 시대적 한계를 넘어서기 위한 몸부림도 있었고, 극심한 핍박을 견디던 선교사들이 순교의 영광을 누리기도 하였다. 이렇게 개신교 선교의 역사가 100년쯤 전개되었을 무렵, 선교 100년의 역사를 돌아보고 실제적인 세계선교의 방향과 전략을 점검하기 위한 세계선교대회가 1910년 스코틀랜드의 에든버러에서 개최되었다.

　에든버러 세계선교대회는 종전의 선교사 모집이나 선교기금을 마련키 위한 전시용 집회와는 전혀 다른 목적으로 소집되었다.* 세계 도처에서 해외 선교에 헌신하고 있는 선교사들로부터 의견의 선교현장의 문제점이 무엇인지 구체적인 의견을 수렴하고, 세계선교가 당면해 있는 각종 현안을 심도 있게 분석하기 위한 실무형 선교대회였다. 특히 에든버러 세계선교대회를 통하여 아시아와 아프리카의 선교지에서 일어나고 있는 선교의 현실적인 문제점이 실제적으로 부각되었다는 점이 중요한 성과 중의 하나라고 할 수 있다.

　에든버러 대회의 출발점은 1907년 중국 상하이에서 열린 선교대회에서 세계 각국의 선교현황 점검을 위한 대대적인 자료조사위원회를 발족함으로써 시작되었다. 이런 개괄적인 준비작업은 이듬해 1908년 7월, 영국의 옥스퍼드에서 구성된 국제위원회를 통하여 더욱 구체화되기 시작하였는데 총 8개 분과로 나뉘어 기초자료 조사를 실시하게 되었다.** 각 분과의 주제와 분과위원장의 이름은 다음과 같다.

---

* 에든버러 세계선교대회 이전에도 이런 비슷한 종류의 집회가 있었다. 예를 들면 1900년 뉴욕에서 열린 세계선교대회, 1902년 인도 마드라스와 1907년 중국 상하이에서 열린 선교대회 등이다.
** 런던의 국제위원회에는 미국대표 5명, 영국대표 10명, 그리고 유럽대표 3명이 참석하였다.

1. 비기독교 국가들에 대한 선교(분과위원장 John Mott)
2. 선교현지 교회(Dr. J. C. Gibson)
3. 선교현지의 미션스쿨 교과과정(Dr. Gore)
4. 타종교에 대한 선교방법(Professor D. S. Cairns)
5. 선교지 정부와의 관계(The Lord Balfour of Burleigh)
6. 선교사 훈련(Dr. Douglas Mackenzie)
7. 자국 내 선교(Dr. James Barton)
8. 선교사간의 협력관계와 초교파 활동(Sir Andrew Fraser)

  8개 분과마다 대표가 임명되고 분과별로 20명의 소속 분과위원이 추가됨으로써 총 160명의 에든버러 세계선교대회 상임위원이 구성되었다. 선임된 160명의 위원에게 초대장이 발부되었을 때 11명만이 개인사정으로 사의를 표하였음을 볼 때, 에든버러 세계선교대회에 대한 세계 각국 선교사들의 반응과 기대를 짐작할 수 있다. 각 분과위원회에서 준비한 선교현황에 대한 설문조사가 세계 각국의 선교지로 우송되었으며, 선교사들이 회신한 내용을 종합한 보고서가 1910년 6월 14일 에든버러 세계선교대회 개최 직전에 출간되었다.
  스코틀랜드 연합자유교회(The United Free Church of Scotland) 대강당에서 개최된 에든버러 세계선교대회의 개회식은 캔터베리 대주교와 미국 해외선교국 총무 로버트 스피어(Robert E. Speer)의 개회연설로 시작되었다. 세계 각국의 160여 개 선교부를 대표하는 1,200명의 대회 참석자들이 운집한 가운데, 지난 100년간의 개신교 선교역사를 자리매김하는 대회가 마침내 소집된 것이다. 각 분과별 상임위원장의 사회로 총 8일간의 일정이 진행되는 동안, 단상 아래에서는 에든버러 세계선교대회의 사무총장 존 올드햄

(J. H. Oldham)이 대회 첫날부터 세부적인 업무를 조용하고 신속하게 처리해 나가고 있었다.

    그날의 주제별로 분과별 보고서가 분과위원장에 의해 요약발표된 다음, 제한된 시간 7분 동안 개인의견을 발표하는 형식으로 진행되었다. 이 역사적 선교대회의 첫날 일정은 YMCA운동의 핵심인물이며 노벨평화상 수상자인 존 모트(John R. Mott)의 사회로 진행되었다. 선교대회 첫날의 주제는 '비기독교 국가들에 대한 선교'였다. 에든버러 선교대회의 산파역을 담당하였던 존 모트가 첫날의 주제발표를 맡은 것은 당연한 것이었다. 그는 에든버러 세계선교대회의 취지와 목적을 다음과 같이 설명하고 있다.

> 20세기의 마지막까지 땅끝까지 이르러 내 증인이 되라고 하시던 예수 그리스도의 마지막 분부가 실현되지 않음을 생각할 때, 이는 참으로 우리를 놀라게 만들고 또한 심각히 고뇌하게 합니다. 우리가 비록 주님의 소명을 실천하는 데 게을리했지만, 온전한 희망이 우리에게 있는 것은 그야말로 전 세계에 복음을 전할 수 있는 기회가 오늘의 교회 앞에 놓여 있기 때문입니다. 우리 세대 이전에 세계 각국의 선교현지에 지금과 같은 좋은 선교의 기회가 있었던 것은 사실이지만, 최근 수십 년처럼 세계 곳곳의 선교현지에 선교의 위기와 기회의 문이 동시에 열려 있었던 때는 결코 없었습니다. 선교사를 파송하는 교회들의 사정도 예전에는 지금처럼 세계의 복음화를 위한 캠페인을 펼 수 있을 만큼 성숙된 분위기가 아니었습니다.
>
>   따라서 세계선교대회의 첫 번째 사명은 이러한 중대한 시대의 요청에 맞추어 모든 인류에게 복음을 전하기 위한 현재의 세계선교를 면밀히 검토하고 주님께서 주신 이 기회를 어떻게 이용하여 선교의

> 목적을 성취할 것인지에 대해 결정해야 할 것입니다. 〔중략〕
>
> 　각 위원회의 노력을 통해 제기된 모든 선교현장의 문제들을 보다 과학적으로 분석하고, 무엇보다 전무후무한 선교상황의 긴급성을 교회에 알리며, 우리에게 당면한 현안문제들을 해결하지 않으면 이 유일한 기회를 놓치는 심각한 결과가 초래될 수 있음을 알리는 데 이 대회의 목적이 있습니다.*

　선교대회 첫날의 의제인 '비기독교 국가들에 대한 선교' 분과는 여섯 가지의 소분과로 나뉘어 발표와 토론이 진행되었다. 첫 번째 소분과는 '세계 복음화를 위한 광범위한 임무'에 대한 것이었는데 성공적인 세계선교를 위해 특히 인도, 동아시아, 이슬람 문화권을 집중적으로 선교해야 한다는 견해가 제시되었다. 두 번째 분과는 세계복음화의 기회에 대한 분석이었다. 이 분과에서는 특히, 만약 아프리카 선교에 더욱 많은 지원과 인력을 보강하지 않으면 검은 대륙에서의 이슬람의 팽창을 막지 못할 것이라는 견해가 제기되었다.

　인도선교를 위해서는 최고의 선교사 인력이 보강되어야 한다는 점과 중국선교가 당면하고 있는 정치적인 위기가 밀려오고 있다는 사실이 보고되었다. 당시 조선 기독교의 선교현황과 문제점은 윤치호 선생(1865-1945)의 감동적인 연설을 통해 발표되었다. 그의 연설은 에든버러 세계선교대회에 참석한 모든 대표단들에게 큰 감동과 도전을 주었다. 속기록에 기록되어 있는

---

* W.H.T Gairdner, *Echoes from Edinburgh 1910 : An Account and Interpretation of the World Missionary Conference* (London : Fleming H. Revell Company, n.d.), 68. 필자의 번역.

윤치호 선생의 연설내용의 전문은 다음과 같다.*

지난 25년 동안 유럽과 미국의 고귀한 선교사님들이 조선에서 복음을 전파하여 왔습니다. 이제 그분들이 뿌린 복음의 씨앗을 추수할 때가 되었습니다. 사실 오늘날, 다른 어떤 선교지보다 많은 개종이 조선에서 일어나고 있습니다. 25년 전 조선에는 단 한 명의 선교사도, 단 한 명의 기독교인도 없었습니다. 그러나 오늘날 조선에는 무려 20만 명의 기독교인들이 있습니다. 일본에서의 선교사역과는 달리 조선선교는 일반 민중들 가운데서 먼저 시작되었는데 이들이 먼저 복음을 적극적으로 받아들였습니다. 어떤 나라에서든지 이제 일반 민중들의 어깨에 그 나라의 장래가 달려 있습니다.

성서는 조선에서 널리 읽혀지고 있으며, 사실 가장 많이 읽혀지고 있는 책이라고 할 수 있습니다. 〔이를 가능케 한 영국성서공회의 노고를 치하한 다음〕 그러나 큰 위험들이 도사리고 있습니다. 그중의 첫 번째 위험은 불교와 유교의 부흥입니다. 또한 서구 대학에서 강의된 구태의연한 서구 철학들이 조선에 도입되고 있습니다. 너무 급속한 속도로 진행되고 있는 개종도 위험한 지경에 이르렀습니다. 만약

---

* 1905년 을사조약의 체결로 조선의 주권이 일본에 빼앗김으로써 외무차관 등의 공직에 있던 윤치호 선생은 관직에서 물러나 교회와 학교를 중심으로 활동하기 시작한다. 이듬해에는 개성에서 한영학원 교장으로 취임하여 교육사업에 힘쓰면서 활발한 교회활동과 청년활동을 전개하였다. 같은 해 장지연과 함께 대한자강회를 창립하여 회장으로 취임하였고, 1907년에는 안창호가 이끌던 신민회에 가입하여 국민계몽운동에 참여하였다. 1910년 에든버러 세계선교대회에 조선대표로 참석하기 전에 윤치호 선생은 미국 애틀랜타에서 열린 남감리교회의 평신도 대회에 참석하여 조선대표로 연설하였다. 에든버러에서의 연설은 윤치호 본인의 말대로 '일생의 최선을 다한 대연설' 이었다. 김영희, 〈좌옹 윤치호 선생 약전〉(서울 : 좌옹 윤치호 문화사업회, 1999), 261.

급속한 개종자들의 신앙적 요구를 감당할 만한 충분한 숫자의 선교사들이 있다면 이는 별반 문제될 것이 없을지 모릅니다. 그러나 충분한 숫자의 선교사들이 없는 상태에서, 잘 훈련된 조선인 선교사역자들이 절대 부족한 상태에서 급속한 속도로 개종이 진행될 때에, 미래의 조선 기독교가 철저히 준비하여야 할 튼튼한 교회의 기초를 놓는 데 있어서 기독교 개종자들을 잘못 가르칠 위험이 도사리게 됩니다. 〔더 많은 양질의 선교사들이 조선의 기독교인들을 가르치고 훈련시키기 위해서 파견되어야 한다는 주장을 덧붙임.〕*

---

* Report of Commission I, Carrying the Gospel to All the Non-Christian World(Edinburgh : Oliphant, Anderson & Ferrier, 1910), 410-411. 필자의 번역. 원문은 : For the last twenty-five years noble men and women from Europe and America had been preaching the Gospel of Jesus Christ in Korea, and now the day of the harvest had come. It was a matter of fact that today more converts were being gathered in Korea than in any other mission field. Twenty-five years ago there was not a single missionary and not a single Christian ; to-day there were nearly two hundred thousand Christians in Korea. Different from the missionary work in Japan, the work in Korea had been started among the common people, and as in the days of the Lord the common people of Korea had received the word gladly. Upon the shoulders of the common people rests the future of any country. To-day the Bible was the most well read, the most widely read book in that land. 〔He took this opportunity to thank the British Bible Society for the great work they had been doing in that country.〕 There were, however, great dangers. One was the revivification of Buddhism and Confucianism, and there was also the introduction of the philosophies of the West which have been made in some lecture rooms of Europe which needed more fresh air rather than philosophy. The rapid conversion of the people was another danger. If they had a sufficient number of missionaries to take hold of the situation the rapid increase of the converts would not mean so much danger, but when they had so few missionaries and so few trained native missionaries, there was a danger that the converts might not be taught so thoroughly as was necessary in order to lay wide and deep the foundation of the Church of the future. 〔He pled for an adequate number of men and women to teach and train up that little country in the Christian religion.〕

윤치호 선생의 감동적인 연설에 도전을 받은 한 참석자는 긴급 동의를 통해 "가장 양질의 선교사를 조선에 파송(派送)해야 한다"는 발언을 덧붙였다는 기록이 남아 있다.* 사실, 8일 동안 여덟 개의 분과별로 진행된 에든버러 세계선교대회의 가장 큰 관심 중의 하나는 아시아 대표단의 참가였다. 일본과 중국을 대표하는 대표단과 함께 우리의 관심을 끄는 것은 조선 기독교 대표로 참석한 윤치호 선생의 모습이었다.** 대회의 기록을 담당했던 게이드너(W. Gairdner)는 윤치호 선생을 "조선대표는 미국의 대학을 졸업하였으며 외무부 차관이신 윤치호 선생(The Honorable Chi-Ho Yun)이었다. 그는 세상의 화려한 경력을 가졌지만 그리스도와 교회를 위해 모든 것을 희생한 인물이다"라고 소개하고 있다.***

1910년 에든버러 세계선교대회에서 두 차례에 걸친 명연설을 남긴 윤치호 선생

계속해서 첫날의 세 번째 소분과에서는 미선교 국가들(Unoccupied Fields of the World)에 대한 효과적인 선교정책을 협의하였다. 이를 위해서 각 교단이나 국가별로 선교지를 분할해야 하는 당위성에 대한 의견개진이 있었고, 이런 발언은 선교대회 참가자들로부터 대대적인 환영과 지지를 받았다. 네 번째 소분과에서는 선교현장에서 각국의 선교사들끼리 어떻게 서로 협력할

---

* W. Gairdner, *Echoes from Edinburgh 1910: An Account and Interpretation of the World Missionary Conference* (London : Fleming H. Revell Company, n.d.), 79.

** 안타까운 것은 1910년 에든버러 세계선교대회에서의 윤치호 선생의 행적에 대한 역사적 연구가 전무한 실정이다. 심지어 최근에 출간된 김은수, 〈현대 선교의 흐름과 주제〉(서울 : 대한기독교서회, 2001), 23페이지에는 윤치호 선생의 이름조차 잘못 기록되어 있다. 고급관리에 대한 존칭인 The Honorable의 약자인 Hon.을 잘못 해석하여 'The Hon. Chi-ho Yun'이 '지헌연(Chi, Hon-Yon)'이란 이름으로 번역되어 있다.

*** W. Gairdner, *Echoes from Edinburgh 1910*, 57.

것인가에 대한 집중적인 토론이 있었다. 선교현장에서 항상 쟁점이 되어 왔던 문제였기 때문에 선교대회 참석자들은 이 주제에 민감한 반응을 보였다. 선교현지에서 각 교단별 혹은 교파별 선교사들간의 상호 협력의 필요성이 강조될 때마다 대회 참석자들은 열렬한 박수로 호응하면서 지지를 표명하였다. 다섯 번째 소분과는 피선교 국가의 선교에 대해 논의하였다. 참석자들은 이제 해외선교는 미국이나 유럽의 임무일 뿐 아니라, 지금까지 피선교국이었던 아시아와 아프리카 기독교의 임무라는 사실을 확인하였다. 이 분과를 통해, 만주에 선교사를 파송한 조선의 기독교가 이러한 새로운 선교국가의 모범으로 소개되기도 하였다. 심지어 아프리카의 우간다를 소개할 때, '아프리카의 조선(Korea of Africa)' 이라고 표현할 정도로 조선교회의 선교 열기를 높이 평가하였다. 마지막 여섯 번째 소분과는 선교사를 파송하던 유럽과 미국의 모(母)교회의 현실에 대한 우려와 해결책을 제시하였다.

　　에든버러 세계선교대회 둘째 날의 주제는 선교현지 교회의 현황과 현지 교회가 당면하고 있는 문제점에 대한 분석이었다. 둘째 날의 본회의는 전날 조선 기독교 대표 윤치호 선생의 감동적인 연설내용에 대한 토론으로 시작되었다. 그날 행사의 사회를 맡았던 깁슨(Gibson) 박사는 윤치호 선생의 연설을 상기시키며, 앞으로 선교사들은 기독교 개종자들의 증가에만 유념할 것이 아니라 개종 후 문제를 위한 후속조치를 고려해야 한다고 강조하였다. 선교현지 교회의 역할에 대해서 다시 한국교회가 모범적인 예로 소개되었다. 선교사업을 위하여 2만5천 파운드의 헌금을 모금한 한국 기독교 선교의 열정이 모범적인 사례로 소개되었기 때문이다. 그러나 선교현지의 교회가 당면하고 있는 토착문화와의 갈등문제, 예를 들면 조상숭배(중국을 위시한 동아시아 국가), 카스트제도(인도), 축첩제도(아프리카)의 문제 등에 대한 어려운 현실이 자세히 소개되었다.

　　에든버러 선교대회의 분위기는 선교현지의 문화와 풍토를 존중하는 입장이 지지를 받고 있었다. 심지어 중국대표로 참석한 한 선교사는 "선교사들이 할 수 있는 일은 선교의 문을 열고 즉시 그 문을 통해 나가는 것인데, 많은 경우 선교사들은 자기도 들어갈 수 없는 좁은 통로를 만들어 놓고 원주민들에게 들어오라고 한다"고 신랄한 비판을 가하였다.*

선교현지의 교회들이 중대한 실책을 범할 수 있다는 우려에 대해서 한 대표는, 유럽과 미국의 교회는 지금까지 중대한 실책을 범한 적이 없는지 통렬히 비난하였다. 한 중국교회의 대표는 선교현지 교회의 역할에 대해 다음과 같이 주장하였다.

> (중국교회를 중국인 스스로 책임진다는 것이) 중국 기독교인들에게 무거운 짐이 될 것 같습니까? 절대로 그렇지 않습니다. 그것은 우리들 중국 기독교인들의 영예이며 기쁨이지, 절대로 무거운 짐이 될 수 없습니다. 어린 소녀가 남동생을 등에 업고 가는 모습을 생각해보십시오. 그 여린 소녀에게 "등에 업고 가는 남동생이 네게는 너무나 큰 짐이구나"라고 했다고 칩시다. 그러면 그 소녀가 무엇이라고 답할까요? "이 아이는 저의 짐이 아닙니다. 이 아이는 저의 동생입니다"라고 대답할 것입니다.**

에든버러 세계선교대회에서의 대표연설 중 가장 널리 알려진 인도교회의 대표 아자리야(V. S. Azariah)의 연설도 이런 분위기 속에서 발표되었다.

---

* W. Gairdner, *Echoes from Edinburgh 1910 : An Account and Interpretation of the World Missionary Conference* (London : Fleming H. Revell Company, n.d.), 105.
** 위의 책, 106. 필자의 번역.

> 인도교회는 영웅적이며 자기 부정을 실천하는 수많은 선교사들에게 시대를 넘어 경의를 표할 것입니다. 여러분은 가난한 사람들에게 먹을 것을 주었습니다. 여러분의 몸을 불사랐습니다. 우리는 여러분에게서 사랑을 원하고 있습니다. 친구를 보내주십시오.*

윤치호 선생의 손녀인 박영숙 장로와 부군 박중현 박사가 1910년 에든버러 세계선교대회가 열렸던 회의장에서 찍은 최근 사진

선교대회 셋째 날에는 선교지 '미션 스쿨'의 교과과정에 대한 주제 토론이 있었다. 이 문제에 대한 보다 정확하고 실제적인 현황을 파악하기 위하여 세계 각국의 200여 개의 선교지 교육기관에서 설문조사가 실시되었으며 이에 대한 정밀한 분석이 제시되었다.

선교현지의 '미션 스쿨'을 통하여 카스트제도의 폐지, 여성의 교육과 지위 향상, 신생국가의 지도자 양성, 서양 선교사와의 영적인 유대강화 등의 공헌이 있음이 지적되었다. 그러나 선교지 현장의 종교와 문화를 공부할 수 있는 '미션 스쿨'의 교과과정이 부족하다는 사실이 문제점으로 드러났다. 영국의 대학에서 학위를 받고자 하는 사람들에게나 필요한 수업의 이수를 '미션 스쿨'에서 요구하고 있다는 비판이 제기된 것이다. 선교현지 사정에 맞는 교과과정에 대한 토착화가 강력히 제안되었으며, 각국의 교육선교를 돕기 위한

---

* W. Gairdner, *Echoes from Edinburgh 1910 : An Account and Interpretation of the World Missionary Conference* (London : Fleming H. Revell Company, n.d.), 111. 필자의 번역.

지원과 추가 인력 배정에 대한 건의가 있었다. 특히 인도 마드라스대학의 교육선교사 밀러(Miller) 박사의 의견이 선교대회의 관심을 끌었다. 아프리카의 경우, 교육선교만이 이슬람의 팽창을 막을 수 있는 유일한 방법으로 제시되었다.

에든버러 세계선교대회의 넷째 날 의제는 '타종교에 대한 선교방법'이었다. 주제발표를 통해 세계종교를 애니미즘, 중국종교(유교 및 불교), 일본종교(신도), 이슬람, 힌두교의 다섯 종류로 분류하였던 선교대회의 참석자들에게는, 타종교는 기독교의 진정한 빛에 의해 개명될 수 있는 어둠의 종교라는 전제가 깔려 있었다. 흔히 '성취이론(Fulfillment Theory)'이라고 불리는 이 선교정책은 비록 이교도들이 타종교와 우상숭배에 빠져 있지만, 교육과 발달된 서양문명의 전파를 통해서 자신들의 영적인 부족함을 완전하게 성취할 수 있다는 진보주의에 기초한 이론이었다. 이 '성취이론'은 에든버러 선교대회에 참석한 미국과 영국 선교단체들의 기본적인 선교정책이기도 하였는데, 네 번째 날의 의제를 통해 재확인된 것이다.

그러나 영국과 미국 대표단의 이런 '성취이론'에 근거한 선교정책은 기독교와 이방 종교의 철저한 차별을 주장하는 유럽 선교단체 대표단의 견해와 충돌하기도 하였다. 다섯 가지 타종교 중에서 애니미즘의 경우, 기독교 개종의 가능성이 가장 높은 종교로 확인되었으며, 제사를 중심으로 하는 중국의 종교(유교)는 애니미즘에서 진보한 일종의 '자연종교'라는 견해가 제시되었다. 이에 대해 중국대표단은 기독교야말로 유교 윤리의 궁극적인 표현이며, 심성의 수련을 강조하는 불교와 기독교가 대화의 상대가 될 수 있음을 강조하였다. 가장 많은 연구와 토론이 진행된 종교는 인도의 힌두교였다. 그러나 이날 회의를 통해 어떤 결론보다는 선교를 위한 인도종교 연구의 필요성만이 강조되는 것으로 네 번째 날 일정이 마감되었다.

다섯째 날의 의제는 '선교현지의 식민정부에 대한 관계 정립'이었다. 에든버러 세계선교대회가 열린 1910년은 독일과 프랑스 및 영국의 식민통치가 세계 각국에서 활발히 진행되던 시기였으므로, 다양한 각도에서 선교사와 식민정부 간의 문제점이 논의되었다. 특히 독일과 프랑스의 식민정책이 선교사들에 의해 대변되면서, 회의장 내에서 이러한 식민정부를 비판하는 입장과 충돌하였기 때문에 때로 회의장 안에는 긴장감이 감돌기도 하였다. 독일과 프랑스의 식민정부를 꼬집는 스위스 대표의 재치 있는 발표가 청중들의 큰 환호를 받았다. 식민정부를 상대할 때 주의해야 할 점을 적절하게 설명한 노르웨이 대표의 실제적인 조언도 대회장을 가득 메운 청중들의 성원을 받았다. 다섯째 날의 행사는 아편 밀수, 주류 판매, 노예매매라는 식민 제국주의의 반기독교성을 지적하는 것으로 마감되었다.

여섯째 날은 선교사간의 협력관계와 선교연합에 관한 주제 발표와 토론이 이어졌다. 이날의 분위기는 전날의 분위기와 달랐다. 처음으로 심각한 의견의 개진과 이에 대한 찬반 양론이 숨가쁘게 진행되었다. 처음으로 본회의장에서 찬반투표가 진행된 날이기도 하였다.

이 중요한 날의 분위기를 주도한 대표단은 중국 서부지역의 선교사들이었다. 8천만 명의 인구를 대표하는 중국 서부지역 대표단은 9개 선교단체간의 선교지역분할(Comity) 정책을 소개하였으며 의료와 교육, 그리고 찬송가의 선택 등에 있어서 어떻게 선교사들이 함께 사역할 수 있는지에 대해 사례를 발표했다. 중국교회의 대표는 이 문제를 심도 있게 접근하였다.

> 쉽게 말해서, 우리 중국 기독교인들은 조만간에 교단의 구별이 없는 통합된 교회를 구성하기를 바라고 있습니다. 여러분들에게는 조금 생소하게 들릴지 모릅니다만, 친구 여러분, 이것은 우리 중국사람들의 입장에서 말씀드리는 것임을 잊지 마시기 바랍니다. 만약 여러분이 이 점을 깨닫지 못하시면 중국사람들은 여러분에게 언제나 생소한 사람들로 남아 있을 것입니다. 〔중략〕

1. 이런 통합은 다음 세 가지 이유에서 반드시 필요합니다. 첫째, 지금 중국의 교회는 자체 유지와 자체 운영에 대한 기대에 부풀어 있습니다. 영적인 통합과 더불어 교회의 실제적인 통합은 이 목적을 위하여 절대적으로 필요합니다. 둘째, 일반적으로 말해서 중국교인들은 교단주의에 아무런 관심이 없습니다. 교단마다 다른 교리를 가르치는 것에 대해 아무도 기뻐하지 않습니다. 오히려 이것 때문에 고통 받고 있습니다. 셋째, 중국 내의 이방 신을 믿는 사람들의 강력한 도전과 교회 내의 무기력함 때문에, 우리는 통합을 통하여 굳건한 교회를 세우고자 합니다.

2. 우리 중국사람들의 관점에서 볼 때, 이런 통합은 불가능한 것이 아닙니다. 어려움이 있다면 그것은 서구 선교사 친구들이 느끼는 것일 뿐이며 우리들에게는 아무런 어려움이 없습니다. 어려움은 단지 가능성일 뿐입니다. 어려움이 있다고 해도 통합으로 인해 얻을 수 있는 이득을 상쇄할 수 없습니다.

3. 중국과 중국 기독교인들에게 통합은 너무나 바람직한 것입니다. 중국은 비록 역사적으로 어려울 때도 있었지만 언제나 국가적인, 그리고 가정적인 조화와 통합을 강조하는 나라입니다.

4. 통합을 위해 지금보다 적절한 때는 없습니다. 정치적으로나 종교적으로 지금이 통합의 적절한 때입니다. 미래의 중국교회는 지금의 통합 성사 여부에 달려 있습니다. 지금은 말할 수 없이 좋은 기회이며 지금이 바로 심사숙고할 때입니다.

5. 그리스도의 교회는 교단이나 국가의 구별과 상관없이 언제나 보편적인 교회입니다. 우리 모두는 그리스도 예수 안에서 하나입니다.

> 세계는 하나이며 중국은 그 한 가족의 일원입니다.
>
> 6. 중국교회는 언제 하나가 될까요? 저는 잘 모르겠다고 대답할 수밖에 없습니다. 미래가 어떻게 전개될지와 지금 우리가 할 수 있는 일을 하는 것은 별개의 문제입니다. 지금 우리 손에 맡겨진 일을 하는 것, 그것을 통해서 우리들의 미래가 결정될 것입니다.
>
> 7. 만약 여러분들이 허락하신다면 저는 한 가지 제안을 하고자 합니다. 이 선교대회가 후속위원회(Continuation Committee)를 구성할 것을 제안합니다. 이 위원회가 구성되면, 중국교회에 대한 현황을 면밀히 검토하고 중국교회 지도자들의 조언을 경청한 후, 통합을 위한 중국교회의 솔직한 입장을 듣자는 것입니다.*

에든버러 세계선교대회 여섯째 날의 토론은 20세기 기독교 연합 일치, 즉 에큐머니컬(Ecumenical) 운동의 중요한 시발점이 되었다. 중국대표의 발언이 끝났을 때, 의장 앤드류 프레이저(Sir Andrew Fraser)의 긴급 동의를 거쳐 교단간의 선교 협력관계를 모색할 후속위원회(Continuation Committee)의 존립이 만장일치로 통과되었다. 이 결정을 통해서 '국제 선교 협의회(International Missionary Council)'가 1921년에 설립됨으로써 20세기의 본격적인 에큐머니컬 운동이 시작되었다.

일곱째 날의 의제는 '선교사 훈련'이었으며, 의장은 더글러스 매켄지(Dr. Douglas Mackenzie) 박사였다. 활발한 토론을 거쳐 선교대회는 보다 효과적

---

* W. Gairdner, *Echoes from Edinburgh 1910 : An Account and Interpretation of the World Missionary Conference* (London : Fleming H. Revell Company, n.d.), 187-188. 필자

인 선교사 훈련을 위해서 비교 종교학, 선교학, 선교역사, 사회학, 교육학, 그리고 선교현지 언어훈련에 대한 선교사 교육 프로그램을 강화할 것을 추천하였다. 에든버러 세계선교대회의 마지막 날 의제는 '자국 내 선교'를 어떻게 부흥시킬 것인가에 대한 집중적인 토론이 있었다. 또한 해외에서 사역하는 선교사들과 선교사를 후원하는 모교회의 하나님에 대한 믿음이 재강조되었다.

1910년에 열린 에든버러 세계선교대회는 선교역사뿐만 아니라 20세기 세계 기독교의 역사에 중요한 분기점이 되었다. 100년의 선교 경험을 통해서 얻은 공과 실을 철저한 설문조사와 효과적인 선교대회 운영을 통해 비교 검토해보고, 당면한 선교의 문제점을 여과없이 드러냄으로써 복음전파와 선교를 통해 확장되어 가는 교회의 문제점이 무엇인지 파악할 수 있게 되었다. 선교현지의 문화를 무시하고 자신의 것만을 강요하는 일방적인 선교정책, 조선 기독교 대표 윤치호 선생에 의해 지적된 무분별한 선교 집중과 후속 조치의 결여, 선교사들간의 교단간 경쟁, 선교 중복 투자 등, 오늘날 우리 한국 선교사들이 경험하고 있는 문제점들이 이미 100여 년 전에 영국 에든버러에서 제기되었다는 사실과 그 현장에 조선대표가 참석하여 청중들에게 큰 인상을 남겼다는 것을 기억할 필요가 있겠다. 결국, 에든버러 세계선교대회는 20세기 교회일치운동에 시금석이 되는 중요한 계기로 기억되고 있다.

1919년 칼 바르트의 〈로마서 주석〉 발간

허황된 민족주의와 모더니즘에 일격을 가한 신학자, 칼 바르트

칼 바르트의 신학에 대한 연구 없이 20세기의 기독교 신학에 대해서 논하는 것은 불가능하다. "하나님은 하늘에 계시고, 인간은 땅에 있다"는 표현으로, 칼 바르트는 기독교의 '초월성'을 잊고 성서를 문학적으로 해석하던 자유주의 신학자들에게 일격을 가한다. 칼 바르트는 '역사의 지속적 발전'이란 모더니즘의 구호 아래 저질러졌던 세계대전을 지켜보며, 시대의 왜곡된 흐름을 성서의 가르침으로 다시 일깨우려 했던 20세기의 대표적 신학자이다.

'20세기 신학자들의 놀이터에 떨어진 폭탄'으로 불렸던 칼 바르트

칼 바르트의 신학에 대한 상세한 연구 없이 20세기의 기독교 신학의 전개를 설명한다는 것은 불가능한 일이다. 칼 바르트의 신학이 없었다면 20세기의 현대신학은 인문학의 한 분야로 축소되거나 도덕적 삶의 가치를 존중하는 일종의 '윤리체계'로 전락했을지 모른다. 칼 바르트에 의해 강조된 기독교는 '초월하신 하나님' 앞에 서 있는 유한한 인간의 진지한 자기 고백이었기 때문이다.

20세기 초반의 기독교가 초월성의 기본전제를 잊어버리고 성서를 문학작품의 하나로 분석하고 있을 때, 칼 바르트는 "하나님은 하늘에 계시고, 인간은 땅 아래에 있다"는 유명한 표현으로 다시 한 번 기독교 신앙의 본래 자리를 찾게 만들었다. 스위스 작은 탄광촌 자펜빌(Safenwil)의 이름없는 목사였던 칼 바르트가 1919년 출간한 〈로마서 주석〉은 이러한 새로운 기독교 갱신의 첫걸음이었다. 이때부터 알려지기 시작한 바르트의 신학을 어떤 가톨릭 교회역사가는 "기독교 신학자들의 놀이터에 떨어진 폭탄"이라고 표현하였다.

칼 바르트의 신학은 19세기 신학과 단절된 상태에서 발전된 것이 아니었다. 오히려 그의 신학은 19세기의 신학에 대한 철저한 검정에서 출발한다. 우선 바르트의 신학은 하나님에 대한 믿음을 '절대의존의 감정'으로 규정한 슐라이어마허(Schleiermacher, 1768-1834)에서부터 출발한다. 독일 개혁주의 전통에서 신학적 기초를 닦았던 슐라이어마허는 종교의 본질은 교리체계나 선량한 시민이 되기 위한 도덕적 교훈이 아니라고 주장하며, 인간의 '절대의존의 감정'만이 무한하신 절대자에게 다가갈 수 있는 유일한 길이라고 보았다.*

---

* 이런 각도에서 볼 때 슐라이어마허의 신학은 '절대의존의 감정'에 대한 개인의 선택을 강조한다. 이러한 개인의 선택과 하나님의 구원의 은총은 인간의 인식범위를 넘어서는 것이기 때문에 신비주의적인 경향도 발견할 수 있다. 이러한 개인적 결단과 인간구원에 관한 신비주의적 해석은 16세기 종교개혁가들의 사상과 일맥상통하기 때문에, 어떤 학자들은 종교개혁의 정신이 슐라이어마허에 이르러 최종적으로 완성되었다고 본다. Brian A. Garrish, *A Prince of the Church : Schleiermacher and the Beginnings of Modern Theology* (Philadelphia : Fortress Press, 1984) ; Brian Garrish, *Continuing the Reformation : Essays on Modern Religious Thought* (Chicago : University of Chicago Press, 1993).

초기 칼 바르트의 신학에 많은 영향을 미친 슐라이어마허

슐라이어마허가 칼 바르트의 신학 형성에 종교적 영향을 미쳤다면, 실존주의 철학자 키르케고르(Kierkegaard, 1813-1855)의 영향은 바르트 신학의 철학적 기반을 제공하였다. 키르케고르 사상의 핵심은 '하나님과 인간 사이의 무한하고 질적인 차별'이었다. 무한하신 하나님과 유한한 존재인 인간 사이에 어떠한 대화도 불가능하다는 키르케고르의 사상은 당시 유럽철학의 바탕이 되었던 헤겔(Hegel, 1770-1831) 철학에 정면으로 도전하는 것이었다. 헤겔에 의하면 예수 그리스도는 무한하신 하나님과 유한한 인간 사이를 화해시키는 변증법적 존재였다. 그러나 키르케고르는, 예수 그리스도는 하나님과 인간 사이의 정(正)과 반(反)이 상호 결합하는 합(合)이 아니라 오히려 그 두 양 극단 사이에서 십자가의 희생 제물이 되었다고 본다. 이러한 키르케고르의 사상은 '변증법적 신학(Dialectical Theology)'이라는 이름으로 칼 바르트의 사상에 영향을 미쳤다.*

바르트의 초기 신학은 교회와 목회의 현장에서 태동하였다. 특히 스위스와 독일의 국경선에 위치한 작은 탄광마을 자펜빌에서의 목회(1911-1921년)는 젊은 칼 바르트의 신학 형성에 중요한 분기점을 이루었다. 자펜빌에서 25

---

* 따라서 칼 바르트의 신학을 '변증법적 신학'이라고 표현할 때 오해의 소지가 있음을 기억할 필요가 있다. 키르케고르의 철학이 헤겔의 변증법을 극복한 사상이고 바르트가 키르케고르의 영향을 받았다면, 바르트의 '변증법'은 헤겔적인 것이 아니라, 오히려 키르케고르적인 것이다. 키르케고르의 신학에 대해서는 David Gouwens, *Kierkegaard as Religious Thinker* (Cambridge : Cambridge University Press, 1996) ; George Pattison, *Kierkegarrd and the Crisis of Faith* (London : SPCK, 1997).

세의 젊은 목회자 칼 바르트는 주위 동료들과 영향을 주고받으며 기독교 사회주의에 심취되어 갔다. 가난한 직조공들이 대부분이었던 교회의 목회자로서 자본주의의 횡포에 대해 신학적인 응답을 해야 했던 바르트는 사회주의에서 그 해답을 찾고 있었다. 1915년, 사회민주당에 가입하였지만 극단적 공산주의와 직접적인 연관을 맺지는 않고, 교육과 계몽을 통해 가난한 지역 주민들의 경제적인 권리를 회복하고 그들이 자체적인 노동조합을 설립하는 데 도움을 주기도 하였다.*

칼 바르트가 자펜빌에서 목회에 전념하고 있을 때 일어난 두 가지 중요한 사건은 제1차 세계대전(1914-1918년)의 발발과 그의 〈로마서 주석〉 초판의 발행(1919년)이다. 비록 스위스의 작은 마을에서 목회를 하고 있었지만, 바르트는 인근 국가인 독일에서 벌어지고 있는 반(反)기독교적인 움직임을 예의 주시하고 있었다. 많은 교수들과 목사들이 왜곡된 독일 민족주의를 지지하던 때였다.

독일의 명문대학에서 신학을 공부한 칼 바르트는 자기 은사들의 변절을 목격하면서, 자유주의와 역사주의에 빠져 있는 그들의 신학에 대해 환멸을 느끼기 시작한다. 가까이 교제하고 있던 사회주의자들의 태도도 그를 실망시키기는 마찬가지였다. 제1차 세계대전의 발발을 둘러싼 독일 교회와 신학자들의 국수주의에 분노를 느낀 자펜빌의 목사 칼 바르트는 키르케고르의 유명한 표현, "하나님은 하늘에 계시고 인간은 땅 위에 있다"가 담고 있는 신학적 의미를 발견하게 된다. 하나님에 대한 어떠한 인간의 선언도 진리로 정당화될 수 없음을 깨닫기 시작한 바르트는, 독일의 신학자들이 카이저 빌헬름 2세의 선전포고를 하나님의 이름을 들먹거리며 축복하고 있을 때, 로마

---

* 칼 바르트의 정치신학에 대해서는 Frank Jehle, *Ever Against the Stream : The Politics of Karl Barth, 1906-1968*(Grand Rapids : William B. Eerdmans, 2002) ; Timothy Gorringe, *Karl Barth : Against Hegemony*(Oxford : Oxford University Press, 1999).

교회로 향한 바울 사도의 편지를 주석하면서, 하나님과 인간의 '무한한 질적 차이'를 선언하고 나선 것이다.

칼 바르트에 의하면 하나님은 전적인 타자(他者, der ganz Andere)로서 인간의 인식과 이해의 범위를 넘어서서 계신다.* 구체적으로 말하자면, 독일의 명문 신학교 교수들을 포함한 어떤 위대한 인간의 이해도 하나님을 완전히 규명할 수 없다. 전적인 타자이신 하나님은 오직 예수 그리스도를 통하여 자기 자신을 인간에게 드러내신다.

"하나님은 전적인 타자이다"라는 어쩌면 단순하고 당연한 것처럼 들리는 이 표현은 당시 유럽의 신학자들에게 큰 충격으로 받아들여졌다. 칼 바르트는 일약 유럽 신학계의 주목을 한몸에 받는 사람이 되었고, 박사학위도 없이 1921년부터 괴팅겐대학의 신학교수로 초빙을 받게 된다.

바르트가 〈로마서 주석〉의 초판을 쓰기 시작할 때부터 고민한 것은 독일 민족주의와 모더니즘의 우상에 맞서서 교회와 목회의 현장에 적용될 수 있는 '신학함'에 대한 의미를 새롭게 내리는 것이었다. 자본주의의 횡포로 인해 가난에 시달리는 자펜빌의 주민들이 인간의 기본적인 권리조차 누리지 못하고 있을 때, 하르나크(Adolf von Harnack)와 같은 독일의 저명한 신학자가 독일 군주 카이저의 군국주의를 찬양하고 있을 때, 제1차 세계대전의 소용돌이가 전 유럽을 휩쓸고 지나가고 있을 때, 젊은 목회자 칼 바르트는 격동의 20세기를 이끌어 갈 새로운 '신학'에 대해 새로운 개념을 준비하고 있었던 것이다.** 1929년에 발표된 '신학의 운명과 정신'에서 칼 바르트는 20세기를 열어갈 신학자들에게 새로운 '신학함'의 의미를 제시하고 있다.

---

* 칼 바르트의 인간이해에 대한 연구는 Daniel Price, *Karl Barth's Anthropology in Light of Modern Thought* (Grand Rapids : William B. Eerdmans, 2002).

** '신학함'에 대한 칼 바르트의 새로운 정의는 H. Martin Rumscheidt, ed., *The Way of Theology in Karl Barth : Eassays and Comments* (Allison Park : Pickwick Publications, 1986).

> 신학이 '의롭게' 되기 위해서는, 결국 '믿음으로만 의롭게 된다'는 것 외에 다른 길이 없음이 분명합니다. 달리 말하자면, 신학을 한다는 것은 오직 '순종' 할 때만 가능한 것입니다. 심지어 이 '순종' 조차 '믿음' 으로 이해될 때만 진정한 순종이 될 수 있습니다. 이 순종은 하나님께서 거저 주시고, 값없이 주시고, 어떤 대가로 주신 것이 아닌, 거절할 수 없는 은혜를 긍정하는 우리들의 자세입니다. 신학을 한다는 것은 결국 겸손하게 그 일을 감당하는 것입니다. "그리스도가 시작한 곳에서 시작하십시오. 동정녀의 태중에서, 말구유에서, 그리고 마리아의 가슴에서"라고 언급한 마르틴 루터의 표현처럼, 하나님의 말씀(God's Word)이 우리에게 구체적으로 임하신 바로 그곳에서 시작하십시오. 실제로 말씀이 육신이 되신 것입니다. 그분은 참 하나님이셨으며 참 인간이셨습니다. 유일하시며, 거룩하시며, 교통하시며, 선하시며, 성별(聖別)되신 '말씀' 이셨습니다. 신학은 처음부터 끝까지 예수님에 대한 말씀일 때, 신학이 되는 것입니다.*

칼 바르트의 신학이 20세기 기독교 신학의 새로운 시대를 열었다. 바르티언(Bartian) 신학의 가장 중요한 시대적 공헌은 서구사회가 경험하였던 모더니즘의 붕괴에 따른 기독교적인 반응이었다. 합리적인 판단과 이성적인 접근을 통해서 끝없이 발전할 것만 같았던 유럽문명이 두 번의 세계대전이라는 전쟁의 잔혹함과 국가 이데올로기의 집단적 행패를 경험하면서, '역사의 지속적 발전' 이란 모더니즘의 구호가 얼마나 허황된 것인지에 대해 많은 철

---

* H. Martin Rumscheidt, ed., *The Way of Theology in Karl Barth : Eassays and Comments* (Allison Park : Pickwick Publications, 1986), 60. 필자의 번역.

학자들이 이의를 제기하기 시작하였다. 산산이 깨져버린 문명의 진보성에 환멸을 느끼면서, 고립주의에 가까운 실존철학으로 빠져들거나 더욱 공고한 경제이론을 바탕으로 한 공산주의 이론 등이 대안으로 제시될 즈음에, 칼 바르트는 시대의 왜곡된 흐름을 성서의 가르침을 통해 다시 확인하고 방향을 잃어버린 세대를 향하여 오직 인간의 모습으로 우리 가운데 오신 예수 그리스도를 통한 믿음과 '하늘에 계신' 하나님의 절대적인 초월을 강조하는 새로운 신학을 제시하였던 것이다.*

신정통주의(Neo-Orthodoxy), 변증법적 신학(Dialectical Theology), 혹은 위기의 신학(Theology of Crisis) 등으로 불려온 칼 바르트의 신학은 수많은 '바르티언'의 출현과 동료 신학자들간의 상호 영향을 통하여 20세기 신학의 주도적인 흐름으로 발전되었다. 같은 신정통주의 신학자였으나 하나님의 계시가 어떤 통로를 통해 인간에게 전달될 수 있는가에 대한 문제를 놓고 에밀 브루너(Emil Brunner, 1916-1966)와 논쟁한 사건은 잘 알려져 있다.** 하나님은 성서와 더불어 자연을 통해 자신을 계시하신다는 에밀 브루너의 의견에 대해 〈아니오!Nein!〉라는 논문으로 브루너의 견해에 반대하며 오직 성서만이 계시의 근거임을 다시 한 번 확인하였다.

1934년 나치 정권의 어용교회를 향해 경고한 칼 바르트의 '바르멘 선언(Barmen Declaration)'은 독일 고백교회의 신학적 바탕을 이루는 것이었다. 하나님의 말씀으로 오신 예수 그리스도만이 참된 계시이며 교회는 그 사실을 선포하는 곳임을 재확인한 바르멘 선언은 히틀러를 지지한 독일 어용교

---

* 칼 바르트의 신학이 20세기 기독교 신학에 미친 영향에 대한 연구는 Gary Dorrien, *Theology Without Weapons : The Bartian Revolt in Modern Theology* (Louisville : Westminster John Knox Press, 2000).

** John Hart, Karl Barth vs. Emil Brunner : The Formation and Dissolution of a Theological Alliance, 1916-1936(New York : Peter Lang, 2001).

칼 바르트와 에밀 브루너가 함께 대화를 나누고 있는 장면

회에 대한 직격탄이었다. 이 바르멘 선언과 고백교회와의 관계 때문에 바르트는 독일 본대학 교수직을 박탈당하고, 자신의 고향에 위치한 스위스 바젤 대학으로 자리를 옮기게 된다. 그는 은퇴할 때까지 바젤대학에서 가르치며 수많은 바르티언을 길러냈다. 20세기 교회일치운동의 이정표인 세계교회협의회(WCC) 구성에 중요한 역할을 하였으며, 제2차 바티칸공의회(Vatican II)의 신학 형성에도 지대한 영향을 미친 칼 바르트는 20세기 최고의 신학자라고 해도 지나친 말이 아니다.

칼 바르트의 신학은 20세기 기독교 신학의 이정표가 되었다. 필생의 역작이었던 〈교회 교의학〉에 대한 새로운 연구가 매년 발표되고 있으며, 그 범위도 성령론에서부터 포스트 모더니즘까지 다양한 측면에서 연구되고 있다.*
1932년부터 시작된 〈교회 교의학〉에서 우리는 성숙한 칼 바르트의 신학을

---

* 칼 바르트의 교회론에 대해서는 Colm O'Grady, *The Church in the Theology of Karl Barth* (Washington DC : Corpus Books, 1968). 포스트 모더니즘과 연관된 연구는 William Johnson, *The Mystery of God : Karl Barth and the Postmodern Foundation of Theology* (Louisville : Westminster John Knox Press, 1997) ; Graham Ward, *Barth, Derrida and the Language of Theology* (Cambridge : Cambridge University Press, 1995)

칼 바르트의 서재에 항상 걸려 있었던 두 장의 초상화. 왼쪽은 작곡가 모차르트(Wolfgang Amadeus Mozart, 1756-1781), 오른쪽은 종교개혁자 장 칼뱅(Jean Calvin, 1506-1564)

만나게 된다. 극단적이기까지 했던 젊은 바르트의 '하나님의 초월'에 대한 강조는 어느 정도 완화되고, 대신 절대적인 기독론 중심의 신학과 '교회'를 신학의 현장으로 보는 원숙함이 돋보인다. 젊은 바르트가 인간과 하나님 사이의 어떤 접촉점(Anknüpfungspunkt)도 거부하는 '부정'으로 새로운 신학의 방향을 잡았다면, 후기의 바르트는 '교회'와 '예수 그리스도'를 신학의 중심 주제로 붙듦으로써 20세기 기독교 신학의 새로운 방향을 제시한 것이라 할 수 있다.

바르트는 20세기 신학을 이끌고 갔던 엄숙한 신학자였지만, 인간적인 면모로 볼 때 그의 삶은 언제나 모차르트의 음악을 즐기고 농담을 즐겨하는 소박한 인생이었다. 재미있는 에피소드가 하나 있다. 바르트가 바젤대학에서 가르치고 있을 당시, 미국에서 온 한 박사과정 학생이 찾아와서 '구약성서에 나타난 동물들'에 대한 논문계획을 말했다고 한다. 그러자 바르트는 이렇게 말했다.

"자네에게 한 가지 부탁이 있네. 구약성서의 동물들을 연구할 때, 돼지들에 대해 자세히 연구해주길 바라네. 부디 돼지들을 잘 좀 봐주게나."

미국 학생이 어리둥절해하자 다시 바르트는 이렇게 말했다고 한다.

"뭐 그리 어리둥절할 필요없네. 내가 그저 돼지고기 요리를 즐겨 먹기 때문에 그런 부탁을 했을 뿐이야."

그 미국 학생이 마침내 바젤대학에서 구약성서에 나타난 동물을 주제로 박사학위 논문을 마치게 되었다. 그 학생은 바르트를 찾아가 비록 최선을 다했지만 구약성서에는 돼지에 대한 좋은 내용이 없었다고 하자, 바르트는 아쉬운 표정으로 이렇게 말했다고 한다.

"아쉽지만 이제 상관없네. 나는 이제 더 이상 돼지고기를 먹을 수 없게 되었다네. 건강 때문에 내 담당 주치의가 절대로 돼지고기를 먹지 말라고 했거든."*

---

* John Godsey, 'Reminiscences of Karl Barth', in *Princeton Seminary Bulletin*, Vol. XXIII, No. 3, (2002), 321

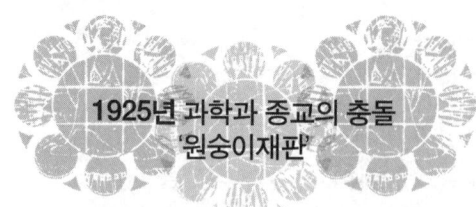

진화론과 창조론이 팽팽히 맞섰던 '원숭이재판'

'원숭이재판'은 진화론을 지지하는 대로 변호사와 창조론의 수호자인 브라이언의 대격돌이었다. 미국 테네시 주의 공립학교에서 진화론을 강의하던 스콥스 교사를 징계하고자 벌어졌던 원숭이재판은 당시 미국뿐 아니라 전 세계적인 관심을 불러일으켰다. 결과는 스콥스 교사에게 벌금형 100불이 부과되는 것으로 종결되었지만, 근본주의 신앙을 수호하던 브라이언은 세계역사와 자연과학에 대한 무지를 드러냄으로써, '원숭이재판'의 패배자로 기록되고 만다.

진화론을 지지하던 변호사 대로(왼쪽)와 창조론을 지지하던 브라이언(오른쪽)이 재판정에서 격돌하고 있는 모습

케임브리지대학 출신으로 1831년부터 5년간 영국정부가 실시했던 자연과학탐사대의 일원이었던 찰스 다윈(Charles Darwin, 1809-1882)은 태평양의 갈라파고스 섬에 살고 있는 각종 동물들을 관찰하면서 자신이 남미에서 발견한 멸종된 동물들의 화석과 흡사한 점을 발견하게 되었다. 탐사를 마치고 런던으로 돌아온 다윈은 전 세계에서 수집한 화석과 살아있는 동물들의 표본을 비교하면서 생물학적 상관관계를 연구한 다음 '진화론'이라고 불리는 새로운 생물 진화 이론을 발표하였다.

찰스 다윈(1809-1882)의 노년기 모습

다윈에 의하면 지금 지구상에 존재하는 모든 동물들은 특정한 한 생명체의 종(種)에서 매우 느리지만 점진적인 진화의 상태를 거치면서 분화(Specialization)되어 왔다는 것이다. 그 동물이 처한 자연환경에 따라서 분화와 진화가 일어나는 것을 관찰한 다윈은 이를 '자연적 선택(Natural Selection)'이라고 이름붙였다. 이러한 내용을 담은 그의 유명한 책 〈종의 기원 The Origin of Species〉(1859)이 출간됨으로써 창조론을 기초로 하던 기독교 세계관에 큰 충격을 주었다. "태초에 하나님이 천지를 창조하셨다"는 창세기 1장의 내용과 정반대의 주장이 생물학자 찰스 다윈에 의해 제기된 것이다.*

찰스 다윈의 〈종의 기원〉에서 시작된 창조론과 진화론이 법률상의 쟁점으로 떠오르며, 미국 법정에서 재판으로 비화되는 사건이 1925년 테네시 주

---

* 찰스 다윈의 진화론이 기독교 창조론에 심각한 영향을 미쳤기 때문에 다윈의 개인적 신앙에 대한 많은 에피소드가 남아 있다. 임종하기 직전 다윈이 자신의 진화론을 부정하는 것을 목격하였다는 여부흥사 엘리자베스 호프(Elizabeth Hope)의 증언 등이 보스턴의 신문에 보도되기도 하였다. 그러나 현장에 있었던 다윈의 딸 헨리에타(Henrietta)는 호프의 증언이 사실이 아님을 증언하였다.

의 작은 탄광마을 데이튼에서 발생하였다. 테네시 주 의회에서는 그해 1월, 테네시 주의 공립학교 교실에서 진화론 강의를 하는 것을 법률로 금지하는 버틀러 법안(Butler Bill)을 통과시켰다. 테네시 주의 이러한 법률조치는 미국 시민자유연맹(American Civil Liberties Union)의 즉각적인 반발을 불러일으켰다. 진보적인 시민단체였던 ACLU는 데이튼의 고등학교 생물교사인 존 스콥스(John Scopes)를 설득하여 스스로 진화론을 가르쳤음을 인정하고 자수하도록 하였다. 버틀러 법안을 위반하였기 때문에, 스콥스 교사는 반드시 재판정에 서야만 했다.

'원숭이재판'의 피고였던 존 스콥스 (John Scopes) 교사

ACLU는 이 재판을 통해서 테네시 주 법의 위법성을 미국 전역에 알리려는 속셈을 가지고 있었다. 결국 전국적인 관심이 집중되는 가운데, 1925년 7월 10일 스콥스 교사는 데이튼의 지방법원에 출두하게 되었다. 외형적으로 볼 때 이 재판의 원고는 테네시 검찰이었고, 피고는 스콥스 교사였다. 그러나 그 이면에는 진화론과 창조론이 팽팽하게 맞서고 있었다.

존 스콥스 교사의 피고 변호인단은 시카고의 거물 변호사 클라렌스 대로(Clarence Darrow, 1857-1938)가 이끌고 있었다.* 대로 변호사는 경험과 실력 면에서 출중했지만 사람들로부터 별로 좋은 평판을 듣지 못하는 변호사였다. 자신의 고객이 법망을 피해갈 수 있도록 수단과 방법을 가리지 않는 변호사로 알려져 있었기 때문이다. 대로와 맞붙은 원고측 변호사는 세 번이나 민주당 대통령 후보에 나섰으며, 윌슨 대통령 밑에서 국무장관을 지낸 바

---

* 대로 변호사의 자서전은 Clarence Darrow, *The Story of My Life* (New York : Grosset, 1932).

있는 윌리엄 브라이언(William Bryan, 1860-1925)이었다.* 화려한 정치 경력에서 은퇴한 브라이언은 라디오 칼럼니스트와 보수적인 부흥강사로 활동하고 있었다. 당시 그는 미국 근본주의 기독교를 대표하는 인물이었다. 그가 '원숭이재판'의 원고측 변호사를 자임한 이유는 너무나 분명했다. 그의 목적은 진화론자들을 미국 공립학교에서 몰아내는 것이었다.

진화론을 지지하는 대로 변호사와 창조론의 수호를 외치던 브라이언이 격돌하였기 때문에 '원숭이재판'으로 불려진 이 재판은 미국 전역뿐 아니라 전 세계적인 관심을 불러일으켰다. 재판의 진행과정이 라디오 중계를 통해서 전국에 방송된 것도 최초의 일이었다. 이 원숭이재판의 역사적 의미는 단순히 창조론과 진화론의 대결에 국한된 것이 아니었다. 원숭이재판이 열린 데이튼의 법정은 과학과 이성의 시대로 불리는, 모더니즘으로 접어든 현대사회에서 기독교의 위치와 존재근거를 확인하는 장소였다. 창조론으로 상징되는 기독교의 전통교리가 현대과학의 진보 앞에서 어떻게 생존할 수 있는지에 대한 첫 번째 방향이 결정된 계기였다.

원숭이재판에서 진화론자들을 미국의 공립학교에서 쫓아내기 위해 원고측 변호를 자원한 미국 근본주의(Fundamentalism) 기독교 지도자, 윌리엄 브라이언

재판이 열린 테네시 주의 데이튼은 마치 서커스 공연장을 연상케 하였다. 전국에서 몰려든 취재진과 부흥강사, 과학자, 신학자, 잡상인들이 테네시의

---

* 브라이언의 근본주의에 대한 연구는 Lawrence Levine, *Defender of the Faith : William Jennings Bryan, the Last Decade, 1915-1925*(New York : Oxford University Press, 1065).

1925년 역사적인 원숭이재판이 열렸을 때, 테네시의 작은 도시 데이튼은 마치 서커스장을 연상케 하였다. 위의 사진은 진화론을 반대하는 남부의 보수적인 기독교인들이 진화론을 공격하는 서적을 팔고 있는 모습

작은 마을을 일약 유명한 도시로 만들었다. 근본주의 신앙이 지배적이던 미국 남부가 무대였던 만큼 윌리엄 브라이언에 대한 인기와 관심이 집중되었다. 브라이언은 이 재판이 성서의 가르침과 창조론을 믿지 않는 미국의 고등학교가 지옥의 형벌에 떨어지는 것을 막게 될 것이라고 단언하였다.

모든 미국재판의 절차가 그러하듯이, 맨 처음에는 사건을 심리할 배심원부터 구성되었다. 자신에게 유리한 판결을 유도하기 위하여 각 원고와 피고가 원하는 배심원을 구성하는 것이 재판의 승패에 직접적인 연관이 있기 때문에, 대로와 브라이언 간의 치열한 법률공방전이 시작되었다. 테네시 주의 공립 고등학교에서 진화론을 가르쳤다고 고백한 존 스콥스 교사의 혐의를 확인하기 위하여, 그의 수업에 참여한 학생들이 소환되어 증언대에 섰으며 존스 홉킨스 대학의 생물학 교수의 증언도 채택되었다. 스콥스 교사의 변호인인 대로 변호사는 미국의 대표적 교회 지도자들로부터 진화론이 기독교의 가르침과 상충하지 않는다는 신학적 발표문을 낭독하는 등, 최선을 다하여 변론에 임하였다.

그러나 브라이언의 반격도 만만치 않았다. 진화론자들의 비신앙을 맹렬히 공격하며 대로 변호사를 포함한 비신앙인들이 기독교 신앙의 기본 진리인 '하나님의 창조'를 부인하는 잘못을 저지르고 있다고 공격하였다. 근본주의 신앙이 주도하던 지역적인 특색 때문인지, 재판 초기의 관심은 당연히 브라이언에게 몰려 있었고, 그의 법률논쟁이 있을 때마다 재판정의 관중은 '아멘'으로 화답하는 등, 원고측에 유리한 쪽으로 전개되었다.

그러자 노련하고 경험 많은 변호사 대로는 새로운 전략으로 맞섰다. 그의 판단에 따르면 이 '원숭이재판'은 존 스콥스에 대한 재판이기보다는 "하나님이 천지를 창조하셨다"는 성서의 첫 구절을 액면 그대로 믿을 수 있는가에 대한 이념공방이었다. 이 이념을 주도하는 사람은 스콥스 교사가 아니라 원고측 변호사인 브라이언이다. 그렇다면 재판정에 서야 할 사람은 스콥스 교사가 아니라 브라이언이었다. 이러한 법률적인 해석에 따라 대로 변호사는 엉뚱하게 원고측 변호사인 브라이언을 법정에 세우고 싶다고 판사에게 요청하였다. 피고측 변호사가 원고측 변호사를 증인으로 세우는 기상천외한 일이 벌어졌지만, 자신의 근본주의 신앙을 너무나 확고히 믿고 있던 브라이언 자신이 자청하여 증언대에 앉게 되었다. 이리하여 미국 사법부의 역사에서 그 유래를 찾아볼 수 없는 희귀한 장면이 연출되었다.

그러나 그것은 브라이언의 실수였다. 대로 변호사의 전략에 휘말려든 브라이언은 라디오로 생중계가 되는 가운데, 과학과 역사에 대한 자신의 무지를 드러냄으로써, 절대적으로 불리한 법률적 궁지에 몰리게 되었다. 이 증언을 통하여 역사적 '원숭이재판'이 결말을 보게 되고 피고측에게 유리한 선고가 내려졌다. 대로 변호사와 증인 브라이언 간의 설전 일부를 소개한다.

> 대로 : 브라이언씨, 선생은 성서를 깊이 있게 연구하시는 분이시지요?
>
> 브라이언 : 예, 그렇습니다.
>
> 대로 : 성서에 기록되어 있는 모든 것을 문자 그대로 믿어야 한다고 생각하십니까?
>
> 브라이언 : 성서에 기록되어 있는 그대로 믿어야 한다고 생각합니다. 물론 은유적인 표현도 있습니다. 예를 들면, "너희는 세상의 소금이다"라는 표현입니다. 우리는 사람이 소금이 될 수 없음을 압니다.

대로 : 여호수아서에 나오는 하나님이 태양의 운행을 잠시 중지시킨 사건도 문자적으로 이해해야 합니까? 이것을 의심해보신 적은 없습니까?

브라이언 : 없습니다.

대로 : 의심해 보신 적이 없다구요?

브라이언 : 그것은 내가 믿는 하나님이 알아서 하실 분야입니다.

대로 : 알겠습니다. 그러니까 하나님이 태양의 운행을 중지시켰다는 성서의 표현을 비판적으로 생각해 보지 않았다는 말씀이지요?

브라이언 : 그렇습니다. 〔중략〕

대로 : 노아의 홍수가 언제 일어났다고 성서에 씌어 있습니까?

브라이언 : 한 번도 계산해보지 않았습니다.

대로 : 홍수 설화가 다른 종교의 경전에도 기록되어 있는 것을 아십니까?

브라이언 : 모릅니다.

대로 : 기독교 외 다른 종교에 대해서 한 번도 연구해보지 않았습니까?

브라이언 : 그렇습니다.

대로 : 중국의 유교가 얼마나 오래된 종교인지 아십니까?

브라이언 : 정확하게 얼마나 오래되었는지 잘 모르겠습니다.

대로 : 조로아스터교가 얼마나 오래된 종교인지 아십니까?

브라이언 : 모릅니다.

대로 : 유교와 조로아스터교가 기독교보다 더 오래된 역사를 가지고 있다는 것을 아십니까?

브라이언 : 저는 기독교 신앙을 거부하기 위하여 애쓰는 어떤 사람의 의견도 듣고 싶지 않습니다.

대로 : 선생은 한 번도 지구의 역사가 얼마나 되었는지, 인류의 시초가 언제인지, 얼마나 오랫동안 동물들이 이 지구상에 존재하고 있었는지에 대해 관심이 없다는 말입니까?

브라이언 : 그런 것들에 큰 관심이 없습니다.

대로 : 지구의 역사가 얼마나 되는지 아십니까?

브라이언 : 모릅니다.

브라이언 : 추측해 보신 적은 있나요?

대로 : 과학자들이 주장하는 것 정도라고 알고 있습니다만 제가 잘 모르는 분야에 대해서 대답하고 싶지 않습니다. 〔중략〕

브라이언 : 인류의 첫 번째 여자가 하와였다는 것을 믿습니까?

대로 : 예.

브라이언 : 성서에 씌어 있는 대로, 하와가 아담의 갈비뼈에서 만들어졌음을 믿습니까?

브라이언 : 예, 그대로 믿습니다.

대로 : 가인이 어디서 자기 아내를 찾았습니까?

브라이언 : 그 문제는 하나님을 믿지 않는 불신자들이 해결하도록 내버려두겠습니다. 재판장님, 대로 변호사가 지금 제기하고 있는 질문은 성서를 부정하기 위한 말장난에 불과합니다.

대로 : 그렇지 않습니다. 저는 지금 이 세상의 지식 있는 기독교인이라면 아무도 믿지 않는 당신의 그 어리석은 신념에 대해서 질문하고 있습니다.

윌리엄 브라이언의 근본주의 신앙을 공격하기 위하여 원숭이재판의 피고측 변호인을 자청한 시카고 출신의 거물 변호사 클라렌스 대로 (Clarence Darrow)

진화론이 테네시 주의 공립학교에서 강의되는 것에 대한 법률적 공방은 대로 변호사의 전략에 휘말린 브라이언의 패배로 끝났다고 당시의 언론들은 보도하였다. 사실 대로 변호사의 최초 전략은 진화론을 가르친 스콥스 교사가 유죄판결을 받게 함으로써 이 사건을 고등법원을 거쳐 대법원까지 끌고 가는 것이었다. 스콥스 교사의 유무죄를 떠나, 대법원 사건으로 끌고 가서 진화론 교육을 금지한 테네시 주 법을 수정함으로써, 창조론을 고집하는 근본주의자들을 상위 법원에서 공격하는 것이 대로 변호사의 속셈이었다.

그러나 배심원들과 판사는 이 문제가 더 이상 확대되는 것을 막기 위해 스콥스 교사에게 법률이 정한 최소한의 벌칙인 벌금 100불을 선고하고 사건을 종결짓고 말았다. 비록 법률상으로는 스콥스 교사에게 벌금형이 내려졌지만, 최고의 피해를 입은 사람은 근본주의 신앙의 수호를 위하여 진화론을 테네시 주의 공립학교 교실에서 몰아내려고 했던 브라이언이었다. 대로 변호사의 전략에 말려들어, 세계역사와 자연과학에 대한 무지를 드러냄으로써, '원숭이재판'의 패배자로 기록되고 만 것이다.

역사적 재판이 데이튼에서 열린 지 6일이 지난 날, 브라이언은 저녁식사를 너무 과하게 먹고 지병인 당뇨병으로 인하여 조용히 잠든 상태에서 숨을 거두고 말았다. 재판을 마치고 인근 스모키 마운틴(Smoky Mountain)에서 하이킹을 하고 있던 대로 변호사는 브라이언이 사망했다는 소식을 신문기자들을 통해 알게 되었다. 어떤 기자가 재판에서 진 브라이언이 재판 때문에 지나치게 상심하여 죽은 것 같지 않느냐고 대로에게 질문하자, 대로 변호사는 "상심해서 죽은 것이 아니라, 배 터지도록 먹어서 죽은 것이다(Broken heart nothing ; he died of a busted belly)"라고 대답하였다고 한다.

테네시의 사법부는 스콥스 교사에게 내려진 100불의 벌금형도 취소했다.

모든 벌금형은 배심원의 유죄판결을 받아들인 판사에 의해 내려져야 하는데, 배심원들에 의해 벌금형이 결정되었기 때문에 법적인 구속력이 없다는 해석이 내려졌기 때문이다. 스콥스 교사를 재심하는 것도 기각되었다. 공립 고등학교에서 진화론을 가르친 스콥스 교사의 행동을 법률적으로 심판하는 것이 적절하지 않다는 해석과 더불어 이 사건 자체를 기각시켜 버림으로써 1925년, 테네시의 작은 도시 데이튼에서 일어난 '원숭이재판'은 흐지부지 끝이 나고 말았다.

역사적인 '원숭이재판'을 통해 과학지식이 기독교 신앙과 어떻게 조화를 이룰 수 있는지에 대해 어떤 해결책을 기대했던 사람들에게는 실망적인 결과라고 할 수밖에 없다. 그러나 뚜렷한 결말 없이 진행된 이 사건을 통해 과학과 기독교는 새로운 자기 영역을 찾기 위한 모색을 시작하게 된다. 과학적 지식과 기독교 신앙의 정확한 경계선은 아무도 긋지 못할 것이기 때문에, 어쩌면 사건 자체를 기각시켰던 테네시 사법부의 결정이야말로 지금까지 유효하고도 현명한 판결이었는지 모른다.

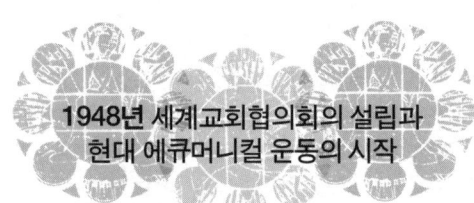
1948년 세계교회협의회의 설립과 현대 에큐머니컬 운동의 시작

하나된 교회를 향한 20세기 기독교의 첫걸음

에큐머니컬 운동은 1948년 스위스 제네바에 본부를 두고 있는 세계교회협의회(WCC)에서 출발한 교회 일치운동이다. 에큐머니컬 운동은 IMC(1921년에 결성된 국제선교협의회)와 WCC를 두 축으로 하여 추진되어 오다가, 1961년 인도 뉴델리에서 IMC가 WCC에 흡수 통합됨으로써 교회의 선교적 사명과 에큐메니컬 운동이 통합되기에 이르렀다. 신생국가들의 독립과 더불어 시작된 에큐머니컬 운동으로, 2천 년 교회의 역사를 지탱해오던 유럽 중심의 단일 기독교가 해체되기 시작한다.

1962년 2월 5일, 미국 백악관에 초대된 세계교회협의회(WCC) 대표단과 존 F. 케네디 대통령의 모습

한국교회에서 자주 거론되곤 하는 '에큐머니컬(Ecumenical)'이란 용어는 스위스 제네바에 본부를 두고 있는 세계교회협의회(World Council of Churches ; 이하 WCC)의 신학적 방향과 교회연합운동에 동참하는 교회나 교단을 지칭한다. 그러나 WCC 가입과 에큐머니컬 운동의 참여문제를 놓고 한국 장로교회의 통합측과 합동측의 분열(1959년)이 있은 후부터, 마치 에큐머니컬 운동에 참여하는 교단은 진보적이고, WCC와 에큐머니컬 운동에 반대하는 교단은 보수주의나 복음주의로 이해하는 경향이 있다. 20세기 후반의 기독교 역사뿐만 아니라, 한국교회의 신학적 분열에도 영향을 미친 에큐머니컬 운동과 WCC의 설립과정을 살펴보기로 한다.

원래 에큐머니컬이란 단어는 그리스어 '오이쿠메네'에서 유래한 말로, '거주하다' 혹은 '집'을 뜻하는 단어에서 발전하였다. 따라서 에큐머니컬의 원래 의미는 '세상 모든 사람들이 거주하는 큰 세계'라는 뜻으로, 초대교회 시절에는 '로마제국(Roman Empire)'과 동의어로 사용되기도 하였다. '우리들의 바다'로 불리던 지중해를 중심으로 남부 유럽과 북부 아프리카, 그리고 아시아 대륙의 서부지역을 장악했던 로마제국이야말로 '세상 모든 사람들이 거주하는 큰 세계'였기 때문이다.

그러나 이 '에큐머니컬'이란 용어는 최근 들어 '보편적 교회'라는 뜻으로 확대 발전되면서 세계교회의 일치운동을 지칭하는 단어로 사용되고 있다. 이 때 '교회의 일치'란 신조와 교리로 분열된 세계 각국의 기독교 교단들이 어떻게 상호 협력하면서 신학적으로 대화하고, 예수 그리스도를 함께 구주로 고백할 수 있는지를 모색하는 범교단적인 움직임이라고 볼 수 있다.

현대의 에큐머니컬 운동의 역사는 세계 각국에 흩어져 복음을 전하고 있던 해외 선교사들의 현장의 경험에서 태동하기 시작했다. 보다 효과적인 선교를 위해서 함께 협력해야 했던 선교사들의 현실 경험을 통해 각 교단들이 서로 교류할 수 있는 범교단적 단체의 필요성이 제기된 것이다. 그런 점에서 1910년 스코틀랜드 에든버러에서 개최된 세계선교대회는 현대 에큐머니컬 운동의 전환점이 된 사건이었다. 에든버러 세계선교협의회의 결정에 따라 국제선교협의회(International Missionary Council)가 설립되었고(1921년), 이 기관의 활동을 통해 세계 각국의 선교사들간에 상호 지원과 협력이 시작되었기 때문이다. 선교지 현장의 경험이 교단과 신학의 분열을 극복할 수 있는 대안을 제시하게 되었다.

1921년에 결성된 국제선교협의회(IMC)는 1928년 개최된 예루살렘 대회를 통해 기독교 복음이 가지고 있는 사회적 의미에 대한 새로운 신학적 해석을 시도하였다. 선교사역의 핵심을 차지하는 복음선포가 단순히 개인의 구령(救靈) 차원에만 머물러 있는 것이 아니라, 복음이 전달되는 선교지 현장의 '사회적 구원'의 중요성도 함께 강조되었다.

1952년 독일의 빌링겐(Willingen)에서 개최된 IMC대회는 20세기 선교신학의 중요한 개념이 새롭게 등장한 뜻 깊은 장소였다. 서구 제국주의와 함께 진행된 19세기 서구교회의 선교역사를 반성하며, 피선교지 문화와 종교에 대한 정복자적인 태도를 가진 선교가 아니라, 봉사와 섬김을 통한 철저한 자기 헌신의 선교를 강력하게 요구한 이 빌링겐 대회의 결과를, 독일 슈투트가르트 교회 감독인 카를 하르텐슈타인(Karl Hartenstein)이 '하나님의 선교(Missio Dei)'라고 일컬음으로써 20세기 후반의 선교신학의 방향을 결정하게 된다. '하나님의 선교'란 한마디로 '십자가 아래에서의 선교(Missions under the Cross)'이다. 십자군과 같은 정복자의 태도가 아니라, 십자가에 달리셔서 고난당하신 예수 그리스도를 닮는 것이 '하나님의 선교'가 지향하는 선교의 핵심인 것이다. 인간을 향한 하나님의 절대적 사랑이 표현된 십자가야말로, 교회가 지향해야 할 선교의 모델이다.*

---

* 존 맥케이(John Mackay) 박사는 '위대한 사명과 오늘의 교회'라는 제목의 강연을 통해 세계 복음화 자체가 선교의 목적이 아니라 전 세계에 그리스도의 주권을 다시 세우는 것이 진정한 선교의 사명이며, 이를 위해서 십자가에 달리신 예수 그리스도를 따르는 것이 선교와 교회의 사명이라고 역설하였다. 인도 선교사였으며 감독이었던 레슬리 뉴비긴의 강연과 함께 빌링겐 선교대회의 이정표가 되는 중요한 연설이었다.

'하나님의 선교'라는 신학적 개념이 칼 바르트의 신학으로부터 영향을 받은 하르텐슈타인에 의해 최초로 사용되었지만, 이 새로운 신학개념을 널리 소개한 사람은 1958년 〈하나님의 선교〉를 출간한 게오르그 피체돔(Georg Vicedom)이다. 피체돔에 의하면 "선교는 하나님 안에 있으며, 하나님은 보내시는 분으로서 아들을 파송하며, 아들의 파송은 그의 교회를 통해서 지속된다. 따라서 예수는 첫 번째 선교사이고, 그의 십자가의 죽음에서 하나님의 구원활동은 지금 우리 가운데 현존한다. 하나님의 구원활동은 교회의 선교를 가능케 하며, 교회는 하나님의 공적인 구원공동체로서 표시되고 구원의 역사적 현재로 부각된다"고 보았다.* 이론의 여지없이, 피체돔의 '하나님의 선교'에 대한 이해는 철저하게 교회 중심적임을 볼 수 있다.

그러나 네덜란드의 신학자 호켄다이크(J. Hoekendijk)의 '하나님의 선교'에 대한 이해는 종말론 쪽에 보다 많은 비중을 두고 있다. 그는 피체돔의 교회 중심적 선교 이해를 비판하면서, 세상의 참혹한 현실과 동떨어진 관념적인 선교신학과 선교의 주체가 되어버린 교회의 오류에 대해 맹렬히 공격하였다. 호켄다이크에 의하면 인류의 모든 역사가 하나님의 선교대상이다. 교회가 아니라 '하나님 자신'이 선교의 주체이며, 교회의 사명은 하나님의 선교를 통해 인류 역사 속에서 일하시는 하나님과 동역자가 되는 것임을 주장하였다.

피체돔과 호켄다이크에 의해 정립된 '하나님의 선교' 신학은 1948년 암스테르담에서 창립된 세계교회협의회(WCC)에 의해 계승되었다. WCC의 설립은 1910년 에든버러 세계선교대회의 결의에 따라 결성된 '생활과 실천(Life and Work : 교회의 사회적 책임에 대한 전담위원회)'과 '신앙과 직제(Faith and Order : 교회의 신학적 입장을 전담하는 위원회)'를 통합하는 세

---

* 김은수, 〈현대 선교의 흐름과 주제〉(서울 : 대한기독교서회, 2001), 123.

계교회의 연합기관 설립을 모색하기 시작한 1937년 영국 옥스퍼드의 모임(Conference on Church Community and State)에서 태동되기 시작했다. 이듬해 네덜란드 위트레흐트(Utrecht)에서 '생활과 실천'과 '신앙과 직제' 위원회 대표 각 7명이 만난 자리에서 앞으로 설립될 WCC의 헌법 초안을 작성하면서부터 세계교회 일치를 위한 첫걸음을 내딛게 되었다. 이 헌법 초안은 WCC의 참여여부를 묻는 설문과 함께 세계 각국의 196개 교단으로 보내졌다. 제2차 세계대전의 발발로 즉각적인 단체설립 계획이 연기되다가, 이 헌법 정신에 찬성하는 세계 145개 교단의 대표들이 마침내 1948년 네덜란드의 암스테르담에서 함께 모여 WCC를 공식적으로 설립하게 된다. WCC의 창립을 알리는 이날의 역사적인 모임은 평신도 운동과 선교 및 에큐머니컬 운동의 거장 존 모트의 설교로 시작되었다.

　암스테르담에 모여 WCC의 출발을 지켜본 세계 각국의 교회대표들은 새로운 교회일치운동의 시대를 목격하는 영광을 누렸지만, 처음 출발은 그리 순탄치만은 않았다. WCC의 존립목적을 설명하는 기본적인 내용에 있어서 각 교단의 신학적 견해차가 두드러졌기 때문이다. 예를 들면 암스테르담에서 채택된 기본협약 중, 'WCC는 주 예수 그리스도를 하나님과 구세주로 받아들이는 교회들의 친교를 도모한다'라는 표현에 몇 교단들이 이의를 제기하였다. 예수 그리스도의 신격과 인격의 상호관계, 그리고 삼위일체와 성령의 역사에 대한 강조 등으로 교단간에 신학적인 견해차를 보이자, WCC는 '기본협약에 대한 특별위원회'를 구성하여 장기간의 논의를 거쳐 제3차 뉴델리 WCC대회(1961년)에서 이를 다시 확정 발표하였다. 기본협약은 이렇게 수정되었다.

　'WCC는 주 예수 그리스도를 성경의 가르침대로 하나님과 구세주로 받아들이는 교회들의 친교를 도모한다. 따라서 WCC는 유일하신 하나님, 성부, 성자, 성령의 영광을 위해 하나님께 받은 부름을 실천하도록 노력한다.'

　그러나 이 새로운 기본협약은 동방정교회의 대표였던 러시아 태생의 폴로로브스키(Georges Florovsky)에 의해 도전을 받게 된다.* 교회에 대한 신학적 정통성을 유일하게 가지고 있다고 믿는 동방정교회와 세계교회의 협의체인 WCC가 어떤 상관관계를 가지게 될 것인지에 대한 진지한 질문을 던졌다. 그러나 그 질문의 이면에는 만약 WCC가 동방정교회의 독특한 교회론을 인정하지 않으면 WCC로부터 탈퇴하겠다는 의도를 가진 발언이었다. 이 문제 때문에, 1950년 캐나다 토론토에 모인 대표들은 모든 소속교단이 동의할 수 있는 WCC의 교회론을 다시 제시하여야만 했다.

흔히 '토론토 선언' 이라고 알려진 이 모임의 결정은 세계교회협의회가 세계 각국의 기독교를 통합한 유일한 교회가 아니며, 각 교단의 신학적 혹은 행정적인 방향을 결정하는 의사집행기관이 아니고, 교단간의 신학적 차이를 조율하기 위한 협상대표 모임도 아님을 분명히 하였다. 세계교회협의회의 목적은 '주님의 교회가 하나됨을 증거하는 모임' 임을 확실히 한 것이다. 1948년 암스테르담에서 WCC가 구성됨으로써 에큐머니컬 운동은 IMC와 WCC의 두 축으로 추진되어 오다가, 1961년 인도 뉴델리에서 IMC가 WCC에 흡수 통합됨으로써 교회의 선교적 사명과 에큐머니컬 운동이 통합되기에 이르렀다.

1968년, 스웨덴 웁살라(Uppsala)에서 열린 WCC대회는 1960년대의 진보적인 사회분위기와 사회개혁과 현실참여를 강력히 주장하던 소

짐바브웨의 하라레에서 열린 제8차 WCC 연례총회에 초청받은 넬슨 만델라가 아프리카 기독교인들과 함께 예배드리는 모습 (1998년 12월 3-14일)

---

* 에큐머니컬 운동에 대한 동방정교회의 신학적 입장을 연구한 책은 Constantin Patelos, ed., *The Orthodox Church in the Ecumenical Movement : Documents and Statements, 1902-1975*(Geneva : WCC, 1978).

장파들의 참여로, WCC 총회 역사상 가장 혁신적인 진보주의 이론이 에큐머니컬 운동과 선교의 개념에 적용되었다. 세계 곳곳에 만연해 있는 빈곤과 억압을 물리치고 사회의 구조악을 포함한 모든 속박으로부터의 해방을 주창한 웁살라 대회는 진정한 선교의 목표를 '인간화(Humanization)'로 보았다.

예일대학교의 라투렛 교수에 의해 "기독교 역사상 가장 포괄적인 교회"라는 평을 받았지만, 세계 각국의 보수주의 기독교인들은 WCC의 설립을 달가워하지 않았다. 미국의 남침례교(Southern Baptist Church)가 그 대표적인 예이다. 특히 1961년 인도 뉴델리에서의 결정에 따라 IMC와 WCC가 통합되자, 복음주의를 표방하던 세계 각국의 교단과 교회들은 WCC가 '세계 복음화'를 부수적인 현안으로 다루는 것에 반발하기 시작했다.

이들의 움직임은 1966년 4월 미국 일리노이 주 휘튼대학에서 열린 복음주의자들의 '휘튼 세계선교대회'로 구체화되었다. WCC와 에큐머니컬 운동에서 여과없이 발표되고 있는 진보적인 성향의 선교신학과 '세계 복음화'에 대한 무관심을 비판하며, 그리스도의 유일성과 교회의 사명을 강조하는 복음주의적인 성명서를 '휘튼 선언'이란 이름으로 발표하였다. 복음주의에 기초한 이들의 선교신학은 1966년 베를린 대회에서 열린 세계 복음화 대회(World Congress of Evangelism)에서 더욱 구체화되었다. 이 대회를 실질적으로 이끈 빌리 그래함 목사는 사회구원에 중점을 두고 있는 WCC와 에큐머니컬 진영의 진보적인 선교정책을 비판하면서 1,100여 명의 세계 각국의 대표단에게 성서에 기초를 둔 복음주의적인 선교를 시행할 것을 촉구하였다.

세계 복음화 대회(1966년)를 이끈 빌리 그래함 목사의 최근 모습

초기의 에큐머니컬 운동을

기독교 신학의 한 분야로 정착시킨 사람은 프린스턴 신학교 총장을 역임한 존 맥케이(John Mackay) 박사이다.* 초기 에큐머니컬 운동이 지향하던 '보편적 교회(Universal Church)'에 대한 희망과 기대는 제2차 세계대전의 종전과 신생국가들의 독립을 목격하였던 기독교 지도자들의 지나친 희망사항이었는지 모른다. 냉전 시대의 이데올

2002년 8월 스위스에서 개최된 중앙위원회에서 연설하고 있는 세계교회협의회 총무 콘라드 라이저(Konrad Raiser) 박사

로기 또한 에큐머니컬 운동의 방향을 결정하는 중요한 변수의 하나였다. 본질적인 교회일치운동보다 냉전 시대의 이념에 대한 찬성이나 반대가 에큐머니컬 운동의 기본정신을 침해하던 시대도 있었다. 냉전 시대의 종식과 더불어 가속화되고 있는 세계화(Globalization)와 급변하고 있는 세계교회의 현실에 대응할 수 있는 에큐머니컬 운동의 기본철학이 새롭게 요구되고 있다.**

현재 WCC의 에큐머니컬 운동의 개혁을 주도하고 있는 사람은 WCC 총무를 역임한 콘라드 라이저 박사이다. 그는 교회 연합체 조직으로서의 WCC가 너무 비대한 국제기구로 전락되고 있다고 경고하고 있다. WCC 산하에 수많은 국제기구와 각 지역을 대표하는 모임이 있지만 조직이 너무 방대하게 운영되면서 교회연합의 기본정신에 충실하지 못하고 있음을 강조하면서

---

* 존 맥케이의 초기 에큐머니컬 사상은 John Mackay, *Ecumenics : The Science of the Church Universal*(Englewood Cliffs : Prentice-Hall, 1964). 에큐머닉스가 기독교 신학의 한 분야로 소속되어야 한다는 그의 신념에 따라 프린스턴 신학교에 '선교, 에큐머닉스, 종교사학(Mission, Ecumenics, and History of Religions)'을 전담하는 학과가 신설되었다. 필자가 소속되어 있던 학과였다.

** 에큐머니컬 신학의 위기와 도전에 대한 최근의 분석은 Konrad Raiser, *Ecumenism in Transition : A Paradigm Shift in the Ecumenical Movement?* (Geneva : WCC Publications, 1991)

WCC를 중심으로 하는 에큐머니컬 운동의 재편을 시도하고 있다.*

1948년 암스테르담에서 설립된 WCC를 중심으로 하는 에큐머니컬 운동의 교회사적 의미는, 신생국가들의 독립과 더불어 시작된 세계종교로서의 기독교가 기독교 역사의 전면에 등장하면서 유럽 중심의 단일 기독교가 해체되고 있는 것이다. 이는 지금까지 교회의 역사를 지탱해오던 유럽 기독교 제국(Christendom)이 해체되고 있음을 의미한다.** 유럽과 미국 교회의 선교대상이었던 신생 독립국가들의 교회가 WCC의 회원으로서 동등한 권리를 행사하며, 자신의 현실에서 출발한 교회와 신학의 방향을 제시함으로써 다변화된 신학, 토착화된 신학을 세계 기독교에 소개하고 있다.

가톨릭 교회는 WCC에 참관인을 파견할 뿐 정식회원 멤버로 활동을 하지 않고 있다. 그러나 급변하는 현대사회의 조짐에 기민한 반응을 보였던 WCC 운동은 가톨릭 교회에 직접적인 영향을 미쳤다. 20세기 가톨릭 교회의 방향을 수정하였던 제2차 바티칸공의회(Vatican II)는 WCC를 위시한 에큐머니컬 운동에 많은 영향을 받았다.***

---

* 콘라드 박사가 주도하고 있는 WCC 개혁과 에큐머니컬 운동의 갱신 방향은 2006년 WCC 총회에 보고될 예정이다.

** Robert Bilheimer, *Breakthrough : The Emergence of the Ecumenical Tradition* (Grand Rapids : Wm. B. Eerdmans, 1989), 38.

*** 에큐머니컬 운동과 제2차 바티칸공의회를 비교 연구한 책은 Charles O'Neill, ed., *Ecumenism and Vatican II*(Milwaukee : Bruce Publishing Co., 1964).

1962-1965년 제2차 바티칸공의회

20세기 가톨릭 교회의 쇄신
제2차 바티칸공의회

에큐머니컬 운동을 위시한 개혁적인 교회론에 고무된 교황 요한 23세는 제2차 바티칸공의회를 개최하여 급변하는 현대사회에 적극 대응할 수 있는 새로운 가톨릭 교회론을 정립한다. 제2차 바티칸공의회의 특징은 '언어와 문화가 달라도 교회는 하나'라는 칼 라너의 교회관을 받아들임으로써 가톨릭 교회가 세계종교에 대한 관대한 입장을 천명했다는 점이다. 이는 20세기 후반 가톨릭 교회뿐만 아니라 세계 기독교에 지대한 신학적 영향을 미쳤다.

20세기 가톨릭 교회의 전환점 – 제2차 바티칸공의회(Vatican II)

1959년 1월 25일, 새로 선출된 교황 요한 23세가 전 세계 가톨릭 교회 주교들을 소집하는 대규모 종교회의를 발표하였다. 개인적인 교회 갱신의 비전을 가지고 있던 교황의 독단적인 공의회 소집은 가톨릭 교회의 보수파들로부터 적지 않은 반발을 초래하였다. 프랑스 혁명(French Revolution)을 견제하기 위해 소집된 제1차 바티칸공의회(Vatican I, 1868-1870)가 '교황 무오설(無誤說)'이라는 강력한 교권선포로 귀결되던 것을 경험한 가톨릭 교회의 지도자들은 새로 소집된 공의회 자체에 미온적인 반응을 보였다. '제2차 바티칸공의회(Vatican II)'로 불리는 본회의가 1962년 10월 11일 시작되었을 때만 해도 공의회 준비위원장의 현안은 주로, 가톨릭 교회가 당면하고 있는 제반 문제들을 어떻게 로마 교황청의 권위회복으로 해결할 수 있는가에 대한 소극적인 대응 방안들이 주류를 이루고 있었다.

그러나 교황 요한 23세는 마음속으로, 전혀 다른 가톨릭 교회의 청사진을 염두에 두고 있었다. 제2차 세계대전의 종전과 개신교회의 에큐머니컬 운동

미국의 대표적 시사교양지 〈타임〉에서 제2차 바티칸공의회를 소집한 교황 요한 23세를 1962년의 '올해의 인물'로 뽑았다.

을 위시한 개혁적인 교회론에 고무된 교황은, 가톨릭 교회가 급변하는 현대사회에 적극적으로 대응할 수 있는 새로운 교회론을 원하고 있었다. 소위 이탈리아어로 '아지오르나멘토(Aggiornamento)'라고 표현되는데, 이것의 목적은 가톨릭 교회를 현대사회에 맞게 '업그레이드(Upgrade)' 시키는 데 있었다. 이러한 맥락에서 교황 요한 23세는 개막연설을 통해, 제2차 바티칸공의회가 현대사회가 필요로 하는 계시의 의미를 새롭게 정립하고 전통수호에 급급하기보다는 '긍휼의 치료제'를 사용하여 현대사회의 문제점에 접근하라고 촉구하였다.

그러나 가톨릭 교회 내 보수파들의 반발도 만만치 않았다. 공의회에 상정될 가톨릭 교회의 교리와 현안을 결정하는 위원회를 이끌던 오타비아니 추기경(Cardinal Ottaviani)은 이들 보수파의 리더였다. 대다수가 이탈리아 출신이었던 이들 보수파들의 초기 의견은 비(非)이탈리아 출신의 신학자들로부터 맹렬한 공격을 받았다.

마침내 11월 20일 보수파가 제출한 '계시'에 대한 교리 초안이 본회의에서 1,368표 대 822표로 부결되는 사태가 발생하였다. 보수적인 견해를 누르고 교회 갱신을 위한 개혁적인 목소리에 점점 더 힘이 실리기 시작하는 계기가 마련된 것이다. 점차 개혁을 주장하는 소장파 신학자들의 의견이 받아들여지기 시작하였는데, 이러한 개혁적 성향은 공의회가 계속되면서 시간이 갈수록 가속도가 붙게 되었다. 공의회의 결과를 놓고 볼 때, 나중에 결정된 내용일수록 개혁적인 성향을 더 많이 담고 있음을 볼 수 있다.

사실 교황 요한 23세는 단 한 번의 회기를 소집하여 공의회를 마무리지으려는 계획을 가지고 있었다. 그러나 개혁파 신학자들의 주장이 점점 거세어지면서, 공의회의 현안이 가톨릭 교회의 전반 문제로 확대되었기 때문에 새로운 추가 회기가 필요해졌다.

하지만 불행히도 요한 23세는 제2차 회기가 시작되기 전에 운명하고 말았다(1963년 6월 3일). 나머지 3차 회기는 새로 선출된 교황 바오로 6세에게 맡겨졌다.* 바오로 6세야말로 공의회를 둘러싼 진보와 보수의 갈등을 중재할 수 있는 적임자로 간주되었다. 그는 로마 교황청 내부의 교권정치에 익숙하면서도 현장 교구를 이끈, 경험 있는 주교 출신이었기 때문이다.

제2차 바티칸공의회의 신학은 칼 라너(Karl Rahner)와 이브 콩가르(Yves Congar)의 신학과 교회론으로부터 많은 영향을 받았다. 하나님의 은혜와 인간의 본성 간의 상호 연관성에 대한 가톨릭 교회의 전통적인 이해는 하나님의 초자연적인 세계와 인간이 살고 있는 현실세계와의 차별과 분리를 인정하는 이분법적 사고가 지배적이었다. 이러한 전통적 견해에 반대하였던 칼 라너는 인간의 현존과 역사가 바로 하나님의 초자연적 세계가 실현되는 무대라고 보면서 이 둘 간의 간격을 좁히려는 시도를 하던 학자였다.**

초월적 하나님의 은혜가 우리 삶의 현실 가운데 나타나기 때문에, 인간의 역사가 바로 하나님의 은혜가 드러나는 현장이 되는 것이다. 이런 점에서 칼 라너가 이해한 교회는 동시대의 가톨릭 신학자들과 여러 점에서 달랐다. 동료 신학자들이 교회의 전통을 강조하며 라틴어로 통일된 예배를 통해 교회의 하나됨을 지켜나가고자 할 때, 칼 라너는 오히려 세계 각국의 언어로 드려지는 예배를 통해서 하나님 교회의 하나됨이 확인된다는 정반대의 생각을 가지고 있었다. 초월하신 하나님인 성육신을 통해 우리 삶의 현실 가운데 나타나시고, 모든 세계가 하나님의 은혜가 드러나는 현장이라면, 언어와 문화가 달라도 교회는 하나라는 칼 라너의 교회관이 제2차 바티칸공의회의 중심

---

* 총 10개의 분과가 토의된 제2차 바티칸공의회는 총 4차의 회기로 진행되었다. 총 10명의 추기경이 각 분과에 배치되어 전체 회의에 상정할 기초 원안을 작성하였으며, 전체 대표단의 1/3은 교황이 직접 선출하고 나머지 2/3는 전체 회의에서 결정하였다. 의견 정족수는 전체 2/3 이상의 과반수였다. 폐막 때까지 총 168회의 모임이 진행되었다.

** 칼 라너의 신학사상에 대해서는 Thomas Sheehan, *Karl Rahner : the Philosophical Foundations* (Athens : Ohio University Press, 1987) ; William Dych, *Karl Rahner*(Collegeville : Liturgical Press, 1992).

적인 신학으로 받아들여지게
되었다.

이브 콩가르는 특히 평신도들의 중요성에 대해 강조하면서 사제와 평신도 간의 새로운 협력적인 관계 모색의 길을 열어놓았다.* 바티칸 공의회의 공문서인 〈세상 모든 사람들의 빛 Lumen Gentium〉은 교회를 정의함에 있어 '주님의 몸된 교회(Church as the Body of Christ)' 라는 전통적인 교회론에 '하나님의 백성(Church as the People of God)으로서의 교회' 라는 새로운 개념을 적용함으로써 급격히 변화하고 있는 현대인의 삶 속에 위치할 수 있는 교회의 가치를 신학적으로 확립한 것이다.**

제2차 바티칸공의회에 참석한 대표단. 전체 참석자 2천 명 중 약 500여 명의 아시아 · 아프리카 교회의 대표가 참석하였다.

제2차 바티칸공의회의 결정은 20세기 가톨릭 교회뿐만 아니라 세계 기독교에 큰 신학적 영향을 미쳤다. 315페이지에 이르는 광범위한 16개의 최종 보고서는 20세기 후반의 가톨릭 교회가 지향해야 할 새로운 신학과 교회의 방향을 결정지었다.

성속(聖俗)의 분리라는 세상에 대한 가톨릭 교회의 전통적 입장이 수정

---

* 이브 콩가르의 신학사상에 대해서는 Yves Congar, *Diversity and Communion*(Mystic : Twenty-Third Publications, 1985) ; Yves Congar, *Divided Christendom : A Catholic Study of the Problem of Reunion*(London : G. Bles, 1939).

** 〈세상 모든 사람들의 빛〉에 나타난 새로운 교회관은 라틴 아메리카의 해방신학이 태동할 수 있는 신학적 기반이 되었다. 교회의 위치를 역사의 현장에서 고통받고 압제받는 사람들 속에서 확인시킴으로써 억눌린 사람들에 대한 교회의 사명이 강조되었기 때문이다. David Tombs, *Latin American Liberation Theology*(Boston : Brill Academic Publishers, 2002), 79.

됨으로써 현실세계와 세속 문화에 대해 긍정적인 접근이 가능하게 된 것이 첫 번째로 기억해야 할 제2차 공의회의 결과이다. 또한 마르틴 루터의 종교개혁 이후부터 '배교자' 혹은 '돌아와야 할 탕자'로 불리던 개신교도들을 '분가한 형제들(Separated Brothers)'이라 부름으로써 신구교간의 상호 인정을 위한 첫걸음을 내딛었으며, 동방정교회와는 1054년에 일어난 동서교회의 대분열(Great Schism)을 극복하기 위하여 상호 파문 결정을 철회하는 결정을 내렸다(1965년 12월).

또한 라틴어만을 고집하던 미사를 세계 각국의 언어로 드릴 수 있도록 개정하였고, 세계종교에 대한 관대한 입장을 천명함으로써 종교간의 대화를 위한 문을 활짝 열어놓게 되었다. 성직(聖職)에 대한 새로운 정의가 내려졌다. 더 이상 사제와 평신도 간의 계급이 존재하지 않으며 사제와 평신도 모두가 하나님의 부르심을 받았음을 천명하였다. 한마디로 제2차 바티칸공의회는 격변하는 현대사회에서 새로운 '교회됨'을 회복하고자 하는 가톨릭 교회의 신학적 선언이었다.

보편적 교회를 대표하는 교황의 사도권을 인정하면서, 동시에 개별적 사안에 대한 각 지역 주교들의 사도권도 함께 인정한 제2차 바티칸공의회의 결정은 단순히 가톨릭 교회의 행정구조의 갱신차원을 넘어, 다변화되고 있는 현대사회의 요청에 능동적으로 대처할 수 있는 교회의 모습을 새롭게 정립시켰다는 역사적 평가를 받고 있다. 이런 점에서 아마 제2차 바티칸공의회에서 결정된 가장 중요한 신학적 결의는 '현대사회에서 교회가 감당해야 할 역할에 대한 목회적 규율'일 것이다. 이 중요한 문서의 끝부분은 변화하는 현대사회에서 감당해야 할 교회의 사명에 대해 다음과 같이 설명하고 있다.

우리가 함께 살아가는 이 시대의 기쁨과 희망, 그리고 슬픔과 고뇌, 특히 가난하고 억눌린 사람들의 그것은 예수 그리스도를 따르는 우리들의 기쁨과 희망인 동시에 우리들의 슬픔과 고뇌이다. 인간적인 감정을 담고 있는 그 어느 것도 그들의 마음속에서 소리없이 사라지지 않는다. 바로 이 이유 때문에 우리 기독교인은 세상 모든 사람들과 함께 깊은 연대를 나누게 되는 것이다. 엄청나게 많은 수의 사람들이 세상의 풍요로움으로부터 소외당하고 있다고 느끼고 있으며, 부정과 차별을 느끼는 그들에게도 공정한 몫이 돌아오기를 강력하게 희망하고 있다. 최근 독립한 신생국가들은 현대문명의 일원으로서 당연히 누릴 수 있는 정치적 경제적 권리를 갈망하고 있으며, 자기가 원하는 바를 자유롭게 추구하고 있다.

그러나 그들의 갈망은 부유한 나라의 강력한 경제력에 종속되어 있으며, 부유한 국가와 개발도상국 간의 경제적 차이는 날로 심화되고 있다. 가난한 나라의 국민들은 그들의 이웃에 있는 부자 나라를 향해 울부짖고 있다. 여성은 남성에게 공평한 권리를 원하고 있으며, 농부들과 공장노동자들은 단순히 그들의 삶을 영위하기 위한 필요생필품만 요구하는 것이 아니라, 노동을 통하여 개발될 수 있는 개인적인 재능과 새로운 사회를 건설하기 위한 경제적, 사회적, 정치적, 문화적 참여를 요구하고 있다. 인류 역사상 처음으로, 이제 세상 모든 사람들은 문화적 편리는 모든 사람이 누릴 수 있는 것이라고 믿는 데 조금도 주저함이 없다.*

---

* A. P. Flannery, ed., *Documents of Vatican II*(Grand Rapids : Eerdmans, 1975), 57. 필자의 번역.

제2차 바티칸공의회의 역사적 의미는 새로운 시대를 향한 가톨릭 교회의 자기 갱신에 있었다. 변화하는 새로운 시대에 대처하기 위한 교회의 '쇄신(Aggiornamento)'은 가톨릭 교회의 내적인 방향을 새롭게 정립하였다. 엄격한 도그마에 의해 획일적으로 움직이던 교회에서 대화와 타협을 통해 새로운 교회의 모습으로 변모하는 진지한 대화의 분위기가 마련된 것이다. 그런 점에서 제2차 바티칸공의회는 1965년에 종결된 역사적 사건이 아니었다. 계속된 후속 모임과 토론을 통해 전 세계의 가톨릭 교회는 엄밀한 자기 성찰의 시간을 가졌다.

제2차 바티칸공의회에 의해 나타난 가장 가시적인 결과라면 라틴 아메리카의 해방신학일 것이다. 라틴 아메리카의 현실에서 시작된 엄밀한 자기 성찰의 시간이 구스타보 구티에레즈를 포함한 라틴 아메리카의 가톨릭 신학자들에게 새로운 '신학함'의 의미를 부여하게 되면서, 지금까지 전통 신학체계 안에서 찾아볼 수 없었던 새로운 기독교 해방의 영성이 새롭게 발견되었기 때문이다.

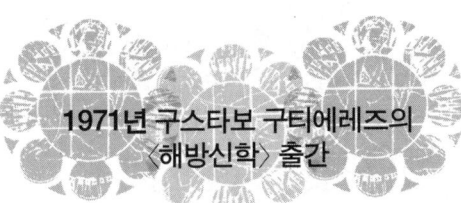

1971년 구스타보 구티에레즈의
〈해방신학〉 출간

독재와 빈곤 속에서 싹튼 '해방신학'

해방신학은 군사독재에 시달리는 라틴 아메리카의 정치 현실 속에서 민중을 구하고자 하는 구티에레즈의 〈해방신학〉 출간을 기점으로 탄생된다. 이론과 사변으로 일관하던 전통신학에서 벗어나 실천과 반성을 강조하는 '프락시스'의 신학으로 발전한 해방신학은 전 세계로 퍼지면서 흑인신학, 여성신학이 태동하는 중요한 신학적 방법으로 사용되었다. 해방신학을 통해 교회의 사명에 대한 새로운 자각이 일어났으며, 개인의 죄를 강조하던 구원론은 빈곤과 독재라는 구조적인 사회악에 대한 기독교인의 사명을 일깨웠다.

1960년대에 등장한 해방신학은 격동하던 라틴 아메리카의 정치 현실에서 출발하였다. 위의 사진은 쿠바혁명을 이끌었던 체 게바라(Che Guevara)가 1958년 12월 산타클라라 전투를 지휘하는 모습

1960년대 극심한 군사독재와 만성적인 빈부격차로 시달리던 라틴 아메리카에서 새로운 기독교 신학의 한 분야가 탄생하였다. '해방신학(Liberation Theology)'이라고 일컫는 이 '현장 신학'은 전통적인 서구의 신학체계와는 출발점부터 달랐다. 성서나 신학서적에 담겨 있는 텍스트(Text)의 의미를 새롭게 재해석하는 철학적이며 분석적인 서구 신학의 전통과는 달리, 새로 등장한 라틴 아메리카의 '해방신학'은 신학하는 사람의 '상황(Context)'에서 출발한다. 텍스트 중심에서 콘텍스트 중심으로 신학의 중심축이 이동한 것이다. 따라서 해방신학에서는 텍스트에 대한 논리나 합리성의 검정보다 콘텍스트에 대응하는 '프락시스(Praxis, 실천)'가 우선한다. 해방신학의 출발점은 고통과 억압이 있는 현장이기 때문이다. 군사독재와 제국주의의 횡포에 시달리며 정치 경제적으로 억압받고 있는 민중의 신음소리에 귀기울이던 라틴 아메리카의 신학자들이 '현장의 소리'를 신학화함으로써 새로운 라틴 아메리카의 신학이 태동되었다.

1966년 2월 15일, 콜롬비아 정부군은 독재정권에 항거하여 싸우던 혁명 게릴라군에게 매복공격을 감행하였다. 그날의 공격으로 사살당한 게릴라 군의 리더는 카밀로 토레스(Camilo Torres)라는 이름의 가톨릭 사제였다. 신부의 직책을 잠시 뒤로하고 민중의 진정한 해방을 위해 총을 들었던 토레스 신부의 죽음은 라틴 아메리카의 해방신학이 태동하는 데 큰 역할을 하였다. 토레스 신부는 '진정한 사랑을 실천하기 위해' 성서 대신 총을 들고 게릴라전에 참가하면서 이렇게 말했다.

> 나는 사제로서의 권리와 특권을 버렸지만 한 번도 나 자신이 사제라는 사실을 잊은 적이 없습니다. 나는 경제적으로 또 사회적으로 어려운 때에 내 이웃들에게 사랑을 전하기 위해 잠시 미사를 집전하며

> 말씀을 전하는 것을 중단했습니다. 만약 내 이웃들이 더 이상 바라는 것이 없고, 우리가 꿈꾸던 혁명이 완수되는 그날, 나는 다시 미사를 집전할 것입니다. 수많은 혜택을 누리던 소수의 기득권자들은 가난한 대중들을 위해 자신의 권력을 포기해야 합니다. 빠른 시간 안에 이 일이 성취될 수 있다면, 이것이야말로 우리가 꿈꾸는 혁명의 핵심인 것입니다. 우리들의 혁명은 가난한 자들에게 먹을 것을 줄 수 있는 정부를 만들기 위한 유일한 길입니다. 〔중략〕
>
> 이런 이유 때문에 혁명은 기독교인들에게 용인된 것일 뿐만 아니라, 반드시 지켜야 할 의무입니다. 우리가 꿈꾸는 혁명이야말로 모든 사람들에게 사랑을 실천할 수 있는 유일하고 반드시 필요한 것입니다.*

토레스 신부는 혹심한 군사독재 아래에 있던 콜롬비아 국민들의 영웅으로 일약 떠올랐다. 비록 6개월 전에 사제직을 중단하고 게릴라군의 혁명에 동참하였지만, 성서를 내려놓고 총을 든 그의 행동은 많은 사람들로 하여금 군사독재 정권 아래서의 교회의 사명에 대해서 다시 한 번 생각케 하는 계기가 되었다.

'해방신학의 아버지'로 불리는 구스타보 구티에레즈(Gustavo Gutiérrez, 1928년 출생)는 카밀로 토레스의 대학친구였다. 구티에레즈는 혁명군에 가담하려는 친구 토레스 신부를 간곡히 말렸지만, 이미 결심을 굳힌 토레스 신

---

* Phillip Berryman, 'Camilo Torres : Revolutionary Theologian', *Commonweal*, vol. 96(April, 1972), 164-165에서 재인용. 필자의 번역.

가톨릭 신부 출신의 혁명 게릴라 지도자 카밀로 토레스. 1966년 콜롬비아 정부군에 의해 사살당했다.

부의 마음을 돌릴 수 없었다. 토레스 신부의 죽음은 구티에레즈의 신학 형성에 지대한 영향을 미쳤다. 페루와 유럽의 유수한 대학에서 정통신학을 공부한 구티에레즈는 고통과 억압의 현장에서 교회와 신학의 사명을 새로운 각도로 보기 시작한다. 그는 또한 페루 리마의 도시빈민들과 함께 생활하면서 그들이 경험하고 있는 비인간적인 사회적 폭력을 신학적으로 규명한다. 그의 해방신학은 고통받고 압제당하고 있는 민중의 시각에서 출발하였다.

'해방신학의 아버지'로 불리는 페루의 신학자 구스타보 구티에레즈

제2차 바티칸공의회(Vatican II, 1962-1965)를 통해 새롭게 정립된 가톨릭 교회의 신학은 구티에레즈 신학의 역사적 분기점을 이룬다. '세상의 빛'으로서의 교회의 사명을 감당하기 위해 고통받는 이웃의 아픔을 외면할 수 없다는 제2차 바티칸공의회의 신학적 선언은 구티에레즈에게 새로운 신학적 희망이 되었다. 구티에레즈는 이러한 희망찬 신학이 라틴 아메리카 민중들의 현실에 적용되기를 원했다. 그러나 자신이 페루와 라틴 아메리카에서 목격한 현실은 여전히 고통과 압제 속에서 시달리는 민중의 모습이었다.

라틴 아메리카의 주교단 회의가 콜롬비아의 메델린에서 열렸을 때(1968-1969년), 구티에레즈는 이 모임의 신학적 조언자(Theological Advisor)로서 라틴 아메리카 민중들의 고통과 억압을 집중적으로 거론하였다. 이 기간 중 정립된 구티에레즈의 신학은 1971년 〈해방신학〉이란 제목의 책으로 출간되었고, 이때부터 '해방신학'이라는 공식적인 이름이 라틴 아메리카와 서구교회에도 널리 알려지게 되었다.

해방신학은 이론적인 신학체계가 아니라 가난과 압제에 시달리는 민중현실에 대한 기독교적 대응방식이다. 역사에 대한 관념론적 분석이기보다 모순의 역사를 개선하기 위한 집단적 성찰과 행동을 요구한다. 비록 집단적 성찰과 모순을 향한 저항적 행동을 강조하지만, 그렇다고 해서 해방신학은 사회윤리의 한 실천방안으로 머무르지 않는다. 오히려 해방신학은 가난과 압제에 시달리는 민중의 입장에 서서 '신학함'의 의미를 새롭게 정의하는 '신학 자체의 변혁'을 요구한다. 가난한 사람만이 참된 신학을 할 수 있다는 명제로까지 발전될 수 있는 해방신학의 새로운 정의는 전통적 신학체계의 근본을 뒤흔드는 것이었다. 가난에 대한 이론적 분석을 통하여 해방신학의 기초를 세운 사람이 구티에레즈라면, 고통받는 민중의 힘에 의해 역사를 이끌어가는 해방자인 예수의 실체에 대해서 규명함으로써 해방신학을 한 차원 높게 끌어올린 인물은 호세 보니노(José Bonino)이다.*

라틴 아메리카의 해방신학은 곧바로 전 세계로 퍼져나가면서 고통과 압제가 있는 현장 모순에 대항하는 강력한 '신학적 도구(Theological Tool)'로 발전하기 시작한다. 해방신학이 라틴 아메리카의 지역적 제한을 탈피하면서 해방신학 자체의 현장화(Localization of Liberation Theology)가 이루어지기 시작한 것이다.

미국신학계에서 제일 먼저 해방신학의 기본전제를 적용한 신학 현장은 1960년 민권운동이 한창 진행되던 흑인 커뮤니티였다. 백인 인종차별주의자의 입에서 "가장 아름다운 흑인의 모습은 깜둥이가 죽어 있을 때이다"라는 표현이 거침없이 내뱉아지던 시대에, 해방신학은 극심한 인종차별에 시달리던 흑인신학자들에게 새로운 신학의 패러다임으로 받아들여졌다. 이 '흑인신학(Black

'흑인신학'의 대부로 통하는 제임스 콘 교수. 한국의 민중신학에도 지대한 영향을 미친 인물이다.

---

* 호세 보니노의 해방신학에 대해서는 José Bonino, *Doing Theology in a Revolutionary Situation* (London : SPCK, 1975) ; José Bonino, *Toward a Christian Political Ethics* (Philadelphia : Fortress Press, 1983).

Theology)'을 이론화한 사람은 뉴욕 유니언 신학교의 제임스 콘(James Cone) 교수이다.*

라틴 아메리카의 해방신학은 또한 1960년대 가부장제도로부터의 '여성 해방'이라는 시대적 흐름과 겹치면서 '여성신학(Feminist Theology)'이 태동하는 중요한 신학적 방법으로 사용되었다. 1960년대에 가속화되기 시작한 미국의 산업화 과정을 통해 출산과 양육에 머물러 있던 전통적 여성의 역할이 바뀌면서, 여성의 자각과 반성의 목소리가 높아졌다. 또한 성(性)에 대한 인식의 변화와 더불어 피임법이 개발됨으로써 임의적인 출산 조정이 가능해졌고, 50퍼센트 이상 이혼율이 증가함에 따라 미국 여성에 대한 새로운 이해가 요구되어졌다.

미국 중산층 가정의 판도가 달라진 것도 여성신학의 등장에 큰 영향을 미쳤다. "만약 하나님이 남자라면, 남자는 하나님이다(If God is male, then the male is God)"라는 표현을 사용하며 철저한 여성해방을 주창하던 메리 데일(Mary Dale)과 같은 과격한 여성신학자들도 있었지만, 대부분의 초기 여성신학자들의 기본 출발점은 남성의 경험에서만 출발하는 기독교 신학의 편협성을 지적하는 단계였다. 그러나 최근의 여성신학은 기독교의 전통적 상징체계가 여성의 입장에서 어떻게 재해석될 수 있는지에 대한 문제와 남녀의 진정한 평등을 추구하는 새로운 교회론의 정립, 그리고 남녀가 모두 참여할 수 있는 보편적 윤리체계를 설립하는 데 주력하고 있다.** 이러한 새로

---

* 제임스 콘의 대표적 저서는 James Cone, *Black Theology and Black Power*(New York : Seabury Press, 1969) ; *God of the Oppressed*(New York : Seabury Press, 1975) ; *Martin & Malcolm & America : A Dream or a Nightmare*(Maryknoll : Orbis Books, 1991).

** 레베카 촙 교수는 이 세 가지 과제를 여성신학의 '우선 과제(Leading Principles)'로 본다. Rebecca Chopp, 'Feminist and Womanist Theology', in David Ford, ed., *The Modern Theologians*(Malden and Oxford : Blackwell, 1997), 394.

운 여성신학의 과제는 로즈메리 류터(R. Ruether), 레티 러셀(L. Russell), 엘리자베스 피오렌자(E. Fiorenza), 레베카 촙(R. Chopp) 등의 대표적인 신학자들에 의해 연구되고 있다.

여성신학의 다음 세대를 이어가는 학자 중의 한 사람인 레베카 촙 교수

주로 백인 중산층 여성을 중심으로 연구되던 여성신학은 백인 여성과는 전혀 다른 사회적 환경 속에서 신앙 경험이 있는 흑인 여성들에 의해서 새롭게 연구되었다.

흑인으로서 그리고 여성으로서 이중 차별을 당하던 흑인 여성들은 '페미니즘(Feminism)'이란 용어 자체가 이미 백인 중산층 여성의 전유물처럼 여겨지고 있는 상황에서 '우머니즘(Womanism)'이란 새로운 용어를 발견하기에 이르렀다. 이러한 흑인 여성신학의 대표적인 기수는 흑인신학자 제임스 콘으로부터 신학 훈련을 받은 델로리스 윌리엄스(Delores Williams)이다.*

델로리스 윌리엄스는 창세기 16장에 소개되는 하갈의 고난을 흑인 여성의 관점으로 재해석하면서, 흑인이면서 동시에 여성이기 때문에 겪어야만 하는 사회적 고통을 예리하게 파헤쳤다. 구티에레즈의 사상은 흑인신학과 여성신학에만 영향을 미친 것이 아니다. 1970년대 박정희 정권의 개발 이데올로기와 군부독재에 대항하였던 한국의 민중신학, 그리고 인도사회에서 가장 천대를 받던 천민들의 현실에서 출발한 달리트(Dalit) 신학 등으로 확대 발전되고 있다.**

---

* 흑인 여성신학의 기초를 놓은 델로리스 윌리엄스의 대표적 연구는 Delores Williams, *Sisters in the Wilderness : The Challenge of Womanist God-Talk* (Maryknoll : Orbis, 1993).

** 달리트 신학에 대한 참고 자료는 John Webster, *A History of the Dalit Christians in India* (San Francisco : Mellen Research University Press, 1992) ; Vijay Prashad, *Untouchable Freedom : A Social History of a Dalit Community* (New York : Oxford University Press, 2000).

해방신학, 흑인신학, 그리고 여성신학은 억압과 고통이 있는 현장 문제와 씨름하기 위해 제시된 해결책에 중점을 두기 때문에 전통적인 신학과는 달리 '응용'적인 측면이 매우 강하다. 사변적이고 철학적인 접근이기보다는 현장의 경제구조와 정치적 횡포에 맞서기 위한 신학체계이므로 당연히 이론적인 면보다 실천적인 면이 강조되어 왔던 것이 사실이다.

굳이 신학적인 계보를 따져본다면, 많은 해방신학자들이 칼 바르트와 위르겐 몰트만의 영향을 받았다고 볼 수 있다. 해방신학은 공허한 말의 유희에 지나지 않는 자유주의 신학을 공격하고 오직 예수 그리스도를 통해 나타났던 하나님의 성육신 사건을 강조하는 바르트의 기독론을 토대로, 해방신학의 당위성을 발전시켜왔다. 지금 여기(Here and Now)야말로 그들이 신학하던 현장이었기 때문이다. 몰트만의 종말론도 이들의 신학을 특징짓는 중요한 시금석이다.

해방신학을 위시한 여러 상황에 기초한 신학들에 대한 보수주의 신학자들의 비판도 만만치 않다. 해방신학의 초창기에 사용되었던 사회주의 이론의 계급이론과 극단적인 종속이론에 대해 거부감을 가지고 있던 서구의 신학자들은 구티에레즈의 신학에 바탕을 둔 사회주의 정신을 비판하기도 하였다. 해방신학이 해결해야만 하는 신학적 도전은 교회론의 지나친 강조에 있다. 압제와 고통으로부터 해방되는 공간 모두를 교회로 보는 해방신학의 교회론은 자칫 기독론의 약화를 초래할 수 있기 때문이다. 예수 그리스도가 교회의 주인이 분명하다면, 해방된 민중이 교회의 주인됨을 선언하는 해방신학의 교회론으로부터 여러 가지 문제가 발생하는 것은 당연한 일이다.

그러나 해방신학의 공헌 또한 간과할 수 없다. 라틴 아메리카의 고통과 압제의 현장에서 출발한 구티에레스의 해방신학을 기점으로, 20세기 후반의 기독교 신학은 이론과 사변이라는 전통적 방법의 신학에서 실천과 반성을 강조하는 '프락시스'의 신학을 발견하게 되었다. 교회의 사명에 대한 새로운 자각이 일어났으며, 개인의 죄를 강조하던 구원론은 빈곤과 독재라는 구조적인 사회악에 대한 기독교인의 사명을 일깨웠다.

우리가 해방신학을 통해 발견한 하나님은 저 멀리 구름 위에 계신 전적인 타자가 아니라 가난한 이웃들의 친구가 되시며, 오히려 그들의 빈곤과 한숨 속에서 자신을 드러내시는 해방의 하나님이었다.

1990년대 베이비 부머들의 귀환

베이비 부머들을 위한, 윌로우 크릭 교회

현재 윌로우 크릭 교회는 미국은 물론이고 전 세계 교회들의 연구대상이 되고 있다. 교회를 떠났던 베이비 부머들을 다시 교회로 불러들였던 윌로우 크릭 교회의 개척자인 빌 하이벨스 목사의 교회운영방식 등을 통해, 가장 효과적이고 민주적인 교회행정은 무엇인지, 복음의 현대적 의미를 새롭게 해석할 필요가 있다. 건전한 신학 풍토가 조성되었을 때, 대형교회의 미래는 밝아올 것이다.

윌로우 크릭 교회의 구도자(Seeker) 예배 장면 — 교회의 문화를 모르는 베이비 부머들에게 부담을 주지 않기 위해 전통교회의 엄숙한 성례전이나 예식은 최대한 억제하고 편안하게 예배드릴 수 있는 극장공연식으로 운영된다. 사진은 윌로우 크릭 교회의 개척자이자 담임목사인 빌 하이벨스가 설교하는 장면

다소 미국적인 기준이 될지 모르지만 전후(戰後)세대, 즉 1945년부터 1964년 사이에 태어난 사람들을 '베이비 부머(Baby Boomers)'라고 부른다. 제2차 세계대전이 끝난 직후 미국을 포함한 전 세계 인구가 급격히 증가했는데, 이 시기에 태어난 사람들을 총칭하는 사회학적 집단의 이름이라고 할 수 있다. 사회구성원의 집단행동을 연구하는 사회학자들의 관찰에 의하면, 이 베이비 부머들은 아주 독특한 사회환경에서 자라났기 때문에 이전 세대와는 다른 집단행동 양식을 보이고 있다. 이들은 사춘기나 대학시절 동안 개인의 자유와 평등을 강조하던 격동의 1960년대를 경험하였으며, 민권운동과 여성해방, 베트남 반전운동에 직접·간접으로 참여했던 세대이다.

이들은 또한 케네디 대통령의 암살(1963년)과 마틴 루터 킹 목사의 암살(1968년)을 TV중계를 통해 지켜보았던 사회집단이다. 가장 풍요로웠던 1970년대의 미국의 경제적 호황기를 즐겼던 베이비 부머들은 당시 TV를 통해 생활현실로 자리잡은 미디어 상업광고의 집중적인 타깃이 되어왔다. 그들은 철저하게 미디어의 영향을 받으면서 자란 세대이다. 따라서 이들은 미

1960년대 미국의 지성사회는 일대 변혁기를 맞았다. 옆 사진은 흑인해방과 민권운동을 이끌었던 마틴 루터 킹 목사의 모습

디어와 상업광고가 유혹하는 철저한 소비심리를 바탕으로 자신들의 선택을 정당화해왔다. 또한 그들은 철저히 개인주의적이며, 끊임없이 사회적 신분 상승을 추구하는 특성을 보여왔다.

베이비 부머 세대의 이상은 여피족과 좀비족이었다. 미국의 우주선이 달에 착륙하는 것을 가슴 뿌듯하게 지켜보면서 인류의 미래에 장밋빛 희망을 걸었던 세대이다. 이들에게 기독교 신앙은 다르게 받아들여졌다. 베이비 부머 세대의 부모 세대는 대부분 기독교 신앙을 가지고 있었기 때문에, 베이비 부머들의 대부분은 주일학교에 대한 어릴 적 기억을 가지고 있다. 그러나 그들 중 대부분은 격동의 사춘기와 청년기를 지나면서 교회를 떠나고 말았다. 급변하는 시대의 흐름에 대응하지 못하고 전통적인 형식만을 고집하던 기성 교회의 고리타분함에 실망한 베이비 부머들은 개인의 자유와 철저한 소비심리에 영향을 받으며 교회를 떠나버린 것이다. 이 베이비 부머 집단에 속한 세 명 중의 두 명은 어떠한 종교적 활동도 하지 않고 있음을 통계숫자는 보여주고 있다.*

그런데 영원히 교회를 떠난 세대로 간주되던 이 문제의 베이비 부머들이 점차 나이가 들어가면서 교회로 다시 돌아오고 있다는 것이 최근에 발표된 종교사회학자들의 공통된 견해이다.** 베이비 부머들의 귀환을 설명하면서 어떤 종교사회학자는 베이비 부머들이 자녀를 양육하면서 자신들이 청소년기에 경험한 혼돈과 절망을 대물림하지 않기 위해서 교회의 문을 다시 두드리고 있다고 본다. 또 어떤 학자는 영원히 늙지 않을 것 같던 베이비 부머들

---

* 베이비 부머들에 대한 종교사회학적 분석은 Wade Clark Roof, *Spiritual Marketplace : Baby Boomers and the Remaking of American Religion*(Princeton : Princeton University Press, 1999) ; Wade Clark Roof, *A Generation of Seekers : The Spiritual Journey of the Baby Boom Generation*(New York : Harper Collins, 1993). 베이비 부머들을 위한 기독교 상담학적 분석은 Gary Collins, *Baby Boomer Blues*(Irving : Word, 1992).

** 이에 관한 상세한 연구는 Doug Murren, *The Baby Boomerang*(Ventura : Regal Books, 1990).

도 세월의 위력 앞에서 자신의 영적인 한계를 발견하고 있다고 진단한다. 문제는 교회의 태도이다. 돌아온 탕자, 베이비 부머 세대가 교회로 돌아오고 있는데, 과연 교회는 이들을 맞이할 준비가 되어 있는가?

'베이비 부머들의 사도 바울'로 불릴 만한 윌로우 크릭 교회의 담임목사 빌 하이벨스

베이비 부머들의 귀환을 예측하고 그들만의 독특한 문화와 정서에 호소할 수 있는 새로운 교회와 예배의 모습을 준비해온 교회들이 있다. 이 교회의 지도자들은, 근본주의 신앙의 극단성은 베이비 부머들로부터 호소력을 상실하고 있음을 정확히 파악함과 동시에 진보적인 기독교 신학 또한 '교회됨'의 기본정신을 망각하고 있다고 본다. 이 교회의 지도자들은 베이비 부머들의 독특한 성격을 정확하게 읽어내면서 그들의 요구와 수요에 부응할 수 있는 새로운 교회의 모습을 제시하고 있다. 교회로 다시 발걸음을 옮기고 있는 베이비 부머들의 관심과 기대를 정확히 읽어낸 대표적 교회는 시카고 인근의 윌로우 크릭 교회이다.

미국의 대형교회를 대표하는 교회 중의 하나이면서 베이비 부머들의 모교회로 알려진 윌로우 크릭 교회는, 1975년 당시 청소년 목회자로 명성을 날리던 빌 하이벨스 목사가 시카고 인근의 윌로우 크릭 극장을 빌려 시작한 새로운 형태의 교회에서 출발하였다.

현재 윌로우 크릭 교회는 시카고 인근뿐만 아니라, 미국과 전 세계 교회들의 연구대상이 되고 있다. 교회 자체의 외형적인 성장뿐만 아니라, 담임목사인 빌 하이벨스의 리더십과 베이비 부머들의 모교회로 성장시킨 그의 목회철학은 시대의 흐름을 교회가 어떻게 읽어내고 적절하게 대응하는가에 대한 전형적인 모델로 제시되고 있다. 그렇다면 빌 하이벨스 목사와 윌로우 크릭 교회의 신학은 무엇일까?

윌로우 크릭의 신학이 단순한 교회 마케팅의 결과가 아님을 우리는 하이벨스의 은사였으며, 윌로우 크릭 교회의 사상을 대변하는 길버트 빌레지키언(Gilbert Bilezikian)의 신학을 통해 발견하게 된다. 윌로우 크릭 교회는 하이벨스가 '닥터 B'라는 애칭으로 불리는 빌레지키언과 함께 교회개척을 결정함으로써 시작되었다.* 빌레지키언 박사는 휘튼 칼리지의 신학교수였으나 하이벨스가 트리니티 신학교로 전학 왔을 때, 2년간 그 학교에서 임시로 학생들을 가르치고 있던 신학교 교수였다. 하이벨스의 주목을 받은 빌레지키언에게 신학은 진정한 교회론으로서의 '커뮤니티' 이론에서 출발한다. 21세기의 교회, 베이비 부머들의 교회는 교회의 기능이나 조직이 아니라 '커뮤니티'의 형성에 달려 있다는 이론이다. 윌로우 크릭 교회의 목회와 조직의 중추를 이루고 있는 소그룹 사역(Small Group Ministry)의 핵심사상이 바로 빌레지키언 박사의 커뮤니티 교회론을 바탕으로 하고 있다.

윌로우 크릭 교회가 추구하는 커뮤니티로서의 교회는 두 가지 기본적인 철학을 바탕으로 하고 있다. 초대교회의 모습을 가장 이상적인 커뮤니티로 보는 윌로우 크릭 교회는 첫째로 '섬김의 자세'를 중시하고, 둘째로 '사역에 참여하는 여성'을 강조한다. 섬김을 통한 커뮤니티 형성과 여성의 사역이 바로 윌로우 크릭 교회가 귀환하는 베이비 부머들을 맞이하기 위한 두 가지 기본적인 목회철학인 것이다.

윌로우 크릭 교회의 예배신학은 한마디로 기독교 문화를 떠나 있던 베이비 부머 백인 중산층에게 부담감 없이 복음을 소개하여 그들의 삶을 그리스도의 제자로 변화시킨다는 것이다. 이를 위해서 교회건물의 구조와 예배형식에서 철저히 비기독교인을 먼저 고려하는 방법을 사용하고 있다. 전통적

---

* 하이벨스와 윌로우 크릭 교회에 미친 빌레지키언의 영향에 대한 자세한 분석은 Lauren Winner, 'The Man Behind the Megachurch', in *Christianity Today,* Nov. 13, 2000. 빌레지키언 박사는 세계대전 이전에 프랑스에 거주하던 아르미니우스 신자이다. 보스턴의 고든 콘웰 신학교를 거쳐 보스턴대학에서 박사학위를 취득하고 휘튼대학에서 가르쳤다.

인 예전이나 형식주의를 배제하고, 극장식 무대에서 현대적 팝 뮤직과 단막극 형식을 도입함으로써, 미디어의 영향을 받고 자란 베이비 부머들의 정서에 친숙한, 독특한 예배를 드리게 한다.

설교자의 검은 예복이나 엄숙한 성가대의 찬양은 물론, 제단의 십자가도 예배당에서 찾아볼 수 없다. 티셔츠 차림의 젊은 설교자들은 엄숙함과는 거리가 먼 설교의 내용으로 베이비 부머들의 영적인 요구를 정확하게 지적해 내고 있다. 특히 부족한 예배시설의 문제를 타결하고, 처음 교회에 출석한 사람들을 위한 예배를 기존 교인들의 예배와 완전히 분리시킨 윌로우 크릭 교회의 혁신적인 예배는 구도자를 위한 예배와 실제적인 시설 문제를 동시에 해결한, 어떻게 보면 윌로우 크릭 교회의 철학을 가장 상징적으로 보여주는 것이다.

사실, 미국의 대형교회는 이미 오래 전부터 이런 '극장식 예배'를 선호하여 왔다. 대형교회가 미국교회에 처음 등장하면서 주목을 받기 시작한 것은 1910년대 뉴욕의 성공회 소속이었던 성 바르톨로메 교회와 1920년대 시카고의 시카고 복음 성막(Chicago Gospel Tabernacle), 그리고 로스앤젤레스의 안젤루스 성전(Angelus Temple)이 활발한 활동을 시작하면서부터이다. 이들 초기의 대형교회들은 기존의 전통적 교회들이 감당할 수 없는 전문 인력과 현대적 장비를 동원하여 마치 서커스가 열리는 것 같은 화려한 예배를 진행하면서 대중들의 폭발적인 인기를 누렸다. 대부분의 초기 대형교회들이 탄탄한 재력을 바탕으로 수많은 부대시설과 커뮤니티 봉사센터를 교회 내에 설치하여, 쇼핑몰 교회(Shopping Mall Church)의 모습을 보인 것도 공통적인 현상이었다.

1960년대부터 미국의 대형교회들은 소속된 교단의 통제를 최소화하거나, 아예 교단에 소속되지 않는 방식을 채택하기 시작했다. 흔히 'Community'나 'Bible Church'라는 이름이 붙은 대형교회들은 대부분 교단소속이 없는 교회라고 봐도 무방하다. 이렇게 대형교회들이 교단소속을 기피하는 문제는 기존의 교회와 교단조직이 일련의 문제가 있었음을 보여주고 있다. 교단본부의 신학적인 통제와 행정적인 일방주의가 더 이상 개체교회에서 받아들여지지 않고 있다. 시카고 윌로우 크릭 교회도 이러한 미국 대형교회의 전통을 이어받고 있다. 그러나 빌 하이벨스가 주도하는 윌로우 크릭 교회가 타 교회와 다른 점은 교회로 귀환을 시작한 베이비 부머들의 성향과 그들의 영적인 요구를 정확하게 읽어내고, 그들이 부담없이 교회에 참여할 수 있는 커뮤니티와 예배환경을 조성해줌으로써, 시대의 흐름에 적절히 대응하는 교회의 기민한 현장성을 보여주었다는 점이다.

"교회를 떠났던 베이비 부머들에게 부담감을 주지 않으면서 그들을 영적으로 변화시키겠다"는 윌로우 크릭의 목회비전은 여러 가지 각도에서 검토되어야 할 신학적 도전이다. 일부 복음주의 신학자들은 윌로우 크릭 교회의 이러한 접근이 기독교를 싸구려 감상주의 종교로 타락시키고 있다고 경고하고 있다. "부담을 주지 않겠다"는 윌로우 크릭 교회의 목회방식은 엄격한 윤리적 실천과 사회적 책임을 강조하는 전통적 기독교의 가르침과 상반된다는 주장이다. 윌로우 크릭 교회의 지나친 현대문화의 수용과 긍정은 '세상과 구별된' 복음의 본질을 너무 세속화시키고 있다고 본다. 또한 선교의 대상으로 잡고 있는 '베이비 붐 세대에 속한 백인 중산층'이 너무 차별적이고 제한되어 있기 때문에, 복음의 대 사회적 책임을 외면하고 있다고 비판한다. 그들의 견해에 의하면 윌로우 크릭에 모인 사람들은 그리스도의 제자가 아니라 주말을 함께 보낼 수 있는 사람들의 모임이란 것이다.

과연 윌로우 크릭 교회는 혹자의 평대로 '제2의 종교개혁'을 이끌어 가고 있는지, 아니면 미국 상업주의의 볼모가 된 변형된 교회의 모습을 드러내고 있는지, 이에 대한 역사적 판단을 내리기에는 너무 이른 감이 있다. 미국 초기의 대형교회들은 쇼핑몰 교회의 모습을 지향하다가 종국에는 사회기관으로 전락되고 말았고, 정교분리의 원칙에 따라 많은 사회봉사 기관이 정부 산하단체로 이첩됨으로써 교회의 문이 닫혔다는 점에서 역사적 교훈을 얻을 수 있다. 영원히 늙지 않을 것 같던 베이비 부머들도 세월의 흐름을 막을 수 없기 때문에, 중년으로 접어든 베이비 부머들의 신앙행위에 변화가 나타나고 있는 것도 중요한 고려의 대상이 되고 있다.*

한국교회의 경우, 대형교회의 설립자가 은퇴할 시점에 이르러 담임목사직의 세습을 강행하여 여러 가지 사회적 물의를 일으키고 지탄의 대상이 되고 있는 점도, 깊이 반성해야 할 점이다. 비전과 능력을 가진 지도자, 급변하는 문화환경을 자세히 관찰할 수 있는 예리한 감각, 효과적이고 민주적인 교회행정, 그리고 복음의 현대적 의미를 새롭게 해석할 수 있는 건전한 신학적 풍토가 조성될 때, 대형교회의 미래가 밝아오리라 본다.

---

* 중년으로 접어든 베이비 부머들의 신앙에 대한 연구는 John Roschen, *Baby Boomers Face Midlife : Implications for Faith Communities in the '90s and Beyond* (Minneapolis : Adult Faith Resources, 1991).

2000년대 남반부 기독교의 등장

세련되지 않은 조용한 신학
아프리카 기독교가 다가온다

21세기 기독교의 모습은, 창의적 소수에 의해서가 아니라 이름없는 다수 대중의 힘에 의해서 새롭게 그려지고 있다. 적도 이남의 기독교 인구가 폭발적으로 증가하면서 기독교의 중심축이 남쪽으로 이동하고 있는데, 문제는 기독교 신학이 여전히 유럽과 북미의 역사와 전통에 의존하고 있다는 점이다. 아프리카의 기근과 가뭄, 에이즈와 같은 생존의 문제를 놓고 신음하고 있는 아프리카인들을 위한 위로와 병고침의 신학이 절실히 요구된다.

노코우에 강가에서 아프리카 독립교단 사제의 축복기도를 받고 있는 여신도의 모습
21세기 기독교는 아프리카 교회의 미래에 달려 있다는 조심스런 견해가 등장하고 있다.

21세기로 접어든 기독교에 새로운 변화의 조짐이 나타나고 있다. 그것은 기독교 2천 년 역사를 통해 나타났던 새로운 창의적인 신학이나 탁월한 교회 지도자의 등장과는 거리가 먼 새로운 움직임이다. 창의적 소수가 아니라, 이름 없는 다수 대중의 힘에 의해 21세기 기독교의 모습이 새롭게 그려지고 있다.

　이 새로운 기독교의 모습은 적도 이남의 교회에서 목격되고 있다. 적도 이남의 기독교 인구가 폭발적으로 증가하면서 기독교의 중심축이 남쪽으로 이동하고 있는 것이다. 유럽과 북미 대륙의 교회들로부터 선교의 대상으로 여겨지던 아프리카와 라틴 아메리카에서 기독교 인구가 기하급수적으로 증가하면서 지금까지 경험하지 못한 새로운 형태의 교회의 모습과 신학적 논의가 제기되고 있다. 21세기로 접어든 기독교의 이러한 변화를 앤드류 월스나 필립 젠킨스 교수는 '남반부 기독교 시대의 도래(The Rise of Southern Christianity)' 라고 일컫고 있다.*

　21세기의 기독교는 더 이상 유럽이나 북미 대륙의 종교가 아니다. 광범위하게 말하면 기독교는 이미 오대양 육대주에 널리 퍼진 '세계종교(Global Christianity)' 가 되었고, 보다 엄밀하게 말하자면 오늘의 기독교는 적도 이남의 남반부 국가들을 중심으로 급격히 팽창하고 있다. 머지않은 장래에 세계 기독교인의 절대 다수가 아프리카, 라틴 아메리카, 그리고 아시아와 남태평양 군도의 사람들로 구성될 것임을 이미 수많은 통계지표가 제시하고 있다. 믿을 수 있는 세계종교인구 통계에 의하면, 1800년도에 개신교 인구의 99%가 유럽과 북미 대륙에 거주하고 있었다. 백년 후 1900년도의 유럽과 북미 대륙의 개신교 인구는 세계 전체 개신교도 인구의 약 90%를 차지하고 있었다. 그러나 2천 년 현재 전 세계의 개신교 인구의 약 1/3만이 유럽과 북미

---

* '남반부 기독교' 의 등장에 주목하고 있는 학자들은 앤드류 월스와 필립 젠킨스 교수이다. Andrew Walls, *The Missionary Movement in Christian History* (Maryknoll : Orbis Books, 1996) ; *The Cross-Cultural Process in Christian History* (Maryknoll : Orbis Books, 2002) ; Philip Jenkins, *The Next Christendom : The Coming of Global Christianity* (Oxford : Oxford University Press, 2002).

대륙에 거주하고 있다.* 특히 아프리카에서의 개신교 증가는 가히 폭발적인 속도를 유지하고 있다. 2001년에 출간된 〈세계기독교총람〉에 의하면, 1965년 이래 아프리카의 기독교인의 숫자는 46%의 성장세를 유지하고 있으며, 하루에 23,000명이 기독교로 개종하고 있으며, 이를 1년치로 계산하면 약 840만 명이 복음을 받아들이고 있다는 것이다.** 이 속도가 계속된다면 사하라 사막 이북의 일부 이슬람 지역을 제외한 아프리카 대륙 전체가 복음화될 것으로 예상되고 있다.

남반부 기독교의 등장은 단순히 숫자의 증가만을 의미하는 것이 아니다. 급격한 개종의 숫자와 속도 못지않게 우리가 주목해야 할 것은 남반부 기독교의 독특한 신학이다. 한마디로 남반부 기독교의 신학적 특징을 말한다면 그것은 '오순절 운동(Pentecostal Movement)' 과 '독립교단(Independent Church)' 을 바탕으로 하고 있다는 것이다.

하버드대학의 하비 콕스가 이미 1995년에 예견하였듯이, 남반부 기독교는 '성령세례(Baptism of the Holy Spirit)' 를 강조하는 일단의 카리스마적 리더들에 의해서 주도되고 있다. 특히 칠레와 브라질을 위시한 라틴 아메리카의 '개신교' 는 'Pentecostal' 이란 용어와 동의어로 이해될 만큼 큰 영향을 미치고 있다. 아프리카에서 두드러지게 나타나고 있는 독립교단 현상은 단순히 3,500만에 달하는 아프리카 독립교단 교인의 숫자에서 잘 나타나 있다. 이 숫자는 현재 전체 아프리카 기독교인의 10%만을 차지하고 있지만, 그 증가추세는 계속되고 있다.***

---

* Philip Jenkins, *The Next Christendom*, 37.

** 위의 책, 56.

*** 대표적인 아프리카 독립교단의 지도자를 들라면 가나의 윌리엄 해리스(William Wadé Harris), 나이지리아의 개릭 브레이드(Garrick Braid), 콩고의 사이몬 킴방구(Simon Kimbangu), 우간다의 루벤 스파르타스(Reuben Spartas), 말라위의 존 칠렘베(John Chilembwe), 남아프리카의 만게나 모케네(Mangena Mokene)와 이사야 셈베(Isaiah Shembé) 등이다.

이러한 세계 기독교 인구분포의 판도 변화와 이에 따른 새로운 신학 성향의 발전을 미리 예측한 기독교 지도자들이 있었다. 예를 들면, 남부 인도의 선교사였으며, 20세기 후반의 선교신학 정립에 지대한 영향을 미친 레슬리 뉴비긴(Lesslie Newbigin)은 1954년에 출간한 유명한 책 〈하나님의 권속 The Household of God〉에서 이미 20세기 중반부터 급격한 성장의 조짐을 보이던 오순절 운동이 기독교의 미래를 결정할 중요한 변수가 될 것이라고 예견하였다. 1955년 〈라이프 매거진 Life Magazine〉에 실린 헨리 반 두센(Henry Van Dusen)의 '기독교 제3의 원동력(Third Force in Christendom)'이란 제목의 시대를 앞선 글 역시 비슷한 맥락에서 세계 기독교 인구의 변동을 정확하게 예측하였다.

WCC에서 발표된 1960년대의 연구자료에도, 21세기로 접어드는 시점에 이르러 기독교 인구의 50% 이상이 비(非)백인이며, 다수가 오순절 운동에 관여되어 있는 제3세계 출신이 될 것이라고 예견하고 있다. 세계적인 선교학자이며 에큐머니컬 운동을 신학적인 차원으로 끌어 올렸다는 평가를 받고 있는 프린스턴 신학대학원의 총장 존 맥케이(John Mackay) 박사는 이미 1960년대에 "기독교의 미래는 개혁주의를 추구하는 가톨릭 교회와 성숙해져 가는 오순절주의(Pentecosalism)에 달려 있다고 해도 과언이 아니다"라고 주장했었다.* 이들 선각자들의 예견이 사실로 드러나고 있는 실정이다. 최근에 이 문제를 심도 있게 연구한 학자는 앤드류 월스 박사와 펜실베이니아 주립대학의 필립 젠킨스 교수이다. 이들 두 학자들은 '남반부 기독교 시대의 도래'가 이미 세계 기독교의 현실로 나타나고 있음을 직시하면서 새로운 시대사조에 걸맞는 새로운 교회론과 신학의 정립을 촉구하고 있다.

---

* John Mackay, *Christian Reality and Appearance*(Richmond : John Knox Press, 1969). 이에 관한 맥케이의 공헌을 상세하게 다룬 논문은, Robert Curlee and Mary Issac-Curlee, 'Bridging the Gap : John A. Mackay, Presbyterians and the Charismatic Movement', *American Presbyterian* 72, 3(Fall 1994), 142-56.

기독교 인구의 급격한 변동과 명백한 통계가 남반부 기독교의 도래를 알리고 있음에도 불구하고 여전히 기독교 신학은 유럽과 북미의 역사와 전통에 의존하고 있는 것이 현실이다. 21세기의 교회는 적도 이남에서 급격히 팽창하고 있는데, 여전히 세계교회의 신학은 전통적인 서구의 패러다임을 고집하고 있다. 교회의 지리적 팽창을 신학이 따라가지 못하고 있는 실정인 것이다.

남반부 기독교에서 흔히 목격되는 오순절 현상을 북반부 기독교의 신학 체계 안에서는 미신이나 정령숭배 외에 다른 설명이 불가능하다. 꿈을 통한 직접적인 체험을 중시하고, 특히 조상의 혼과 연관된 계시에 신적인 권위를 부여하는 아프리카 기독교인들의 성향에 대해 북반부 기독교의 신학자들은 아무런 신학적 의견을 제시하지 못하고 있다.*

아프리카의 교회는 새로운 신학을 요구하고 있다. 아프리카의 교회들이 서구의 전통적인 신학이 해결해줄 수 없는 문제들과 씨름하고 있기 때문이다. 매해마다 반복되는 아프리카의 기근과 가뭄에 대해 비를 내리게 하는 기도를 드릴 수 있는 신학이 필요하고, 창궐하고 있는 에이즈 때문에 생존의 문제를 놓고 신음하고 있는 아프리카인들을 위한 위로와 병고침의 신학이 절실히 요구되고 있다. 이러한 절실한 문제를 앞에 두고 있는 아프리카 기독교인들에게 복잡한 토마스 아퀴나스나 칼 바르트의 신학은 무의미한, 아니 최소한 절실하지 않은 신학이 될 수밖에 없다.

아프리카와 라틴 아메리카, 그리고 남태평양 군도의 기독교는 에어컨과 히팅 시스템이 잘 갖춰져 있어서 사시사철 쾌적한 환경에서 예배를 드릴 수 있는 미국과는 전혀 다른 환경 속에서 예배를 드리고 있다. 환기가 잘 되지

---

* 필립 젠킨스 교수는 이런 남반부 기독교 현상에 대한 북반부 기독교 신학자들의 판단이 서구의 신학 전통을 유지하기 위해 필요 이상으로 과장되어 있다고 비판한다. 젠킨스, *The Next Christendom*, 108.

않는 좁은 공간에서 온갖 종류의 냄새에 찌든 채 땀을 흘리며 예배드리는 그들에게 아퀴나스나 바르트에 의한 주석이 도움이 될 리 없다. 필자가 프린스턴 신학대학원에서 만난 잊지 못할 은사들 가운데 아프리카의 대표적 신학자 존 음비티 교수를 빼놓을 수 없다. 그는 필자를 포함한 제3세계에서 미국으로 박사학위를 취득하기 위해 유학 온 학생들에게 늘 강조하는 말이 있다. 음비티 교수는 아프리카의 신학이 나아가야 할 방향에 대해 얘기하면서 이렇게 말했다.

> 결국 신학은 편안한 자, 안전한 자, 고등교육을 받은 자, 부유한 자들의 독점물로 남지 않는다. 밭을 가는 농부들이 부르는 노래와 가사에 신학이 있다. 병든 자녀를 간호하는 부모가 즉흥적으로 드리는 기도에 신학이 발견된다. 마을 전도자의 체계가 잡히지 않은 설교 속에 신학이 있다. 문맹이면서 독립교회를 세운 사람의 카리스마적 지도력에서 신학이 발견된다. 전통적 종교인의 삶을 평생 살았으나, 예수님을 만나 일곱 명의 아내와 자녀들과 함께 기독교로 회심한 어느 노인의 신앙인으로서 가지는 고민 속에서 신학이 발견된다. 사실 아프리카 교회에 속한 수많은 사람들의 삶과 고민들 속에 이미 신학이 들어 있다. 그것은 비공식적 신학, 조용한 신학, 쓰여지지 않은 신학, 세련되지 않은 신학이다. 그러나 그 나름의 독자적인 방식의 신학이다. 동시에 전 세계 기독교의 삶 가운데 당당히 그 자리를 인정받아야 할 그런 신학이다.*

---

* 존 음비티, '세계 기독교와 신학적 지평의 확장' 목회와 신학, 2002년 1월호, 88.

한눈에 보는 기독교 역사

1-36년 추정	예수 그리스도의 생애
26-36년	로마총독 본디오 빌라도(Pontius Pilate)의 유대 통치
36-65년	최초의 복음서 〈마가복음〉 저술. 베드로가 예루살렘 교회를 이끎. 로마교회 중심체제로 전환됨
37년 추정	사도 바울의 회심 (사도행전 9장)
37-100년 추정	이스라엘의 역사가 요세푸스의 생애
40년	바울의 예루살렘 교회 방문
48-49년	예루살렘 공의회, 할례와 유대의 음식규례를 이방인에게 적용하는 문제를 논의함 (사도행전 15장)
54-68년	네로 황제의 로마제국 통치
62년 추정	바울의 순교
64년	로마의 대화재 발생
65-125년 추정	복음서, 사도행전, 요한계시록, 바울 서신 등이 기록됨
65년 추정	Q (Quelle) 문서 작성
66-70년	로마·유대 전쟁, 카에사리아에서 발발
67년 추정	베드로의 순교
70년	**예루살렘의 함락**
144년	초대교회 초기의 이단분파였던 마르시온의 도전 시작
156년	정통적 교권에 도전하고 순수신앙, 극단적 정교분리를 주장했던 북아프리카의 이단, 몬타누스파 등장
160년 추정	신학자 폴리캅의 순교
161-180년	마르쿠스 아우렐리우스의 로마제국 통치

예수 그리스도의 부활

이스라엘 역사가 요세푸스

마르쿠스 아우렐리우스 황제
(왼쪽에서 네 번째)

303

172년	순교자 유스티누스의 제자 타티아노스가 시리아 교회에서 사복음서를 공식적인 기독교의 경전으로 인정함. 이를 '타티아노스의 디아테사론(Diatessaron of Taitan)' 이라고 함
177년	교부 이레나이우스, 아시아 교회에 보내는 서한에 신약성서의 정경에 대해 공식적으로 언급함
185-254년 추정	알렉산드리아의 신학자 오리게네스의 생애
190년	부활절 일자에 대한 교회의 공식적 입장 결정
220년	고트족이 소아시아와 발칸반도로 침공 시작
226-642년	페르시아 제국의 사산 왕조 시대
230-250년	로마에서 열린 종교회의에서 오리게네스에 대한 이단정죄
253-260년	로마황제 발레리아누스에 의한 기독교 탄압
251년	이집트의 멤피스에서 초대교회의 은둔 수도사, 안토니우스 출생
254년	오리게네스에 의한 헥사플라(Hexapla) 편집
257-258년	24대 교황 식스투스 2세 순교
257년	고트족의 흑해지역 침공, 프랑크족의 스페인 침공
260-339년 추정	초대교회의 교회사가 에우세비우스의 생애
276년	마니교의 창시자 마니, 십자가형에 처해짐
284-305년	디오클레티아누스 황제의 대규모 기독교 탄압
285년	동서 로마제국으로 분열
290-345년	성 파코미우스(St. Pachomius)에 의한 이집트 수도원 창건
300년 추정	알렉산드리아에서 콥트어로 일부 성서 번역
303-311년	기독교인에 대한 마지막 박해
305년	안토니우스, 파윰에서 최초의 수도공동체 설립
306-337년	콘스탄티누스 대제의 점진적 개종
306-373년	시리아 교회의 위대한 박사 에프렘의 생애

로마 유적

은둔 수도사 안토니우스

기독교 탄압에도 신앙을 잃지 않은 기독교인들

312년	콘스탄티누스 대제의 군대가 밀비안 다리 전투에서 승리
313년	밀라노칙령 발표
313년	도나투스에 대한 이단정죄 발표
316년	콘스탄티누스 대제, 도나투스파들에 대한 탄압 시작
321년	일요일을 기독교의 안식일로 결정. 도나투스파들에 대한 유화정책
325년	니케아공의회에서 아리우스주의가 이단으로 정죄됨
327년	제2차 니케아공의회에서 아리우스를 사면함
328년	초대교회 기독교 교리의 수호자 아타나시우스, 알렉산드리아의 감독으로 취임함
330년	베드로의 매장으로 여겨지던 곳에 초기 성 베드로 성당의 위치 결정
331년	로마제국의 수도를 로마에서 콘스탄티노플로 이동
336년	예루살렘 공의회에서 아리우스에 대한 파문을 철회
350년 추정	〈시나이 사본〉과 〈바티칸 사본〉의 필사
350년 추정	고트족을 위해 신학성서의 일부가 울필라스(동로마 제국 교회주교)에 의해 고트어로 번역됨
354-430년	기독교 신학 형성에 절대적 영향을 미친 히포의 주교 아우구스티누스의 생애
356년 추정	안토니우스의 임종
360년	훈족의 유럽침공 개시
361-363년	로마황제 줄리안에 의해 이방 종교가 전파됨
363년	라오디게아 종교회의에서 신약성서의 26권 (요한계시록 제외) 정경 채택
364년	라오디게아 종교회의에서 일요일이 기독교의 안식일로 재확인
367년	알렉산드리아의 주교 아타나시우스에 의해 신약성서 27권 최초 언급

콘스탄티노플

시나이 사본

376년	다뉴브 강 이북의 야만족들이 로마제국의 영토에 정착하기 시작함
384년	신학자 제롬, 성서를 라틴어로 번역함. 〈불가타역 성서〉가 중세교회의 공식 성서로 사용됨
386년	아우구스티누스의 밀라노 개종, 다음 해에 암브로스 감독으로부터 세례받음
389-461년 추정	아일랜드의 사도, 패트릭의 생애
392년	아우구스티누스와 마니교도 포르투나투스 사이의 신학논쟁
401년	고트족의 이탈리아 침공
410년	**고트족의 알라리크에 의한 로마의 함락**
413-426년	아우구스티누스의 〈하나님의 도성〉 저술
416년	밀레투스 종교회의 결과에 따라 펠라기우스가 이단으로 정죄됨
418년	프랑크족 골(Gaul) 지역 침공
431년	제3차 연합공의회가 에페수스에서 열림. 시리아 교회가 네스토리우스 교회와 제코바이트 교회로 분열됨
432년	성 패트릭에 의한 아일랜드 선교
451년	제4차 연합공의회, 칼케돈에서 열림
455년	반달족(Vandals)의 로마 함락
476년	서로마 제국 시대의 마감
480-543년 추정	성 베네딕토의 생애
489년	제노(Zeno), 에데사의 네스토리우스 학교 폐쇄
498년	네스토리우스 교회, 페르시아의 니시비스(Nisibis)로 확대
555년	제5차 연합공의회, 콘스탄티노플에서 개최
570-632년 추정	이슬람의 예언자 마호메트의 생애
587년	스페인의 고트족, 기독교로 개종

야만족들의 잔혹한 침략

위대한 성인(聖人) 아우구스티누스

중세 수도사 베네딕토

596년	캔터베리의 아우구스티누스, 브리튼을 기독교화
610년	마호메트, 천사 가브리엘의 계시를 받기 시작함
622년	**마호메트가 메카에서 메디나로 이동, 즉 헤지라(Hegira)는 이슬람력의 원년**
625년	마호메트가 계시받은 내용이 〈코란〉에 기록
628년	마호메트, 메카를 탈환함
635년	**네스토리우스 선교단, 중국 당(唐)왕조의 수도 장안에 도착**
636년	남부 아일랜드 지역 교회가 로마 가톨릭 교회에 병합됨
640년	30만 권의 서적을 보유하고 있던 알렉산드리아 도서관 파괴됨
690년 추정	베데(Bede)에 의해 최초의 영어 성서번역이 시도됨
710년	아랍 무슬림들의 스페인 상륙
744년	두 번째 네스토리우스 선교단 중국 도착
771년	프랑크 왕국 카롤링거 왕조의 샤를마뉴, 분리되었던 왕국 통일
774년	샤를마뉴, 롱고바르드 왕국 정복
781년	네스토리우스 수도원장 칭칭이 〈대진경교유행중국비〉 세움
800년	**교황 레오 3세의 집전으로 샤를마뉴의 황제 대관식이 시행됨**
809년	동서교회의 성령론(Filioque) 논쟁
1054년	**동서교회의 대분열**
1090-1153년	최후의 교부, 클레르보의 베르나르의 생애
1095-1099년	**제1차 십자군 운동**
1098-1179년	중세 여성신비가의 대모격인 힐데가르트의 생애
1147-1149년	제2차 십자군 운동

하늘로 승천하는 예언자 마호메트

대진경교유행중국비

교황 레오 3세가 집전한 샤를마뉴의 황제 대관식

1182-1226년	가난한 이웃들의 성자, 프란체스코의 생애
1189-1192년	제3차 십자군 운동
1202-1204년	제4차 십자군 운동
1204년	십자군의 콘스탄티노플 동방교회 약탈
1215년	도미니크 수도회의 시작
1217-1229년	제5차 십자군 운동
1217년	도미니크 수도사들이 파리대학에 등록 시작
1223년	프란체스코 수도회의 시작
1225-1274년	중세 기독교의 대표적 신학자, 토마스 아퀴나스의 생애
1231년	**교황 그레고리 9세의 교서에 의해 파리대학이 인정**
1248-1254년	제1차 프랑스의 십자군 운동
1254-1324년	〈동방견문록〉을 남긴 마르코 폴로의 생애
1269-1272년	제2차 프랑스의 십자군 운동
1321년 추정	단테의 〈신곡〉 저술
1337-1453년	영국과 프랑스 간의 백년전쟁
1342-1417년	노리지의 율리아누스의 생애
1347-1380년	시에나의 성녀 카타리나의 생애
1350년 추정	영어가 영국의 모국어로 정착되기 시작함. 이탈리아에서 르네상스 시작
1379-1471년	〈그리스도를 본받아〉의 저자 토마스 아켐피스의 생애
1453년	오스만 제국이 비잔틴 제국을 대체함
1456년	구텐베르크 성서의 출간
1469-1536년	인문주의적 종교개혁자 에라스무스의 생애
1469년	아라곤 왕국의 페르디난트와 카스틸 왕국의 이사벨라 결혼
1474-1566년	바르톨로메 데 라스카사스의 생애
1478년	교황 식스투스 4세에 의해 종교재판(Inquisition) 설치

서방 십자군의 콘스탄티노플 약탈

그리스도에게 자비를 구하는 수도사

네덜란드의 인문학자 에라스무스

1480-1521년	세계최초로 세계일주를 시도했던 마젤란의 생애
1483-1546년	종교개혁자 마르틴 루터의 생애
1490-1525년	급진주의적 종교개혁자 토머스 뮌처의 생애
1491-1556년	예수회의 설립자 이그나티우스 로욜라의 생애
1492년	스페인의 그라나다에서 무슬림과 유대인을 추방함
1492년	콜럼버스의 '신대륙 발견'
1495년	스페인 톨레도의 주교 프란시스코 지메네스에 의한 가톨릭 교회의 개혁
1496-1561년	급진주의적 종교개혁자 메노시몬스의 생애
1506-1552년	아시아 선교의 개척자 프란시스 사비에르의 생애
1506-1564년	제네바의 종교개혁자 장 칼뱅의 생애
1508-1512년	미켈란젤로, 로마의 시스틴 성당의 천정벽화 그림
1509년	도미니크회 신부 몬테시노스가 산토도밍고에서, 라틴 아메리카에서 자행되고 있는 식민지 탄압을 항의하는 설교를 행함
1515-1582년	아빌라의 테레사의 생애
1516년	인문학자 에라스무스에 의한 신약성서 번역
1517년	**마르틴 루터의 〈95개조〉 발표로 종교개혁 시작**
1519년	루터, 〈갈라디아서 주석〉 집필
1520년	교황의 대칙서 〈Exsurge Domine〉에 의해 마르틴 루터 파문당함
1520년	루터, 종교개혁의 시금석이 되는 세 권의 책 〈독일 제국의 기독교인 제후들에게 고함〉, 〈바빌론의 포로가 된 교회〉, 〈기독교인의 자유〉 출간
1521년	보름스국회
1522년	루터의 독일어 성서번역
1524년	독일 농민 전쟁
1525년	윌리엄 틴들에 의한 최초의 영어 신약성서 번역 출간

'동양의 사도' 프란시스 사비에르

아빌라의 테레사
(에스파냐의 성녀)

그리스어 성서를 독일어로
번역하는 루터

1530년	멜란히톤의 아우크스부르크 고백서 채택
1534년	영국 국왕 헨리 8세에 의해 영국교회와 로마 가톨릭 교회 관계 청산
1534년	**이그나티우스 로욜라의 주도로 예수회(Society of Jesus)가 설립됨**
1539년	〈대성서 The Great Bible〉 영어번역 및 출간
1540년	예수회, 교황으로부터 공식 수도회로 인가받음
1545-1563년	**16세기 가톨릭 교회의 개혁을 이끈 트렌트공의회가 개최됨**
1549년	영국 성공회, 공동 기도문 채택
1552-1610년	중국에서 활동한 예수회 선교사 마테오리치의 생애
1553년	로마에 예수회 소속 그레고리안대학 설립
1555년	루터 교회와 가톨릭 교회 간의 평화협정 체결 (Peace of Augsberg)
1558-1603년	영국 엘리자베스 여왕의 통치
1560년	존 녹스(1505-1572)에 의해 스코틀랜드 장로교회 설립
1560년	〈제네바 성서〉 출간
1564-1616년	영국 최고의 문호인 셰익스피어의 생애
1564-1642년	코페르니쿠스의 지동설을 과학적으로 증명한 갈릴레오 갈릴레이의 생애
1568년	〈감독 성서〉 출간
1577-1656년	'인도의 진주' 라고 불렸던 예수회 선교사 로베르토 드노빌리의 생애
1583년	예수회 선교사 마테오리치, 광동성을 통해 중국 입국
1594년	마테오리치의 대표적 저술인 〈천주실의〉가 집필되기 시작함
1601년	마테오리치, 중국 베이징 입성
1609년	존 스미스에 의해 침례교회 설립

에스파냐의 수도사 이그나티우스 로욜라

중국 사대부 복장의 마테오리치

1611년	〈흠정역 성서 The King James Bible〉 출간
1632년	존 엘리엇, 미국 북동부 매사추세츠 지역의 장로교 선교사로 임명
1637년	프랑스의 철학자 데카르트의 〈방법서설〉 출간
1642-1727년	만류인력의 법칙을 발견하여 현대과학을 태동시킨 아이삭 뉴턴의 생애
1651년	존 엘리엇, 이로쿼이족 인디언 개종자에게 세례를 베품
1671년	존 엘리엇, 개종 인디언을 위한 기도촌락 건설
1683년	바르톨로메 지겐발크 선교사의 인도 남부 활동
1703-1791년	감리교회의 창시자 존 웨슬리의 생애
1714-1770년	칼뱅주의 감리교회의 설립자로 알려진 조지 화이트필드의 생애
1718-1747년	미국 뉴저지와 펜실베이니아 지역 인디언들에게 선교활동을 펼친 데이비드 브레이너드의 생애
1738년	존 웨슬리, 올더스게이트에서 '이상하게 마음이 뜨거워진' 경험을 함
1744년	최초의 감리교회 연회가 구성됨
1761-1834년	개신교 선교의 아버지 윌리엄 캐리의 생애
1768-1834년	기독교 신앙을 '절대의존의 감정'으로 규정한 슐라이어마허의 생애
1769-1821년	프랑스의 장군이자 황제, 나폴레옹 보나파르트의 생애
1772-1883년	근대 인도의 아버지로 불리는 라모한 라이의 생애
1773년	보스턴 차(Tea) 사건 일어남
1776년	토머스 제퍼슨이 기초한 미국의 독립선언서 발표
1777년	미국의 군대가 사라토가 전투에서 영국군을 패배시킴
1783년	파리강화조약으로 미국의 독립이 국제적으로 공인됨
1784년	감리교회가 영국 성공회와 별도로 미국 식민지와 스코틀랜드에서 사역할 수 있는 목사 안수를 시행하기 시작함

'킹 제임스 바이블' 겉표지

감리교회의 창시자 존 웨슬리

독일의 신학자 슐라이어마허

1792년	윌리엄 캐리의 〈이방인의 개종을 위해 적절한 수단을 사용해야 하는 그리스도인의 의무에 대한 고찰〉 발표
1792년	침례교 선교회 설립
1793년	**현대선교의 아버지로 불리는 윌리엄 캐리, 인도의 캘커타 지역에 도착**
1795년	초교파 선교단체인 런던선교회 설립
1800년	윌리엄 캐리, 최초의 인도 개종자 크리슈나 팔에게 세례를 베풂
1806-1878년	인도에서 교육선교의 가능성을 열었던 알렉산더 더프의 생애
1807년	영국의회에서 노예매매가 법률로 금지됨
1809-1865년	흑인 노예해방에 앞장섰던 미국의 대통령, 링컨의 생애
1810년	미국 국제선교 본부 설립
1813-1855년	실존주의 철학자 키르케고르의 생애
1815년	워털루 전투에서 패배한 나폴레옹이 세인트헬레나 섬으로 유배당함
1827년	조셉 스미스에 의해 모르몬교 설립
1828년	인도 캘커타에서 종교사회 개혁단체 '브라마 사마지' 결성
1856-1939년	정신분석학의 창시자 프로이트의 생애
1859년	찰스 다윈의 〈종의 기원〉 출간
1861-1930년	일본의 종교가 우치무라 간조의 생애
1867년	칼 마르크스의 〈자본론〉 제1권 출간
1870-1924년	러시아 볼셰비키당의 당수이며 러시아 공산주의 혁명을 이끈 레닌의 생애
1868-1870년	제1차 바티칸공의회
1869-1948년	인도의 성자 마하트마 간디의 생애

현대선교의 아버지
윌리엄 캐리

인도 최초의 개종자
크리슈나 팔

교회에서 기도하는 흑인 노예들

1875-1965년	작곡가, 의사, 신학자, 아프리카 선교사였던 슈바이처 박사의 생애
1886-1965년	독일의 신학자 폴 틸리히의 생애
1886-1968년	칼 바르트의 생애
1889-1951년	아프리카의 선지자 사이몬 킴방구의 생애
1900년	정신분석학의 창시자 프로이트의 대표작 〈꿈의 해석〉 출간
1901년	캔자스 토페카의 베델성서학교에서 성령세례가 임함
1906-1945년	독일 고백교회의 신학자 디트리히 본회퍼의 생애
1906년	**윌리엄 세이머가 주도하는 아주사 거리의 오순절 운동 시발**
1907년	중국 상하이에서 열린 선교대회에서 1910년 에든버러 세계선교대회에 대한 청사진이 그려짐
1910년	**에든버러 세계선교대회 개최**
1911-1921년	칼 바르트, 스위스와 독일의 국경선에 위치한 탄광마을 자펜빌에서 목회
1914-1918년	제1차 세계대전
1916-1966년	칼 바르트와 함께 신정통주의 신학을 이끈 에밀 브루너의 생애
1917년	러시아 혁명
1919년	**칼 바르트 〈로마서 주석〉 출간**
1921년	에든버러 세계선교대회의 결정에 따라 국제선교협의회(IMC) 결성
1922년	러시아의 독재자 스탈린이 공산당 서기장에 임명됨
1922년	상대성 이론의 창시자 아인슈타인 박사가 노벨 물리학상 수상
1925년	**소위 '원숭이재판'이 테네시 주 데이튼에서 열림**
1928년	국제선교협의회 예루살렘 대회
1929-1968년	흑인민권운동을 이끈 마틴 루터 킹 목사의 생애

고백교회의 신학자 디트리히 본회퍼

아주사 거리의 교회

〈로마서 주석〉의 저자 칼 바르트

1932년	칼 바르트의 대표작 〈교회 교의학〉 저술 시작
1934년	바르멘 선언 발표. 칼 바르트가 기초문안 작성
1939년	아돌프 히틀러의 독일군대가 폴란드를 침공. 영국의 참전선언으로 제2차 세계대전 발발
1943년	1914년 이래 일본이 침략으로 빼앗은 영토는 한국만 제외하고 모두 반환하고, 한국도 적절한 시기에 독립시킨다는 루스벨트, 처칠, 장개석의 카이로 선언 발표
1945년	제2차 세계대전의 종전
1948년	**암스테르담에서 세계교회협의회(WCC) 결성**
1950년	동방정교회의 교회론 문제 제기로 인한 '토론토 선언' 발표
1950-1953년	한국전쟁
1952년	국제선교협의회 빌링겐 대회. 하나님의 선교 개념 등장
1958년	게오르그 피체돔의 〈하나님의 선교〉 출간
1961년	뉴델리에서 국제선교협의회(IMC)와 세계교회협의회(WCC) 통합
1962-1965년	**제2차 바티칸공의회**
1963년	제2차 바티칸공의회를 소집한 요한 23세가 운명함
1963년	존 F. 케네디 대통령의 암살
1965년	교황 바오로 6세와 동방정교회 아테나고라스가 만나 1054년의 동서교회 분열과 상호 파문을 철회
1966년	세계교회협의회의 진보성에 대항하여 복음주의자들이 휘튼 세계선교대회를 개최
1966년	빌리 그래함 목사의 주도로 독일 베를린에서 세계 복음화 대회 열림
1968년	세계교회협의회 웁살라 대회
1968년	마틴 루터 킹 목사의 암살
1971년	해방신학자 구스타보 구티에레즈의 〈해방신학〉 출간

아돌프 히틀러

교황 요한 23세

페루의 해방신학자 구스타보 구티에레즈

1972년	성공회와 감리교회의 통합노력이 실패로 돌아감
1973년	서울에서 열린 빌리 그래함의 전도집회에서 최대 인파가 몰림
1974년	미국 성공회의 일부 감독들이 11명의 여성에게 안수 실시
1978년	교황 요한 바오로 2세가 교황으로 취임
1979년	해방신학에 대한 교황청의 비난. 테레사 수녀가 노벨 평화상 수상
1980년	로메로 대주교가 산살바도르에서 암살당함
1983년	교황 요한 바오로 2세가 루터 탄생 500주년을 기념하여 루터 교회를 공식방문
1983년	세계교회협의회 제6차 총회가 캐나다 밴쿠버에서 열림
1986년	남아프리카공화국의 데스몬드 투투 신부가 케이프타운의 대주교로 임명됨
1989-1990년	소련과 동유럽의 공산주의 국가 해체. 냉전시대의 종식
1990년	유럽연합(EU) 결성
1993년	영국 성공회, 여성 안수를 공식적으로 인정함

엘살바도르의 대주교
오스카 로메로

흑인인권운동가
데스몬드 투투 대주교

참고문헌과 최근의 연구 동향

기독교가 고향 팔레스타인을 떠나다 (15쪽)

- 초대교회의 역사에 관한 1차자료는 유세비우스의 〈교회의 역사〉를 참고할 수 있지만 직접적인 인용은 주의를 요한다. Eusebius, *The History of the Church*(London : Penguin Books, 1965). 최근 새로운 번역이 출간되었다. Eusebius of Caesarea, *The Church History*(Grand Rapids : Kregel Publications, 1999). 에우세비우스의 다소 주관적인 교회사는 이스라엘의 역사가 요세푸스(Josephus, c. 37-c. 100 추정)의 역사기록에 근거하고 있는데 그의 관심은 요세푸스의 역사기록이 어떻게 신약성서의 내용과 일치하는가에 집중되어 있다.
- 에우세비우스에 관한 최근의 연구는 Andrew Carriker, *The Library of Eusebius of Caesarea* (Leiden : Brill, 2003) ; Doron Medels, *The Media Revolution of Early Christianity : An Essay on Eusebius's Ecclesiastical History*(Grand Rapids : William B. Eerdmans, 1999).
- 예루살렘의 함락과 관련된 요세푸스의 기록은 Flavius Josephus, *The Jewish War* (New York : Penguin, 1981)와 Josephus, *Jewish Antiquities* (Cambridge : Harvard University Press, 1998-). 후자의 책은 하버드대학 출판부에서 1998년부터 9권의 시리즈로 출간되고 있다.
- 요세푸스에 대한 연구는 Tessa Rajak, *Josephus : The History and His Society* (London : Duckworth, 1983).
- 예루살렘의 함락과 예루살렘 성전의 파괴에 대한 기독교 역사적 중요성을 강조한 2차 자료는 Mark Noll, *Turing Points : Decisive Moments in the History of Christianity* (Grand Rapids : Baker Academic, 2000), 23-46 ; Samuel Brandon, *The Fall of Jerusalem and the Christian Church : A Study of the Effects of the Jewish Overthrow of A.D. 70 on Christianity* (London : S.P.C.K., 1957).

'황제 기독교 시대'의 개막 (28쪽)

- 콘스탄티누스 대제의 일생과 연관된 4세기 기독교의 역사에 대한 연구는 Michael Grant, *Constantine the Great : The Man and His Times* (New York : History Book Club, 2000〔1993〕)와 Ramsay MacMullen, *Christianizing the Roman Empire, A. D. 100-400* (New Haven : Yale University Press, 1984)를 참고하였다.
- 조금 오래되었지만 콘스탄티누스 대제의 개종이 로마제국과 유럽의 형성에 미친 영향에 대한 연구는 A. Alföldi, *The Conversion of Constantine and Pagan Rome*, 2nd edition(Oxford: Clarendon Press, 1969) ; N. Baynes, *Constantine the Great and the Christian Church*, 2nd edition(London: Oxford University Press, 1972). 워싱턴 주립대학의 로드니 스탁 교수의 초기 기독교인 숫자의 증가에 대한 사회학적 분석을 시도한 탁월한 연구가 있다. Rodney Stark, *The Rise of Christianity : A Sociologist Reconsiders History* (Princeton : Princeton University Press, 1996).
- 최근에 출간된 서적 중 주목할 만한 연구결과는 H. A. Drake, *Constantine and the Bishops : The Politics of Intolerance* (Baltimore : Johns Hopkins University Press, 2000) ; Michele Salzman, *The Making of a Christian Aristocracy : Social and Religious Change in the Western Roman Empire* (Cambridge : Harvard University Press, 2002).
- 초대 기독교의 교리적 발전에 대한 연구는 조금 오래되었지만 여전히 널리 사용되고 있는 Henry Chadwick, *The Early Church* (New York : Dorset Press, 1967)와 John Kelly, *Early Christian Doctrines* (New York : Harper & Row, 1960)를 사용하였다.

- 기독교가 지중해 연안의 중심 종교로 전환해가는 과정에서 필연적으로 만나야 했던 그리스 철학에 대한 상관연구는 Jaroslav Pelikan, *Christianity and Classical Culture : The Metamorphosis of Natural Theology in the Christian Encounter with Hellenism*(New Haven : Yale University Press, 1993)과 Robert Grant, *Gods and the One God*(Philadelphia : Westminster Press, 1986)를 참고하였다. 1세기부터 2세기까지 진행된 지중해 연안의 토착종교와 기독교의 상호 만남에 대해서는 Stephen Benko, *Pagan Rome and the Early Christians*(Bloomington : Indiana University Press, 1986)를 참고하였고, 콘스탄티누스 대제부터 로마제국 말기까지 시대를 연구한 Pierre Chuvin, *A Chronicle of the Last Pagans*(Cambridge : Harvard University Press, 1990)를 참고하였다. 로마의 시각에서 본 초기 기독교인들의 초기 역사에 대한 탁월한 연구는 Robert Wilken, *The Christians as the Romans Saw Them*(New Haven : Yale University Press, 1984).
- 니케아공의회와 연관된 아타나시우스와 콘스탄티누스 대제의 역학관계를 분석한 Timothy Barnes, *Athanasius and Constantinus : Theology and Politics in the Constantinian Empire*(Cambridge : Harvard University Press, 1993)의 연구도 주목할 만하다.
- 니케아공의회의 진행과 결과에 대한 2차 자료는 Mark Noll, *Turing Points : Decisive Moments in the History of Christianity*(Grand Rapids : Baker Academic, 2000), 47-64가 있고, 아리우스의 신학과 사상에 대한 심도 있는 최근의 연구는 Rowan Williams, *Arius : Heresy and Tradition*, Revised Edition(Grand Rapids : Eerdmans, 2001).

〈요한계시록〉을 포함한 27권의 신약성서 (42쪽)

- 신약성서의 정경 채택과정과 연관된 사본 연구 및 번역과정 연구의 대가는 프린스턴 신학교의 신약학 교수였으며 NRSV 번역의 책임자였던 브루스 메츠거(Bruce Metzger) 교수이다. 신약성서의 정경 채택과정에 대해서는 Bruce Metzger, *The Canon of the New Testament : Its Origin, Significance, and Development*(Oxford : Clarendon Press, 1997). 또한 Harry Gamble, *Books and Readers in the Early Church : A History of Early Christian Texts*(New Haven : Yale University Press, 1995) ; Bart Ehrman, *The New Testament : A Historical Introduction to the Early Christian Writings*(New York : Oxford University Press, 1997) ; P. R. Ackroyd and C. F. Evans, ed., *The Cambridge History of the Bible : From the Beginnings to Jerome*, vol. 1(Cambridge : Cambridge University Press, 1970).
- 사본의 필사과정에서 발생한 문제를 심도 있게 연구한 Bruce Metzger, *The Text of the New Testament*(Oxford : Clarendon Press,1964)가 있고, 초대교회의 신학적 결정이 신약성서 정경 채택과정에 미친 영향에 대한 연구는 Bart Ehrman, *The Orthodox Corruption of Scripture : The Effect of Early Christological Controversies on the Text of the New Testament*(New York : Oxford University Press, 1993)
- 히브리 성서의 정경화 과정과 히브리 성서가 초대교회에 미친 영향에 대한 연구는 Roger Beckwith, *The Old Testament Canon of the New Testament Church and Its Background in Early Judaism*(Grand Rapids : Eerdmans, 1986) ; Shnayer Leiman, *The Canonization of Hebrew Scripture : The Talmudic and Midrashic Evidence*(New Haven : Connecticut Academy of Arts and Science, 1991) ; James Sanders, *Torah and Canon*(Philadelphia : Fortress Press, 1972).

고트족이 '영원한 도시' 로마를 함락시키다 (52쪽)

- 로마제국을 둘러싼 '야만족'들에 대한 연구는 Otto Maenchen-Helfen, *The World of the Huns*(Berkeley : University of California Press, 1973) ; E. Thompson, *A History of Attila and the Huns*(Oxford : Clarendon Press, 1948) ; E. Thompson, *The Visigoths in the Time of Ulfila*(Oxford : Clarendon Press, 1966) ; Malcolm Todd, *The Barbarians : Goths, Franks and Vandals*(London : Batsford, 1972) ; Herwig Wolfram, *History of the Goths*(Berkeley : University of California Press, 1988) ; Peter Heather, *The Goths*(Oxford : Blackwell, 1996) ; Thomas Burns, *History of Ostrogoths*(Bloomington : Indiana University Press, 1991) ; Thomas Burns, *The Ostrogoths : Kingship and Society*(Wiesbaden : F. Steiner, 1980) ;

- Edward James, *The Franks*(Oxford : Blackwell, 1988) ; John Wallace-Hadrill, *The Barbarian West, 400-1000*(Oxford : Blackwell, 1985) ; Justine Randers-Pehrson, *Barbarians and Romans : The Birth Struggle of Europe, A. D. 400-700*(Lorman : University of Oklahoma Press, 1983).
- 최근에 출간된 아우구스티누스 연구는, Philip Cary, *Augustine's Invention of the Inner Self : The Legacy of a Christian Platonist*(Oxford : Oxford University Press, 2000) ; Robert Dodaro and George Lawless, ed., *Augustine and His Critics : Essays in Honour of Gerald Bonner*(London : Routledge, 2000) ; Allan Fitzgerald, ed., *Augustine Through the Ages : An Ancyclopedia*(Grand Rapids : William B. Eerdmans Publishing, 1999) ; Eleonore Stump & Nornam Kretzmann, ed., *The Cambridge Companion to Augustine*(Cambridge : Cambridge University Press, 2001) ; Carol Harrison, *Augustine : Christian Truth and Fractured Humanity*(Oxford : Oxford University Press, 2000) ; John Rist, *Augustine : Ancient Thought Baptised*(Cambridge : Cambridge University Press, 1994)가 있다.
- 아우구스티누스 연구의 권위자는 프린스턴 대학의 역사학과 교수인 피터 브라운 박사이다. Peter Brown, *Augustine of Hippo : A Biography*(Berkeley : University of California Press, 1967) ; Peter Brown, *Religion and Society in the Age of St. Augustine*(London, Faber and Faber Ltd., 1972) ; Peter Brown, *The Making of Late Antiquity*(Cambridge : Harvard University Press, 1978) 등이 있다.
- 아우구스티누스의 〈하나님의 도성〉에 관한 최근의 연구는 Allen Fitzgerald, ed., *History, Apocalypse and the Secular Imagination : New Essays on Augustine's City of God*(Bowling Green : Philosophy Documentation Center, 1999) ; Dorothy Donnelly, ed., *The City of God : A Collection of Critical Essays*(New York : Peter Lang, 1995) ; Johannes van Oort, *Jerusalem and Babylon : A Study into Augustine's City of God and the Sources of His Doctrine of the Two Cities*(Leiden : E. J. Brill, 1991) ; Gerald O'Day, *Augustine's City of God : A Reader's Guide*(Oxford and New York : Clarendon Press, 1999).

수도원 제도의 창시자, 성 안토니우스와 베네딕토 (61쪽)

- 유럽 수도원 제도의 성립과정을 심도 있게 연구한 최근의 연구는 Marlyn Dunn, *The Emergence of Monasticism : From the Desert Fathers to the Early Middle Age*(Malden : Oxford : Blackwell, 2000) ; Clifford Lawrence, *Medieval Monsticism : Forms of Religious Life in Western Europe in the Middle Ages*(New York : Longman, 2001) ; Christopher Brooke, *The Age of the Cloister : the Story of Monastic Life in the Middle Age*(Mahwah : Hidden Spring, 2003) ; Janet Burton, *Medieval Monasticism : Monasticism in the Medieval West, From Its Origins to the Coming of the Friars*(Oxford : Headstart History, 1996).
- 초대교회 기간 중 등장한 금욕주의에 대한 가장 탁월한 연구 중의 하나는 Peter Brown, *The Body and Society : Men, Women, and Sexual Renunciation in Early Christianity*(New York : Columbia University Press, 1988)이다.
- 금욕주의와 수도원주의의 철학적 배경을 연구한 최근의 서적은 Conrad Leyser, Authority and Asceticism from Augustine to Gregory the Great(Oxford : Clarendon Press, 2000) ; Vincent Winbush and Richard Valantasis, ed., *Asceticism*(Oxford : Oxford University Press, 1998)이 있다.
- 베네딕토의 전기는 Gregory the Great, *The Life of Saint Benedict*(Petersham : St. Bede's Publications, 1993).
- 베네딕토와 베네딕토 수도회에 관한 최근의 연구는 Esther de Waal, *Seeking God : The Way of Benedict*(Collegeville : Liturgical Press, 1984).
- 최근에 재편집된 베네딕토 수도회칙의 영문번역은 Leonard Doyle, trans., *The Rule of Saint Benedict*(Collegeville : Liturgical Press, 2001)가 있다.
- 이집트의 콥트 기독교에 대한 최근의 연구는 Otto Meinardus, *Two Thousand Years of Coptic Christianity*(Cairo : American University in Cairo Press, 1999).
- 안토니우스, 베네딕토와 더불어 유럽 수도원 제도의 태동에 결정적인 역할을 한 요한 카시안(John Cassian)의 사상과 업적은

Owen Chadwick, *John Cassian*(London : Cambridge University Press, 1968) ; Steven Driver, *John Cassian and the Reading of Egyptian Monastic Culture*(New York : Routledge, 2002).

아시아 기독교 역사의 출발점, 네스토리우스 선교단 (74쪽)

- 서울대학교 김호동 교수의 〈동방 기독교와 동서문명〉은 중국에서 활동한 네스토리우스 기독교와 고대 중국 기독교 연구 분야에 대한 탁월한 최근의 연구업적이다. 김호동, 〈동방 기독교와 동서문명〉(서울 : 까치글방, 2002). 중국 당나라 시대의 네스토리우스 선교와 〈대진경교유행중국비(大秦景敎流行中國碑)〉 등에 대한 연구는 Yoshiro Saeki, *The Nestorian Monument in China*(London : SPCK, 1915) ; Yoshiro Saeki, *The Nestorian Documents and Relics in China*(Tokyo : Maruzen, 1951), 2nd edition ; A. C. Moule, *Nestorians in China*(London : The China Society, 1940) ; John Foster, *The Church of the T'ang Dynasty*(London : SPCK, 1939) ; C. H. Hsü, 'Nestorianism and the Nestorian Monument in China', in *Asian Culture Quarterly*, 14(1986), 41-81 ; Lam Chi-Hung, 'Political Activities of the Christian Missionaries in the T'ang Dynasty'(Ph. D. Diss. : University of Denver, 1975) ; David Scott, 'Christian Responses to Buddhism in Pre-Medieval Times', in *Numen* 32:1(1985), 88-100 ; Jerry H. Bentley, *Old World Encounters : Cross-Cultural and Exchanges in Pre-Modern Times*(New York and Oxford : Oxford University Press, 1993) ; Samuel H. Moffett, *A History of Christianity in Asia*(San Francisco : Harper, 1992) ; Martin Palmer, *The Jesus Sutra : Rediscovering the Lost Scrolls of Taoist Christianity*(New York : Ballantine Wellspring, 2001) 등이 있다.
- 중국 고대 기독교와 실크로드학의 권위자였던 독일의 학자 클림카이트의 사망으로 이 분야의 연구가 지체되고 있다. 클림카이트가 남긴 중요한 두 권의 책은 Hans-Joachim Klimkeit, *Gnosis on the Silk Road : Gnostic Texts from Central Asia*(New York : HarperCollins, 1993) ; Ian Gillman and Hans-Joachim Klimkeit, *Christians in Asia before 1550*(Ann Arbor : University of Michigan Press, 1999).

이슬람은 아브라함의 유일신 사상에서 태동 (81쪽)

- 이슬람 연구의 입문서는 John Esposito, *Islam : The Straight Path*(New York and Oxford : Oxford University Press, 1998), 3rd Edition과 더욱 간략한 Kenneth Cragg and R. Speight, *The House of Islam*(Belmont : Wadsworth, 1988), 3rd edition이다.
- 이슬람과 아랍문명 전체 역사를 심도 있게 분석한 Albert Hourani, *A History of the Arab Peoples*(Cambridge : Harvard University Press, 1991). 이슬람의 선지자 마호메트의 전기는 많지만 Karen Armstrong, *Muhammad : A Biography of the Prophet*(New York : Harper Collins, 1993)을 추천한다. 보다 전문적인 이슬람 연구는 Marshall Hodgson, *The Venture of Islam*, 3 vols(Chicago : University of Chicago Press, 1974)를 참고할 수 있다.
- 기독교와 이슬람의 대화가 어떻게 가능한가를 심도 있게 논의한 책은 Yvonne Haddad and Wadi Haddad, eds., *Christian-Muslim Encounters*(Gainesville : University Press of Florida, 1995). 또한 프린스턴 대학의 은퇴교수인 버나드 루이스 교수의 연구도 유명하다. Bernard Lewis, *Islam and the West*(Oxford : Oxford University Press, 1993) ; Lewis, *The Muslim Discovery of Europe*(New York : W. W. Norton, 1982).
- 이슬람 연구에 대한 미국과 유럽 지식인의 편견과 오만을 다룬 명저는 Edward Said, *Orientalism*(New York : Vintage Books, 1979)으로 널리 알려져 있다. 조금 오래되었지만 이 분야에서 또 유명한 책은 Norman Daniel, *Islam and the West : The Making of an Image*(Edinburgh : Edinburgh University Press, 1960)도 있다.
- 최근에 영어로 번역된 Heribert Busse, *Islam, Judaism and Christianity : Theological and Historical Affiliations*(Princeton : Markus Wiener Publishers, 1998)도 소위 '아브라함 종교'를 이해하는 데 참고할 수 있다.
- 이슬람 철학과 수피즘을 비롯한 이슬람 신비주의 연구는, Seyyed Hossein Nasr, *Three Muslim Sages : Avicenna,*

Suhrawardi, Ibn' Arabi (Cambridge : Harvard University Press, 1964)와 Seyyed Hossein Nasr, ed., *Islamic Spirituality* (New York : Crossroads, 1987)가 있고, 특별히 메카 순례에 대한 대표적인 연구서는 Francis Peters, *The Hajj : The Muslim Pilgrimage to Mecca and the Holy Places* (Princeton : Princeton University Press, 1994)가 있다.

유럽 기독교 시대의 개막을 알린 샤를마뉴 황제의 대관식 (90쪽)

- 샤를마뉴의 전기는 Einhard and Notker the Stammerer, *Two Lives of Charlemagne* (London : Penguin Books, 1969)를 참고하였다. 샤를마뉴 연구의 1차 자료는 P. D. King, *Charlemagne : Translated Sources* (Lambrigg : P. D. King, 1987)가 있고, 샤를마뉴의 삶과 업적에 대한 전기적 연구는 Roger Collins, *Charlemagne* (Houndmills : Macmillan Press, 1998) ; Eric R. Chamberlin, *Charlemagne : Emperor of the Western World* (London : Grafton Books, 1986) ; Monroe Stearns, *Charlemagne : Monarch of the Middle Ages* (New York : F. Watts, 1971) 등이 있다.
- 비슷한 시대의 인물이었던 이슬람의 창시자 마호메트와 샤를마뉴를 비교 연구한 책은 Henri Pirenne, *Mohammed and Charlemagne* (Totowa : Barnes & Noble, 1980)가 있고, 카롤링거 왕조 전체에 대한 연구는 Louis Halphen, *Charlemagne and the Caroligian Empire* (Amsterdam : North-Holland Publications, 1977)와 Fredrich Heer, *Charlenagne and His World* (New York : Macmillan, 1975)가 있다. 또한 Robert Folz, *The Coronation of Charlemagne, 25 December 800* (London, Routledge & K. Paul, 1974) ; François Ganshof, *Frankish Institutions under Charlemagne* (Providence : Brown University Press, 1968) ; Water Ullmann, *The Carolingian Renaissance and the Idea of Kingship* (London : Methuen, 1969) ; Thomas Bulfinch, *Legends of Charlemagne* (London : J. M. Dent & Sons, 1911) 등도 샤를마뉴 연구의 2차 자료로 사용될 수 있다.
- 필리오퀘(Filioque) 논쟁에 대한 연구는 Peter Gemeinhardt, *Die Filioque-Kontroverse zwischen Ost-und Westkirche im Frühmittelalter* (Berlin ; New York : Walter de Gruyter, 2002) ; Aristeides Papadakis, *Crisis in Byzantium : the Filioque Controversy in the Patriarchate of Gregory II of Cyprus, 1283-1289* (Crestwood : St. Vladimir's Seminary Press, 1997).
- 가장 최근에 출간된 샤를마뉴에 관한 연구서적은 Robert Morrissey, *Charlemagne and France : A Thousand Years of Mythology* (Notre Dame : University of Notre Dame Press, 2003).

언어충돌로 인해 더욱 심화된 동서교회의 분열 (99쪽)

- 비잔틴 기독교의 전반적인 역사와 신학적 발전에 대해서는 Harry Magoulias, *Byzantine Christianity : Emperor, Church and the West* (Chicago : Rand McNally, 1970).
- 비잔틴 기독교와 성화숭배전통에 관한 최근의 연구는 Charles Barber, *Figure and Likeness : On the Limits of Representation in Byzantine Iconoclasm* (Princeton : Princeton University Press, 2002) ; Alain Besançon, *The Forbidden Image : An Intellectual History of Iconoclasm* (Chicago : University of Chicago Press, 2000) ; Kenneth Parry, *Depicting the Word : Byzantine Iconophile Thought of the Eighth and Ninth Centuries* (Leiden : E. J. Brill, 1996) ; L. W. Bernard, *The Graeco-Roman and Oriental Background to the Iconoclastic Controversy* (Leiden : Brill, 1974) ; A. Bryer and J. Herrin, eds., *Iconoclasm* (Birmingham : University of Birmingham Press, 1977) ; Stephen Gero, *Byzantine Iconoclasm during the Reign of Leo III* (Louvain : Secrétariat du Corpus SCO, 1973).
- 동방교회의 역사와 신학적 발전에 관한 대표적인 연구는 Joan Hussey, *The Orthodox Church in the Byzantine Empire* (Oxford : Clarendon Press, 1986) ; Derek Baker, ed., *The Orthodox Churches and the West : Papers read at the Fourteenth Summer Meeting and the Fifteenth Winter Meeting of the Ecclesiastical History Society* (Oxford : B. Blackwell, 1976).
- '단성론파(Monophysites)'의 신학과 전개 과정에 대해서는 W. H. C. Frend, *The Rise of the Monophysite Movement : Chapters in the History of the Church in the Fifth and Sixth Centuries* (Cambridge : University of Cambridge Press,

1972) ; Albert Van Roey and Pauline Allen, ed., *Monophysite Texts of the Sixth Century* (Leuven : Uitgeverij Peeters en Departement Orientalistiek, 1994).

- 단성론파 문서는 Albert Van Roey and Pauline Allen, ed., *Monophysite Texts of the Sixth Century* (Leuven : Uitgeverij Peeters en Departement Orientalistiek, 1994).
- '필리오퀘' 논쟁에 관한 연구는 Peter Gemeinhardt, *Die Filioque-Kontroverse zwischen Ost-und Westkirche im Frühmittelalter* (Berlin ; New York : Walter de Gruyter, 2002) ; Aristeides Papadakis, *Crisis in Byzantium : the Filioque Controversy in the Patriarchate of Gregory II of Cyprus, 1283-1289* (Crestwood : St. Vladimir's Seminary Press, 1997).

참회의 마음으로, 성지를 순례했던 십자군 (107쪽)

- 십자군의 역사에 대한 연구는 수없이 많다. 우선 Jonathan Riley-Smith, *What Were the Crusades?* (London : Macmillan, 1992)에서 출발하여 같은 저자가 최근 편집한 Jonathan Riley-Smith, ed., *The Oxford Illustrated History of the Crusades* (Oxford : Oxford University Press, 1995)를 참고하면 십자군에 대한 개략적인 역사를 조망할 수 있다.
- 십자군의 역사에 관한 가장 광범위한 연구는 Kenneth Setton, et al., eds., *A History of the Crusades* (Philadelphia : University of Pennsylvania Press, 1955-1962)이며 최근에 출간된 비교적 읽기 쉬운 책은 Geoffrey Hindley, *The Crusades : A History of Armed Pilgrimage and Holy War* (New York : Carroll & Graf Publishers, 2003)와 W. B. Bartlett, *God Wills It : An Illustrated History of the Crusaders* (Thrupp : Sutton Publishing, 1999).
- 십자군 운동이 시작된 배경에 대한 연구와 제1차 십자군에 대한 연구가 가장 활발하다. Geoffrey Regan, *First Crusader : Byzantium's Holy Wars* (New York : Palgrave Macmillan, 2001) ; Jonathan Riley-Smith, *The First Crusade and the Idea of Crusading* (London : 1986) ; Jonathan Riley-Smith, *The First Crusaders, 1095-1131* (Cambridge : Cambridge University Press, 1997) ; Marcus G. Bull, *Knightly Piety and the Lay Response to the First Crusade : The Limousin and Gascony, c. 970-c. 1130* (Oxford : Oxford University Press, 1993) ; C. Erdmann, *The Origin of the Idea of Crusade* (Princeton : Princeton University Press, 1977).
- 제1차 십자군 이후의 역사에 대해서는 Michael Gervers, ed., *The Second Crusade and the Cistercians* (New York, St. Martin's Press, 1992) ; Donald E. Queller, *The Fourth Crusade : The Conquest of Constantinople, 1201-1204* (Leicester : Leicester University Press, 1978) ; Jean Richard, *Saint Louis : Crusader King of France* (Cambridge : Cambridge University Press, 1992) ; James Reston, Jr., *Warriors of God : Richard the Lionheart and Saladin in the Third Crusade* (New York : Doubleday, 2001) ; Norman Housley, *The Avignon Papacy and the Crusades, 1305-1378* (Oxford, Oxford University Press, 1986) ; Christopher Tyerman, *England and the Crusades, 1095-1588* (Chicago : University of Chicago Press, 1988) ; Donald Queller and Thomas Madden, *The Fourth Crusade : The Conquest of Contantinople*, 2nd edition(Philadelphia : University of Penn. Press, 1997).
- 십자군에 대한 비판적 견해에 대한 연구는 Elizabeth Siberry, *Criticism of Crusading, 1095-1274* (Oxford, Clarendon Press, 1985) ; Palmer Throops, *Criticism of the Crusade : A Study of Public Opinion and Crusade Propaganda* (Amsterdam : Swets & Zeitlinger, 1940)가 있고, 유럽과 이슬람의 상호 접촉의 관점에서 본 연구는 Benjamin Kedar, *Crusade and Mission : European Approaches toward the Muslims* (Princeton : Princeton University Press, 1984)가 있다.
- 최근 활발하게 연구되고 있는 이슬람측에서 본 십자군 운동에 대한 연구는 Francesco Gabrieli, *Arab Historians of the Crusades* (Berkeley : Univeristy of California Press, 1969) ; Bernard Lewis, *The Muslim Discovery of Europe* (New York : W. W. Norton, 1982) ; Usamah ibn Munqidh, *Memoirs of an Arab-Syrian Gentleman or an Arab Kinght in the Crusades* (New York : Columbia University Press, 2000).

기독교 역사의 한 페이지, 중세 여성신비가 힐데가드 (117쪽)

- 중세 여성과 기독교의 관계를 연구한 1990년 이후의 전문서적은 Lisa Bitel, *Women in Early Medieval Europe, 400-1100*(Cambridge : Cambridge University Press, 2002) ; Hans Küng, *Women in Christianity*(London : Continuum, 2001) ; Clarissa Atkinson, *The Oldest Vocation : Christian Motherhood in the Middle Ages*(Ithaca : Cornell University Press, 1991) ; Derek Baker, ed., *Medieval Women*(Oxford : Basil Brewer, 1992) ; Frances Beer, *Women and Mystical Experience in the Middle Ages*(Rochester : Boydell and Brewer, 1992) ; Julia Holloway, et al, eds. *Equally in God's Image : Women in the Middle Ages*(New York : Peter Lang, 1990) ; Penelope Johnson, *Equal in Monastic Profession : Religious Women in Medieval France*(Chicago : University of Chicago Press, 1991) 등이 있다.
- 힐데가르트 연구를 위한 1차 자료는 Sabina Flanagan ed., *Secrets of God : Writings of Hildegard of Bingen*(Boston, Shambala Publications, 1996) ; Barbara Newman, trans. *Symphonia : A Critical Edition of the Symphonia armoniae celestium revelationum*(Ithaca : Cornell University Press, 1988) ; Columba Hart and Jane Bishop, trans. *Scivias*(Mahwah : Paulist Press, 1990) ; Bruce Hozeski, *Hildegard of Bingen : The Book of the Rewards of Life*(New York : Garland Publications, 1994) ; Joseph Baird et al, trans. *The Letters of Hildegard of Bingen*(New York : Oxford University Press, 1994) ; Matthew Fox, ed., *Hildegard of Bingen's Book of Divine Works with Letters and Songs*(Santa Fe : Bear & Company, 1987).
- 힐데가르트 연구를 위한 2차 자료는 Sabina Flanagan, *Hildegard of Bingen : A Visionary Life*(London : Routledge, 1989) ; Barbara Newman, *Sister of Wisdom : St. Hildegard's Theology of the Feminine*(Berkeley : University of California Press, 1987).
- 노리지의 줄리안에 대한 연구는 Grace Jantzen, *Julian of Norwich : Mystic and Theologian*(New York : Paulist Press, 1987) ; Sally Thompson, *Women Religious : The Founding of English Nunneries After the Nornam Conquest*(New York : Oxford University Press, 1991) ; Frederick Bauerschmidt, *Julian of Norwich and the Mystical Body Politic of Christ*(Notre Dame : University of Notre Dame Press, 1999) ; Christopher Abbott, *Julian of Norwich : Autobiography and Theology*(Rochester : D.S. Brewer, 1999).

중세 학문의 꽃, 파리대학과 스콜라 철학 (127쪽)

- 중세 대학의 등장과 연관된 역사적 배경과 영향에 대해서는 Hastings Rashdall, *The Universities of Europe in the Middle Ages*, 3 vols.(Oxford : Clarendon Press, 1987)가 있고 중세 시대 전반에 대한 연구 중 본문의 내용과 연관 있는 최근의 학문적 성과에는 Edward Grant, *God and Reason in the Middle Ages*(Cambridge : Cambridge University Press, 2001)가 있다.
- 조금 오래된 자료 중에는 Lowrie Daly, *The Medieval University, 1200-1400*(New York : Sheed and Wardm 1961)이 있다. 중세를 암흑의 시대라 칭하고, 17세기 후반 서양의 철학적 전통을 '이성의 시대'라고 표현하는 것에 대한 최근의 탁월한 비판서이다. 또한 Marcia L. Colish, *Medieval Foundations of the Western Intellectual Tradition, 400-1400*(New Haven : Yale University Press, 1997)은 비교적 최근에 출간된, 중세의 사상사적 전통을 잘 정리한 책이다.
- 조금 오래되었지만 여전히 후기 중세 연구의 기본적 자료 중의 하나인 Friedrich Heer, *The Medieval World Europe, 1100-1350*(New York : Welcome Rain, 1998(1962))을 참조하였다.
- 토마스 아퀴나스에 대한 연구 중 가장 최근에 출간된 것은 Fergus Kerr, *After Aquinas : Versions of Thomism*(Oxford : Oxford Univerity Press, 2002) ; Brian Davis, ed., *Thomas Aquinas : Contemporary Philosophical Perspectives*(Oxford : Oxford University Press, 2002) ; Brian Davis, *Thomas Aquinas*(London : Continuum, 2002) ; Michael Dauphinais and Matthew Levering, *Knowing the Love of Christ : An Introduction to the Theology of St. Thomas Aquinas*(Notre Dame : University of Notre Dame Press, 2002)이다.
- 간략하면서 명확하게 아퀴나스의 생애와 사상을 소개한 최근의 연구서적은 M. D. Chenu, *Aquinas and His Role in*

Theology(Collegeville : Liturgical Press, 2002)이다. 아퀴나스에 관심 있는 독자의 일독을 권한다. 그 외 고전적인 아퀴나스 연구서는 Thomas F. O' Meara, *Thomas Aquinas : Theologian*(Notre Dame : University of Notre Dame Press, 1997) ; James Weisheipl, *Friar Thomas D' Aquino : His Life, Thoughts and Work*(Garden City : Doubleday, 1974).
- 아퀴나스 연구에 대한 기타 자세한 정보는 Richard Ingardia, *Thomas Aquinas : International Bibliography, 1977-1990*을 참고할 수 있고 그 이전의 연구는 Vernon Bourke, *Thomistic Bibliography, 1920-1940* (St. Louis : Modern Schoolman, 1945) ; Terry Miethe and Vernon Bourke, *Thomistic Bibliography, 1940-1979*(Westport : Greenwood Press, 1980).

새로운 선교의 대상을 발견한 콜럼버스 (139쪽)

- 콜럼버스가 남긴 일기(Diario)의 원본은 분실되었다. 바르톨로메 데 라스카사스의 *History of the Indies*(New York : Harper & Row, 1971)의 기록 일부와 콜럼버스의 아들 페르디난트가 부친이 남긴 자료를 참고하여 저술한 전기가 우선 이용할 수 있는 자료이다. *The Life of the Admiral Christopher Columbus by His Son Ferdinand*(New Brunswick : Rutgers University Press, 1959). 이 두 종류의 자료를 바탕으로 콜럼버스의 일기를 재구성한 책은 Columbus, *The Log of Christopher Columbus* (Camden : International Marine Publishing, 1987)와 Columbus, *The Four Voyages*(London : Penguin Books, 1969), J. Cohen ed. 가 있다.
- 콜럼버스의 대표적 전기는 Samuel Eliot Morison, *Admiral of the Ocean Sea : A Life of Christopher Columbus*(Boston : Little Brown and Co.,1942)이다. 또한 Felipe Fernández-Armesto, *Columbus and the Conquest of the Impossible* (London : Phoenix Press, 1974)과 같은 저자가 쓴 *Columbus* (Oxford : Oxford University Press, 1991)도 참고할 만한 자료이다.
- 콜럼버스의 유럽배경에 대한 깊이 있는 이탈리아 학자의 연구는 Paolo Emilio Taviani, *Christopher Columbus : The Grand Design*(London : Orbis, 1985)이 있고 역시 같은 맥락에서의 연구인 Valerie Flint, *The Imaginative Landscape of Christopher Columbus*(Princeton : Princeton University Press, 1992)가 있다.
- 콜럼버스의 '신대륙 발견' 이 유럽인의 심리적 발견으로까지의 과정을 추적한 중요한 연구는 Eviatar Zerubavel, *Terra Cognita : The Mental Discovery of America*(New Brunswick : Rutgers University Press, 1992).
- 바르톨로메 데 라스카사스에 대한 연구는 Gustavo Gutiérrez, *Las Casas : In Search of the Poor of Jesus Christ*(Maryknoll : Orbis Books, 1995)가 있고 라틴 아메리카에서 전개된 기독교 선교의 역사에 대한 심도 있는 최근의 연구는 John Schwaller, ed., *The Church in Colonial Latin America*(Wilmington : Jaguar Books, 2000) ; Frank Graziano, *The Millennial New World*(New York : Oxford University Press, 1999) ; Martinez, *Not Counting the Cost : Jesuit Missionaries in Colonial Mexico — A Story of Struggle, Commitment, and Sacrifice*(Chicago : Loyola Press, 2001) ; Sabine MacCormack, *Religion in the Andes : Vision and Imagination in Early Colonial Peru*(Princeton : Princeton University Press, 1991) ; Carolyn Dean, *Inka Bodies and the Body of Christ : Corpus Christi in Colonial Cuzco, Peru*(Durham : Duke University Press, 1999) ; Ramón Gutiérrez, *When Jesus Came, the Corn Mothers Went Away : Marriage, Sexuality, and Power in New Mexico, 1500-1846*(Stanford : Stanford University Press, 1991).

교회의 전통보다는 '오직 성서' 를 주장한 마르틴 루터 (151쪽)

- 마르틴 루터의 생애와 신학에 대한 연구는 수없이 많다. 그중에서 우선 루터에 대한 1차 자료는 Martin Luther, *Luther's Works*, ed., Jaroslav Pelikan and Helmut Lehmann, 55 vols.(St. Louis, 1955-86)이다. 루터 연구의 2차 자료 중 가장 광범위한 연구는 Martin Brecht, *Martin Luther*, 3 vols.(Minneapolis : Fortress Press, 1985-92)가 있다. 최근 연세대학교 이양호 교수의 루터 연구도 인상적이다. 이양호, 〈루터의 생애와 사상〉(서울 : 대한기독교서회, 2002).
- 루터의 신학에 대한 교리사적인 연구로 Paul Althaus, *The Theology of Martin Luther*, trans., Robert Schultz(Philadelphia :

- Fortress Press, 1966)가 있다. 이 책은 이형기에 의해 한국어로 번역되었다. 또 Roland H. Bainton, *Here I Stand : A Life of Martin Luther*(Nashville : Abingdon Press, 1978)도 고전적인 책인데 이 책 역시 번역되었다.
- 루터 연구의 권위자는 Heiko Oberman, *Luther : Man Between God and the Devil*(New Haven : Yale University Press, 1989)도 중요한 자료이다. 이 책의 저자는 루터와 종교개혁자들이 가지고 있던 반유대주의를 연구하였다. Heiko Oberman, *Roots of Anti-Semitism in the Age of Renaissance and Reformation*(Philadelphia : Fortress Press, 1984). 역시 같은 저자에 의한 루터와 종교개혁의 배경에 대한 연구는 Heiko Oberman, *The Dawn of the Reformation : Essays in Late Medieval and Early Reformation Thought*(Edinburgh, 1986).
- 95개조에 대한 상세한 연구는 Kurt Aland, *Marin Luther's 95 Theses*(St. Louis, 1967)가 있고, 루터의 독일어 성서번역에 대한 연구는 Heinz Bluhm, *Martin Luther, Creative Translator*(St. Louis, 1965)가 있다.
- 루터의 후반기 사상을 다룬 연구는 Mark Edwards, Jr. *Luther's Last Battles, Politics and Polemics, 1531-1546*(Ithaca: Cornell university press, 1983)가 있고, 루터의 사망 이후의 루터 교회의 신학적 발전에 대해서는 Robert Preus, *The Theology of Post-Reformation Lutheranism*(St. Louis: Concordia, 1970)을 참고하였다.
- 최근에 출간된 루터의 생애에 대한 연구는 Gerhard Forde, *On Being a Theologian of the Cross : Reflection on Luther's Heidelberg Disputation, 1518*(Grand Rapids : Eerdmans, 1997) ; Robert Kolb, *Martin Luther as Prophet, Teacher and Hero : Images of the Reformer, 1520-1620*(Grand Rapids : Baker Books, 1999) ; Bernhard Lohse, *Luther's Theology*(Minneapolis : Fortress Press, 1999) ; Richard Marius, *Martin Luther : The Christian Between God and Death*(Cambridge : Harvard University Press, 1999) ; James Kittelson, *Luther the Reformer*(Minneapolis : Augusburg, 1986).
- 종교개혁 전반에 관한 대표적 연구 중, 중세와 초기 종교개혁의 연결점을 모색한 Heiko Oberman, *The Reformation : Roots and Ramifications*(Grand Rapids : William B. Eerdmans, 1994)와 Steven Ozment, *The Age of Reform, 1250-1550 : An Intellectual and Religious History of Late Medieval and Reformation Europe*(New Haven : Yale University Press, 1980) ; 그리고 Alister McGrath, *The Intellectual Origins of the European Reformation*(Oxford : Blackwell, 1987)이 있다.
- 16세기 종교개혁의 전체적 조망을 위해서는 A. G. Dickens, *Reformation and Society in Sixteenth-century Europe*(London : Thames and Hudson, 1966) ; Roland Bainton, *The Reformation of the Sixteenth Century*(Boston : Beacon Press, 1952)가 고전적인 연구이며 종교개혁 시대의 인물들을 집중적으로 연구한 최근의 책은 Cater Lindberg, ed., *The Reformation Theologians*(Oxford : Blackwell, 2002)가 있다.
- 독일의 종교개혁에 관한 국가 단위의 연구는 Hajo Holborn, *A History of Modern Germany : The Reformation*(Princeton : Princeton University Press, 1959) ; 이탈리아의 종교개혁에 관한 1차자료 소개는 Elisabeth Gleason, ed., *Reformation Thought in Sixteenth-century Italy*(Atlanta : Scholars Press, 1981) ; 영국의 종교개혁 연구는 A. G. Dickens, *The English Reformation*(University Park : Penn State University Press, 1989), 2nd edition이 가장 대표적인데, 디켄의 연구결과에 도전하는 새로운 견해는 Christopher Haigh, ed., *The English Reformation Revised*(Cambridge : Cambridge University Press, 1987)가 있다.

16세기 가톨릭 종교개혁에 앞장섰던 '예수회' (159쪽)

- 가톨릭의 종교개혁에 대한 연구는 John Olin, *Catholic Reform : From Cardinal Ximenes to the Council of Trent, 1495-1563*(New York : Fordham University Press, 1990) ; John Olin, ed., *The Catholic Reformation : Savonarola to St. Ignatius Loyola*(New York : Harper & Row, 1969) ; R. Po-chia Hsia, *The World of Catholic Renewal, 1540-1770*(Cambridge : Cambridge University Press, 1998) ; Jean Delumeau, *Catholicism Between Luther and Voltaire : A New View of the Counter-Reformation*(London : Burns & Oates, 1977) ; John Bossy, ed., *The Spirit of the Counter-Reformation* (Cambridge : Cambridge University Press, 1968).
- 예수회의 설립과 관련된 역사적 연구는 William Bangert, *A History of the Society of Jesus*(St. Louis : Institute of Jesuit Sources, 1972) ; 설립 초기에 대한 연구는 John O'Malley, *The First Jesuits*(Cambridge : Harvard University Press, 1993).

- 로욜라의 생애 연구를 위한 1차 자료는 Ignatius Loyola, *The Authobiography of St. Ignatius Loyola* (New York : Harper & Row, 1974) ; Loyola, *The Constitutions of the Society of Jesus* (St. Louis : Institute of Jesuit Sources, 1970) ; Loyola, *The Spiritual Exercises of St. Ignatius* (Westminster : Newman, 1951) ; 이상의 자료들이 함께 편집된 Loyola, *Ignatius of Loyola : Spiritual Exercises and Selected Works* (New York : Paulist Press, 1991). 2차자료는 Philip Caraman, *Ignatius of Loyola : A Biography of the Founder of the Jesuits* (New York : Harper & Row, 1990) ; W. Meissner, *Ignatius of Loyola : The Psychology of a Saint* (New Haven : Yale University Press, 1992) ; John O'Malley, *The First Jesuits* (Cambridge : Harvard University Press, 1993) ; John O'Malley, 'Was Ignatius Loyola a Church Reformer? How to Look at Early Modern Catholicism' in David Luebke, ed., *The Counter-Reformation* (Oxford : Blackwell, 1999), 65-82.
- 트렌트공의회에 관한 연구는 Hubert Jedin, *A History of the Council of Trent I-II* (St. Louis : B. Herder, 1957, 1961) ; John O'Malley, *Trent and All That : Renaming Catholicism on the Early Modern Era* (Cambridge : Harvard University Press, 2000).

중국 '상티'와 기독교의 '하나님'을 동일시한 마테오 리치 (166쪽)

- 마테오 리치의 생애와 중국선교에 대한 1차자료는 Louis Gallagher, ed. *China in the Sixteenth Century : The Journal of Matthew Ricci* (Milwaukee : Bruce Publishing Co.,1942)인데 번역원문의 오류 때문에 완벽한 자료로는 인정받지 못하고 있다.
- 보다 충실한 원본은 Tacci Venturi, ed., *Della' entrata della Compagnia di Gesù e christianità nella Cina* (1911)인데 이 책은 *Opere Storiche del P. Matteo Ricci,* 2 vols.(Macereta : Giorgetti,1911-1913)에서 찾을 수 있다.
- 마테오 리치의 중국어 저술은 송영배 외 역주, 〈천주실의〉(서울대학교 출판부, 1999) ; 송영배 역주, 〈교우론, 스물다섯 마디 잠언, 기인십편 : 연구와 번역〉(서울대학교 출판부, 2000)에서 원본과 한글번역을 찾을 수 있다.
- 예수회 선교사들의 동아시아 선교역사에 대한 2차자료는 Andrew Ross, *A Vision Betrayed : The Jesuits in Japan and China, 1542-1742* (Maryknoll : Orbis, 1994) ; George Dunne, *Generation of Giants : The Story of the Jesuits in China in the Late Decades of the Ming Dynasty* (Notre Dame : University of Notre Dame Press, 1962) ; Jonathan Spence, *The Memory Palace of Matteo Ricci* (New York : Viking, 1984) 등이 있다.
- 최근 학계의 주목을 받고 있는 예수회의 중국선교와 관련된 연구는 Lionel Jensen, *Manufacturing Confucianism : Chinese Traditions and Universal Civilization* (Durham : Duke University Press, 1997).
- 마테오 리치가 중국에서 번역한 하나님의 이름에 대한 선교학적 고찰은 필자의 책, Sangkeun Kim, *Strange Names of God : The Missionary Translation of the Divine Name and the Chinese Responses to Matteo Ricci's Shangti(上帝) in Late Ming China* (New York: Peter Lang Publishing, 2004)을 참고할 수 있다. 필자는 이 책을 준비하기 위하여 2000년 로마의 예수회 고문서 보관소에서 리서치를 한 경험이 있는데, 최근 이 고문서 보관실이 소장하고 있던 중국 관련 자료들이 일목요연하게 정리되었다. Albert Chan, *Chinese Books and Documents in the Jesuit Archives in Rome : A Descriptive Catalogue, Japonica-Sinica I-IV* (Armonk, New York : M.E. Sharpe, 2002). 마테오 리치를 포함한 중국선교사 연구에 없어서는 안될 중요한 자료이다. 또한 예수회의 중국선교 연구의 최고 권위자 중의 한 사람인 니콜라스 스탠대에트(Nicolas Standaert)가 최근 편찬한 자료집도 중국 기독교 연구의 기본적인 자료이다. Nicolas Standaert, ed., *Handbook of Christianity in China, Vol. 1 : 135-1800* (Leiden : Brill, 2001).

역사상 최고의 성서번역본 〈흠정역 성서〉 (174쪽)

- 흠정역 성서번역을 포함한 영어 성서번역에 대한 최근 연구는 Adam Nicolson, *God's Secretaries : The Making of the King James Bible* (New York : Harper-Collins, 2001) ; Alister McGrath, *In the Beginning : The Story of the King James Bible* and How It Changed a Nation, a Language, and a Culture* (New York : Doubleday, 2001) ; Benson Bobrick, *Wide As the Waters : The Story of the English Bible and the Revolution It Inspires* (New York : Simon & Schuster, 2001). 또한 Derek Wilson, *The People and the Book : The Revolutionary Impact of the English Bible, 1380-1611* (London : Barrie and Jenkins, 1976) ; Olga Opfell, *The King James Bible Translators* (Jefferson : McFarland, 1982) ; F. F. Bruce, *History of the Bible in English : From the Earliest Versions*, 3rd ed.(New York : Oxford University Press, 1978) ; Ward Allen, *Translating for King James : Notes Made by a Translator of King James' Bible* (Nashville : Vanderbilt University Press, 1969).

- 흠정역 성서번역이 영국문학과 사회에 미친 영향에 대해서는 Cleland McAfee, *The Greatest English Classic : A Study of the King James Versions of the Bible and Its Influence on Life and Literature* (Folcroft : Folcroft Library Edition, 1977) ; Christopher Hill, *The English Bible and the Seventeenth-Century Revolution* (London : Penguin Books, 1993).
- 성서번역에 관한 전반적인 역사와 시대별 쟁점에 대해서는 Philip Stine, ed., *Bible Translation and the Spread of the Church : the Last 200 Years* (Leiden : E.J. Brill, 1990) ; Roland Worth, Jr., *Bible Translations : A History through Source Documents* (Jefferson : McFarland, 1992).
- 성서번역의 방법에 관한 최근의 연구는 Timothy Wilt, ed., *Bible Translation : Frames of Reference* (Manchester : St. Jerome Publications, 2002).

'마음이 뜨거워지는' 신앙체험에서 감리교회 태동 (183쪽)

- 존 웨슬리의 1차 자료는 애빙던(Abingdon) 출판사에서 1984년부터 시리즈로 출간되었다. John Wesley, *The Works of John Wesley*, vol. 1-26(Nashville : Abingdon Press, 1984-).
- 쉽게 구할 수 있는 웨슬리의 설교집은 Albert Outler & Richard Heitzenrater, ed., *John Wesley's Sermons : An Anthology* (Nashville : Abingdon Press, 1991).
- 가장 최근에 발간된 웨슬리의 전기는 Roy Hattersley, *The Life of John Wesley : A Brand from the Burning* (New York : Doubleday, 2003).
- 웨슬리와 초기 감리교회 운동에 관한 최근의 연구자료는 Ronald Stone, *John Wesley's Life and Ethics* (Nashville : Abingdon Press, 2001) ; Robert Monk, *John Wesley : His Puritan Heritage* (Lanham: Scarecrow Press, 1999) ; Kenneth Collins, *A Real Christian : The Life of John Wesley* (Nashville : Abingdon Press, 1999) ; Martin Schmidt, *John Wesley : A Theological Biography*, 2 vols.(London : Epworth Press, 1962-73) ; Richard Heitzenrater, *Wesley and the People Called Methodists* (Nashville : Abingdon Press, 1995) ; Paul Chilcote, *John Wesley and the Women Preachers of Early Methodism* (Metuchen : Scarecrow, 1991). Robert Tuttle, *John Wesley : His Life and Theology* (Grand Rapids : Zondervan, 1978).
- 미국 감리교회의 역사에 대해서는 Frederick Norwood, *The Story of American Methodism* (Nashville : Abingdon Press, 1974) ; Charles Ferguson, *Methodists and the Making of America : Organizing to Beat the Devil* (Austin : Eakin Press, 1983) ; Jean Schmidt, *Grace Sufficient : A History of Women in American Methodism, 1760-1939* (Nashville : Abingdon Press, 1999)가 있고, 웨슬리와 영국 성공회와의 관계를 연구한 책은 Frank Baker, *John Wesley and the Church of England* (Eugene : Wipf and Stock Publishers, 2000).
- 최근 출간된 웨슬리와 초기 감리교회와 관련된 연구는 Ronald Stone, *John Wesley's Life and Ethics* (Nashville : Abingdon Press, 2001)와 Nathan Hatch and John Wigger, eds., *Methodism and the Shaping of American Culture* (Nashville : Kingswood Books, 2001)가 있다. 감리교회와 웨슬리의 신학은 Randy Maddox, *Responsible Grace : John Wesley's Practical Theology* (Nashville : Kingwood Books, 1994) ; Scott Johns, *United Methodist Doctrine : The Extreme Center* (Nashville : Abingdon Press, 2002).

심령대부흥의 선구자, '조나단 에드워즈'와 '조지 화이트필드' (194쪽)

- 미국의 건국정신에 미친 기독교의 영향에 대한 최근의 연구는 Mark Noll, *America's God : From Jonathan Edwards to Abraham Lincoln* (Oxford : Oxford University Press, 2002) ; Mark Noll, *The Old Religion in a New World : The History of North American Christianity* (Grand Rapids : William B. Eerdmans, 2001)가 있다.
- 미국 건국에 기독교가 미친 영향이 미미했다고 보는 견해는 Jon Butler, *Awash in a Sea of Faith : Christianizing the American People* (Cambridge : Harvard University Press, 1990).
- 최근에 출간된 버틀러의 연구는 Jon Butler, *Becoming America : The Revolution Before 1776* (Cambridge : Harvard University Press, 2000)에서 찾을 수 있다.
- 조나단 에드워즈 연구의 1차 자료는 Jonathan Edwards, *The Works of Jonathan Edwards, vols. 1-19* (New Haven : Yale University Press, 1957-2001) ; John Smith, et al. ed., *A Jonathan Edwards Reader* (New Haven : Yale University Press, 1995) ; Wilson Kimnach, et al. ed., *The Sermons of Jonathan Edwards* (New Haven : Yale University Press, 1999)가 있고 에드워즈 연구의 2차 자료는 Joseph Conforti, *Jonathan Edwards : Religious Tradition and American Culture from the Second Great Awakening to the Twentieth Century* (Chapel Hill : University of North Carolina, 1995) ; 한국학자로서 에드워즈 연구의 권위자 중의 한 사람인 이상현 교수인 Sang H. Lee, *The Philosophical Theology of Jonathan Edwards* (Princeton : Princeton University Press, 1988) ; Robert Jenson, *America's Theologian : A Recommendation of Jonathan Edwards* (New York : Oxford University Press, 1988) ; Gerald McMermott, *One Holy and Happy Society : The Public Theology of Jonathan Edwards* (University Park : Penn State University Press, 1992).
- 영적대부흥운동에 대한 역사적 연구는 Joseph Tracy, *The Great Awakening* (New York : Arno Press, 1969) ; 제1차 영적대부흥에 대한 새로운 해석을 제시한 Frank Lambert, *Inventing the 'Great Awakening'* (Princeton : Princeton University Press, 1999). 램버트는 여기에서 제1차 영적대부흥은 제2차 영적대부흥을 주도한 인물들이 자신들의 영적 권위와 역사적 연속성을 강조하기 위해 사실보다 과장된 측면이 있다는 견해를 발표하였다.
- 미국 건국 초창기의 청교도 정신에 대한 연구는 Sacvan Bercovitch, *The Purutan Origins of the American Self* (New Haven : Yale University Press, 1975) ; David Hall, *Worlds of Wonder, Days of Judgment : Popular Religious Belief in Early New England* (Cambridge : Harvard University Press, 1990)가 있다.

기독교 선교가 '인도의 르네상스'를 낳다 (205쪽)

- 윌리엄 캐리의 연구를 위한 1차 자료는 William Carey, *An Enquiry into the Obligations of Christians to Use Means for the Conversion of the Heathens* (Leicester, 1792). 캐리의 대표적인 저술인 이 책은 인터넷에서 쉽게 찾을 수 있다. 나머지 캐리의 1차 자료는 최근에 출간되었다. William Carey, *The Journal and Selected Letters of William Carey* (Macon : Smyth and Helwys, 2000).
- 윌리엄 캐리에 대한 연구는 아직 초보단계에 머물러 있다. 캐리의 생애와 선교에 대한 연구는 E. Daniel Potts, *British Missionaries in India, 1793-1837 : The History of Serampore and Its Missions* (Cambridge : Cambridge University Press, 1967)와 Mary Drewery, *William Carey : Shoemaker and Missionary* (London : Hodder and Stoughton, 1978) ; A. Christopher Smith, 'William Carey 1761-1834 : Protestant Pioneer of the Modern Mission Era', in Gerald Anderson, et al., ed., *Mission Legacies* (Maryknoll : Orbis, 1994), 245-254를 참고할 수 있다. 그외 Ruth Mangalwadi, *Carey, Christ and Cultural Transformation : The Life and Influence of William Carey* (Cumbria : OM Publishing, 1997) ; Malay Dewanji, *William Carey and the Indian Renaissance* (Delhi, ISPCK, 1996) ; Janet Benge, *William Carey : Obliged to Go* (Seattle : YWAM Publications, 1998) 등의 연구가 있다.
- 인도선교를 포함한 영국 침례교회 선교의 전반적인 연구는 Brian Stanley, *History of the Baptist Missionary Society* (Edinburgh, T&T Clark, 1992)와 Johannes van dan Berg, *Constrained by Jesus' Love : An Enquiry into the Motives of the*

- *Missionary Awakening in Great Britain in the Period between 1698 and 1815* (Kampen, J. H. Kok, 1956)가 있다.
- 세계 선교역사에 관한 통사적 연구는 Stenphen Neill, *A History of Christian Missions* (London : Penguin Books, 1964)가 대표적이다.
- 윌리엄 캐리와 서구 선교사들이 19세기 인도사회에 미친 영향에 대해서는, Richard F. Young, 'Some Hindu Perspectives on Christian Missionaries in the Indic World of the Mid Nineteenth Century,' in Judith Brown and Robert Frykenburg, eds., *Christians, Cultural Interactions and India's Religious Traditions* (Grand Rapids : William B. Eerdmans, 2002), 37-60 ; Anand Amaladass, ed., *Christian Contribution to Indian Philosophy* (Madras : Christian Literature Society, 1955).
- 인디언 르네상스와 연관된 연구서적은 J. N. Farquhar, *Modern Religious Movements in India* (New York : MacMillian Company, 1919) ; Sisir Kumar Das, *The Shadow of the Cross : Christianity and Hinduism in a Colonial Situation* (New Delhi : Munshiram Manoharlal, 1974).

유럽 제국주의의 팽창과 더불어 '위대한 선교의 세기' 도래 (213쪽)

- 가장 일반적으로 사용되고 있는 선교학 연구의 기본도서는 David Bosch, *Transforming Mission : Paradigm Sfifts in Theology of Mission* (Maryknoll : Orbis Books, 1995)이다.
- 18세기 마지막 시기부터 시작된 개신교의 선교 역사에 대한 연구는, 우선 영국과 유럽을 중심으로 하는 J. van den Berg, *Constrained by Jesus' Love : An Inquiry into the Motives of the Missionary Awakening in Great Britain in the Period between 1698-1815* (Kampen: J. H. Kok, 1956) ; Kenneth Cracknell, *Justice, Courtesy and Love : Theologians and Missionaries Encountering World Religions, 1846-1914* (London : Epworth Press, 1995)과 미국의 선교역사를 중심으로 하는 William Hutchison, *Errand to the World : American Protestant Thought and Foreign Missions* (Chicago : University of Chicago Press, 1987)가 대표적이다. 각 교단별 선교단체의 역사에 대한 연구도 있다. 예를 들면, CMS 연구는 Kevin Ward and Brian Stanley, eds., *The Church Mission Society and World Christianity, 1799-1999* (Grand Rapids : William Eerdmans, 2000), LMS 연구는 Tom Hiney, *On the Missionary Trail : A Journey through Polynesia, Asia, and Africa with the London Missionary Society* (New York : Grove Press, 2000) 등이 있다.
- 록펠러 재단의 재정적인 후원을 받고 세계선교의 문제점을 심도 있게 파헤친 연구서는 William Ernest Hocking, *Re-Thinking Missions : A Laymen's Inquiry after One Hundred Years* (New York : Harper & Brothers, 1932)는 현대선교학의 중요한 이정표가 되었다.
- 동아시아 선교의 역사는 Yamamoto Sumiko, *History of Protestantism in China : The Indigenization of Christianity* (Tokyo : Toho Gakkai, 2000) ; Paul Varg, *Missionaries, Chinese, and Diplomats : The American Protestant Missionary Movement in China, 1890-1952* (Princeton : Princeton University Press, 1958) ; Ikuo Higashibaba, *Christianity on Early Modern Japan : Krishitan Belief and Practice* (Leiden : Brill, 2001).

'미국의 예루살렘'으로 불렸던 아주사 거리 (219쪽)

- 오순절 신앙에 대한 가장 대표적인 최근의 연구는 Harvey Cox, *Fire from Heaven : The Rise of Pentecostal Spirituality and the Reshaping of Religion in the Twenty-first Century* (New York : Addison-Wesley, 1994)이다.
- 역사적 연구는 Vinson Synan, *The Holiness-Pentecostal Tradition : Charismatic Movements in the Twentieth Century* (Grand Rapids : William B. Eerdmans, 1997), 두 번째 판을 이용하였다.
- 최근에 출간된 연구서적은 Vison Synan, ed., *The Century of the Holy Spirit : 100 Years of Pentecostal and Charismatic Renewal, 1901-2001* (Nashville : Thomas Nelson Publishers, 2001). 또한 Robert Mapes Anderson, *Vision of the Disinherited : The Making of American Pentecostalism* (New York : Oxford University Press, 1979)과 Cheryl Sanders,

- *Saints in Exiles : The Holiness-Pentecostal Experience in American Religion and Culture* (New York : Oxford University Press, 1996)도 참고할 만한 자료이다.
- 각 오순절 교단의 역사에 대해서는 Joseph Campbell, *The Pentecostal Holiness Church : Its Background and History, 1898-1948* (Franklin Springs : Publishing House of Pentecostal Holiness Church, 1951) ; Otho Cobbins, *History of Church of Christ(Holiness) U.S.A. 1895-1965* (New York : Vantage Press, 1966) ; Mickey Crews, *The Church of God : A Social History* (Knoxville : University of Tennessee Press, 1990).
- 라틴 아메리카의 오순절주의에 대한 연구는 David Martin, *Tongues of Fire : The Explosion of Protestantism in Latin America* (London : Oxford University Press, 1990)과 Dvid Stoll, *Is Latin America Turning Protestant?* (LA : University of California Press, 1990)이 탁월한 연구이다.
- 미국, 브라질, 남아프리카, 유럽의 오순절 운동의 역사와 함께 신학적 분석을 곁들인 광범위한 연구는 W. J. Hollenweger, *The Pentecostals : The Charismatic Movement in the Churches* (Minneapolis : Augsburg Publishing House, 1972).
- 한국의 오순절 운동에 대한 영어자료는 Boo-Wong Yoo, *Korean Pentacostalism : Its History and Theology* (New York : Verlag Peter Lang, 1987).

선교현장의 문제점을 파헤친, 에든버러 세계선교대회 (226쪽)

- 1910년 에든버러 세계선교대회에 대한 개괄 보고서는 W. H. T Gairdner, *Echoes from Edinburgh, 1910 : An Account and Interpretation of the World Missionary Conference* (New York : Fleming H. Revell Co., 1910). 각 분야별 보고서와 회의 속기록은 Oliphant, Anderson & Ferrier 출판사에서 전체 9권으로 출간되었다(1910년).
- 주제별 대표연설 전문과 선교대회의 역사에 대한 기록은 World Missionary Conference, *The History and Records of the Conference* (Edinburgh : Oliphant, Anderson & Ferrier, 1910).
- 에든버러 세계선교대회 이후 각 지역별로 추가 선교대회가 열렸는데 아시아 지역의 선교대회에 대한 기록은, The Chairman of the Continuation Committee, *The Continuation Committee Conferences in Asia, 1912-1913* (New York : N. P., 1913).
- 에든버러 세계선교대회에 대한 평가는 J. Stanley Friesen, *Missioanry Responses to Tribal Religions at Edinburgh, 1910* (New York : Peter Lang, 1996) ; Hugh Martin, *Beginning at Edinburgh : A Jubilee Assessment of the World Missionary Conference, 1910* (London : Edinburgh House Press, 1960).
- 에든버러 세계선교대회에서 감동적인 두 차례의 연설로 조선 기독교의 현실을 세계 기독교에 알린 윤치호 선생에 대한 전문적인 연구가 절실히 필요하다. 최초의 남감리교회 신자였으며 에모리대학 유학시절 절약하여 모은 돈을 조선선교를 위한 기탁금으로 기부함으로써 한반도에 복음이 소개되는 데 절대적인 공헌을 한 윤치호 선생에 대한 기독교회사의 전문적인 연구가 아직 발표되지 않았기 때문이다. 윤치호 선생의 연구를 위한 몇 가지 중요한 자료를 소개한다. 좌옹 윤치호 문화사업회에서 각종 자료와 연구서를 발표하고 있는데 현재까지 2권까지 출간되었다. 제1호는 〈윤치호의 생애와 사상〉; 제2호는 〈좌옹 윤치호 선생 약전〉(김영희 지음). 윤치호 선생의 일기는 국사편사위원회에서 시리즈로 출간하였다. 그 외에 김을한, 〈좌옹 윤치호 전〉(서울 : 을유문화사, 1978) ; Donald Bishop, 'A Korean at Oxford', in *Emory Magazine*, vol. 52(1976) ; Webb Garrison, 'Indomitable Baron Yun : An Emory Immortal', in *Emory University Quarterly* (December, 1952) ; 송병기, '윤치호' 〈한국근대인물백선〉(신동아 1970년 1월호 부록), 129-131.

허황된 민족주의와 모더니즘에 일격을 가한 신학자, 칼 바르트 (242쪽)

- 칼 바르트의 대표작은 13권으로 출간된 〈교회 교의학〉(1936-1969)과 그의 〈로마서 주석〉(1919년 초판 ; 1922년 재판)이다.
- 필자가 참고한 이 〈로마서 주석〉의 영역본은 Edwyn C. Hoskyns에서 출간된 여섯 번째 인쇄본을 번역한 것이다. Karl Barth, *The Epistle to the Romans* (London : Oxford University Press, 1933).

- 칼 바르트의 생애에 대한 가장 대표적인 연구는 1965년부터 1968년까지 바르트의 개인비서로 활동한 에버하르트 부슈에 의해 씌어졌다. Eberhard Busch, John Bowden, trans., *Karl Barth : His Life from Letters and Autobiographical Texts*(Philadelphia : Fortress Press, 1976)이다. 보다 간결한 책을 원하는 독자는 John Webster, *Karl Barth*(London : Continuum, 2000)를 참고할 수 있다.
- 칼 바르트의 신학에 관해서는 1998년 '칼 바르트 상(Karl Barth Award)'을 수상한 프린스턴 신학교의 브루스 매코맥 교수의 연구가 돋보인다. Bruce McCormack, *Karl Barth's Critically Realistic Dialectical Theology : Its Genesis and Development, 1909-1936*(New York : Oxford University Press, 1995).
- 최근에 출간된 바르트 연구서는 John Webster, *Barth's Moral Theology : Human Action in Barth's Thought*(Edinburgh : T&T Clark, 1998) ; Timothy Gorringe, *Karl Barth : Against Hegemony*(Oxford : Oxford University Press, 1999) ; 미국 칼 바르트 연구소의 소장인 George Hunsinger, *Disruptive Grace : Studies in the Theology of Karl Barth*(Grand Rapids : William B. Eerdmans, 2000) ; John Webster, ed., *The Cambridge Companion to Karl Barth*(Cambridge : Cambridge University Press, 2000) 등이 있다.
- 분야별로, 칼 바르트의 정치신학에 대해서는 Frank Jehle, *Ever Against the Stream : The Politics of Karl Barth, 1906-1968*(Grand Rapids : William B. Eerdmans, 2002) ; Timothy Gorringe, *Karl Barth : Against Hegemony*(Oxford : Oxford University Press, 1999).
- 칼 바르트의 교회론에 대해서는 Colm O'Grady, *The Church in the Theology of Karl Barth*(Washington DC : Corpus Books, 1968).
- 포스트모더니즘과 연관된 연구는 William Johnson, *The Mystery of God : Karl Barth and the Postmodern Foundation of Theology*(Louisville : Westminster John Knox Press, 1997) ; Graham Ward, *Barth, Derrida and the Language of Theology*(Cambridge : Cambridge University Press, 1995).
- 기독교 윤리에 대한 바르트의 사상은 John Webster, *Barth's Ethics of Reconciliation*(Cambridge : Cambridge University Press, 1995).
- 칼 바르트의 성령론에 대한 흥미있는 연구는 Philip Rosato, *The Spirit of God : The Pneumatology of Karl Barth* (Edinburgh : T. & T. Clark, 1981).

진화론과 창조론이 팽팽히 맞섰던 '원숭이재판' (252쪽)

- '원숭이재판'의 역사적 의미에 대한 연구는 Paul Conkin, *When All the Gods Trembled : Darwin, Scopes, and American Intellectuals*(Lanham : Rowman and Littlefield, 1998) ; Edward Larson, *Summer for the Gods : The Scopes Trial and America's Continuing Debate over Science and Religion*(New York : Basic Books, 1997) ; Ray Ginger, *Six Days or Forever : Tennessee v. John Thomas Scopes*(London : Oxford University Press, 1958).
- 창조론과 진화론의 논쟁은 현재까지 계속되고 있다. 창조론을 지지하는 과학자들의 대표적 모임은 Institute for Creation Research, Bible-Science Association, Access Research Network 등이다. 창조론을 액면 그대로 지지하지 않지만 진화론의 과학적 맹점을 지적한 최근의 대표적 저술은 Philip Johnson, *Darwin on Trial*(Washington D.C. : Regnery Gateway Publishing, 1991).
- 진화론적 입장에서 존슨 교수의 책에 반론을 제기한 글은 Eugenie Scott, 'Darwin Persecuted : Review of Johnson's Darwin on Trial', in *Creation/Evolution*, vol. 33(Winter, 1993)이 있다. 최근에 진행된 창조론과 진화론 간의 논쟁 중 가장 주목할 만한 것이었다.
- 창조론과 진화론 간의 논쟁의 역사에 대한 전체적인 연구는 Larry Witham, *Where Darwin Meets the Bible : Creationists and Evolutionists in America*(Oxford : Oxford University Press, 2002) ; John Haught, *Deeper than Darwin : The Prospect for Religion in the Age of Evolution*(Boulder : Westview, 2003)이 최근에 출간되었다.
- 최근 과학과 신앙의 관계를 집중적으로 연구하는 학자들이 눈에 띄게 늘어나고 있다. 과학과 종교 사이의 진지한 대화를 모색

하는 템플턴 재단(Templeton Foundation)의 후원이 큰 역할을 하고 있다. 과학과 신앙의 대화를 모색하는 이 학문분야의 권위자는 물리학과 신학을 함께 연구한 폴킹혼 교수이다. John Polkinghorne, *Faith, Science and Understanding* (New Haven : Yale University Press, 2000) ; *Belief in God in an Age of Science* (New Haven : Yale University Press, 1998) ; *Beyond Science : the Wider Human Context* (Cambridge : Cambridge University Press, 1996) ; *The Faith of a Physicist : Refections of a Bottom-up Thinker* (Princeton : Princeton University Press, 1994) 등이 대표적인 저술이다. 그 외에 Nicholas Saunders, *Divine Action and Modern Science* (Cambridge : Cambridge University Press, 2002) ; Celia Deane-Drummond, *Biology and Theology Today : Exploring the Boundaries* (London : SCM Press, 2001) ; Michael Ruse, *Can a Darwin Be a Christian? : The Relationship between Science and Religion* (Cambridge : Cambridge University Press, 2001) ; John Haught, ed., *Science and Religion : In Search of Cosmic Purpose* (Washington D.C. : Georgetown University Press, 2000) ; David Livingstone, et al., ed., *Evangelicals and Science in Historical Perspective* (New York : Oxford University Press, 1999).

하나된 교회를 향한 20세기 기독교의 첫걸음 (262쪽)

- 에큐머니컬 운동의 역사와 신학에 대한 고전적인 연구는 John Mackay, *Ecumenics : The Science of the Church Universal* (Englewood Cliffs : Prentice-Hall, 1964)과 Bernard Lambert, *Ecumenism : Theology and History* (New York : Herder & Herder, 1967)이다.
- 비교적 최근에 출간된 서적 가운데서 에큐머니컬 운동의 역사적 의미와 신학적 도전에 대한 연구는 Simon Harrison, *Conceptions of Unity in Recent Ecumenical Discussion : A Philosophical Analysis* (Oxford : Peter Lang, 2000) ; Harding Meyer, *That All May Be One : Perceptions and Models of Ecumenicity* (Grand Rapids : Wm. B. Eerdmans, 1999) ; Lawrence Cunningham, *Ecumenism : Present Realities and Future Prospects* (Notre Dame : University of Notre Dame Press, 1998) ; Jeffrey Gros, et al., eds., *Introduction to Ecumenism* (New York : Paulist Press, 1998) ; Konrad Raiser, *Ecumenism in Transition : A Paradigm Shift in Ecumenical Movement?* (Geneva : WCC Publications, 1991) ; Ernst Lange, *And Yet It Moves : Dream and Reality of the Ecumenical Movement* (Grand Rapids : Wm. B. Eerdmans, 1979).
- 에큐머니컬 운동의 개괄적 역사에 대해서는 Ruth Rouse and Stephen Neill, eds., *A History of the Ecumenical Movement 1517-1948, vol. I* (Philadelphia : Westminster, 1961) ; Harold E. Fey, ed., *The Ecumenical Advance : A History of the Ecumenical Movement, vol. II : 1948-1968* (Philadelphia : Westminster, 1970)이 있다.
- 세계교회협의회(WCC) 구성의 배경과 역사에 대해서는 David Gaines, *The World Council of Churches : A Study of Its Background and History* (Peterbotough : Richard R. Smith Co.,1966)와 Hans Hebly, *Eastbound Ecumenism : A Collection of Essays on the World Council of Churches and Eastern Europe* (Lanham : University Press of America, 1986) ; Jan Pranger, *Dialogue in Discussion : The World Council of Churches and the Challenge of Religious Plurality between 1967 and 1979* (Utrecht : IIMO, 1994)가 있다.
- WCC 총회의 기록은 암스테르담 대회(1948년) : *Man's Disorder and God's Design*, vols. 1-5(New York : Harper & Brothers, 1948) ; 에반스톤 대회(1954년) : *The Christian Hope and the Task of the Church : Six Ecumenical Surveys and the Report of the Advisory Commission on the Main Theme* (New York : Harper & Brothers, 1954) ; 뉴델리 대회(1961년) : *Jesus Christ : The Light of the World* (Geneva : WCC, 1961) ; *The New Delhi Report : The Third Assembly of the World Council of Churches, 1961* (London : SCM Press, 1961) ; 웁살라 대회(1968년) : *The Upsala Report 1968* (Geneva : World Council of Churches, 1968) ; 나이로비 대회(1975년) : *Nairobi Report : Fifth Assembly of the World Council of Churches* (London : Catholic Truth Society, 1975) ; 밴쿠버 대회(1983년) : Charles Long, *Vancouver Vocies : The Sixth Assembly of the World Council of Churches* (Cincinnati : Forward Movement Publications, 1983) ; 캔버라 대회(1991년) : *Let the Spirit Speak to the Churches : A guide for the Study of the Theme and the Issues* (Geneva : WCC Publications, 1991) ; 하라레 대회(1998년) : *Together on Holy Ground : Eighth Assembly of the World Council of*

Churches(Geneva : WCC Publications, 1999). WCC의 제7차 총회에서 당시 이화여대 교수였던 여성신학자 정현경의 성령에 대한 새로운 이해와 접근은 총회 참석자들에 큰 충격을 주었다. 특히 복음주의 계열과 희랍 정교회의 대표단의 반대가 있었다. 이에 대해서는 Bruce Nicholls and Bong Rin Ro, eds., *Beyond Canberra : Evangelical Responses to Contemporary Ecumenicial Issues*(Oxford : Regnum Books, 1993) ; Gennadios Limouris, ed., *Come, Holy Spirit, Renew the Whole Creation : an Orthodox Approach for the Seventh Assembly of the World Council of Churches*(Brookline : Holy Cross Orthodox Press, 1990).

20세기 가톨릭 교회의 쇄신, 제2차 바티칸공의회 (271쪽)

- 제2차 바티칸공의회의 전개과정과 교회사적 의미에 대해서는 Giuseppe Alberigo, ed., *The History of Vatican II. Vol. I. Announcing and Preparing Vatican Council II toward a New Era in Catholicism*(Maryknoll, NY : Orbis, 1995) ; Giuseppe Alberigo, ed., *The History of Vatican II. Vol. II. The Formation of the Council's Identity*(Maryknoll, NY : Orbis, 1997) ; Giuseppe Alberigo, ed., *The History of Vatican II. Vol. III. The Mature Council*(Maryknoll, NY : Orbis, 2000) ; Avery Dulles, 'Vatican II Reform : The Basic Principles', *Church*, vol. 1(1985), 3-10.
- 제2차 바티칸공의회 연구를 위한 1차 자료는 Walter Abbott, ed., *The Documents of Vatican II*(New York : Crossroad, 1989) ; Austin Flannery, ed., *Vatican Council II : The Basic Sixteen Documents : Constitutions, Decrees, Declarations*(Northport, NY : Costello Publishing, 1996) ; Norman P. Tanner, *The Decrees of the Ecumenical Councils*(London : Sheed & Ward ; Washington, DC : Georgetown University Press, 1990)가 있다.
- 공의회의 신학적 결정에 대한 광범위한 분석은 Herbert Vorgrimler, ed., *Commentary on the Documents of Vatican II, Vol. I - V*(New York : Herder & Herder, 1968).
- 제2차 바티칸공의회에 대한 신학적 평가는 Timothy McCarthy, *The Catholic Tradition : Before and After Vatican II, 1878-1993*(Chicago : Loyola University Press, 1994) ; John Kobler, *Vatican II, Theophany and the Phenomenon of Man : The Council's Pastoral Servant Leader Theology for the Third Millenium*(New York : Peter Lang, 1991) ; Rene Latourelle, ed., *Vatican II : Assessment and Perspective, Twenty-Five Years After*(1962-1987), 3 vols.(New York : Paulist Press, 1988-1989) ; Alberic Stacpoole, ed., *Vatican II Revisited by Those Who Were There*(Minneapolis : Winston Press, 1986) ; Kevin McNamara, *Vatican II : The Constitution on the Church : A Theological and Pastoral Commentary*(Chicago : Franciscan Herald Press, 1968) ; Herbert Vorgrimler, *Commentary on the Documents of Vatican II*(New York : Herder and Herder, 1967) ; Anthony Lee, ed., *Vatican II : The Theological Dimension*(n.p. : Thomist Press, 1963) ; Hans Küng, *The Council in Action : Theological Reflections on the Second Vatican Council*(New York : Sheed & Ward, 1963).
- 가장 최근에 출간된 대중적인 해설서는 Maureen Sullivan, *101 Questions and Answers on Vatican II*(New York : Paulist Press, 2003).
- 니케아공의회부터 제2차 바티칸공의회까지 진행된 총 21번의 가톨릭 교회 공의회에 대한 개괄적인 연구는 Christopher Bellitto, *The General Councils : A History of the Twenty-One Church Councils from Nicaea to Vatican II*(New York : Paulist Press, 2003).

독재와 빈곤 속에서 싹튼 '해방신학' (279쪽)

- 해방신학에 대한 최근의 연구는 David Tombs, *Latin American Liberation Theology* (Boston : Brill Academic Publishers, 2002) ; Daniel Bell, *Liberation Theology after the End of History : The Refusal to Cease Suffering*(London : Routledge, 2001) ; Christopher Rowland, ed., *Cambridge Companion to Liberation Theology*(Cambridge : Cambridge University Press, 1999) ; Christian Smith and Joshua Prokopy, eds., *Latin American Religion in Motion*(New York : Routledge,

- 1999) ; Paul Sigmund, *Liberation Theology at the Crossroads : Democracy or Revolution?* (New York : Oxford University Press, 1990).
- 구티에레즈의 신학은 Gustavo Gutiérrez, *A Theology of Liberation* (Maryknoll : Orbis, 1973)과 그의 글 모음집인 James Nickoloff, ed., *Gustavo Gutiérrez : Essential Writings* (Maryknoll : Orbis, 1996)를 참고하였다.
- 해방신학의 역사와 1차 자료들은 Alfred Hennelly, ed., *Liberation Theology : A Documentary History* (Maryknoll : Orbis, 1990)를 참고하였다.
- 조금 오래되었지만 구티에레즈의 신학사상에 대한 연구는 Robert McAfee Brown, *Gustavo Gutiérrez* (Atlanta : John Knox Press, 1980)와 William Duncan, *The Political Philosophy of Peruvian Theologian Gustavo Gutiérrez* (Lewinston : E. Mellen Press, 2001)가 있다.
- 최근에 나온 해방신학의 역사에 대한 개괄적인 연구는 에모리대학 교수인 Rebecca Chopp, 'Latin American Liberation Theology', in *The Modern Theologians*, ed., David Ford(Malden and Oxford : Blackwell, 1997), 409-425에 간략하게 잘 정리되어 있고, 다음 세대로 넘어가고 있는 해방신학 연구의 새로운 신학적 도전과 과제에 대해서는 Arthur McGovern, *Liberation Theology and Its Critics : Toward and Assessment* (Maryknoll : Orbis Books, 1994)가 있다.
- 흑인신학에 대한 최근의 연구는 Harry Singleton, *Black Theology and Ideology : Deideological Dimension in the Theology of James H. Cone* (Collegeville : Liturgical Press, 2002) ; Dwight Hopkins, *Introducing Black Theology of Liberation* (Maryknoll : Orbis Books, 1999) ; James Cone and Garyraud Wilmore, eds., *Black Theology : A Documentary History*, 2nd edition(Maryknoll : Orbis Books, 1993) ; Dwight Hopkins, *Black Theology USA and South Africa : Politics, Culture and Liberation* (Maryknoll : Orbis Books, 1989) ; James Deotis Roberts, *Black Theology Today : Liberation and Contextualization* (New York : E. Mellen Press, 1983).
- 페미니즘 신학의 대표적 저술과 최근의 연구는 Letty Russell, *Human Liberation in a Feminist Perspective : A Theology* (Philadelphia : Westminster, 1974) ; Rosemary Ruether, *The Church Against Itself* (New York : Herder, 1967) ; Susan Frank, ed., *Cambridge Companion to Feminist Theology* (Cambridge : Cambridge University Press, 2002) ; Elizabeth Fiorenza and M. Shawn Copeland, ed., *Feminist Theology in Different Contexts* (London : SCM Press, 1996) ; Pamela Young, *Feminist Theology/Christian Theology : In Search of Method* (Minneapolis : Fortress Press, 1990).

베이비 부머들을 위한, 윌로우 크릭 교회 (288쪽)

- 베이비 부머들의 신앙형태에 대한 연구는 Wade Clark Roof, *Spiritual Marketplace : Baby Boomers and the Remaking of American Religion* (Princeton : Princeton University Press, 1999) ; Wade Clark Roof, *A Generation of Seekers : The Spiritual Journey of the Baby Boom Generation* (New York : Harper Collins, 1993) ; Craig Miller, *Baby Boomer Spirituality* (Nashville : Discipleship Resources, 1993) ; Doug Murren, *The Baby Boomerang* (Ventura : Regal Books, 1990).
- 베이비 부머의 자녀들, 즉 1964년 이후에 태어난 세대는 'X-Generation', 'Postmodern Generation', 'M-TV Generation' 혹은 'Baby Buster Generation' 등으로 불린다. 이들의 신앙형태에 대한 최근의 연구도 많다. William and Le Etta Benke, *The Generation Driven Church : Evangelizing Boomers, Busters, and Millennials* (Cleveland : Pilgrim Press, 2002) ; George Barna, *The Second Coming of the Church* (Nashville : Word Publishing, 1998) ; Jimmy Long, *Generating Hope : A Strategy for Reaching the Postmodern Generation* (Downers Grove : InterVarsity Press, 1997) ; Tim Celek and Dieter Zander, *Inside the Soul of a New Generation* (Grand Rapids : Zondervan, 1996).
- 빌 하이벨스 목사가 집필한 윌로우 크릭 교회에 대한 상세한 정보는 Bill and Lynne Hybels, *Rediscovering Church : The Story and Vision of Willow Creek Community Church* (Grand Rapids : Zondervan, 1995).
- 윌로우 크릭 교회에 대한 연구서는 Gregory Pritchard, *Willow Creek Seeker Service : A New Way of Doing Church* (Chicago : Baker Books, 1995) ; Kimon Sargent, *Seeker Churches : Promoting Traditional Religion in a Nontraditional Way* (New Brunswick : Rutgers University Press, 2000).

세련되지 않은 조용한 신학, 아프리카 기독교가 다가온다 (296쪽)

- 남반부 기독교의 등장에 따른 현대교회사적 의미에 대한 최근의 연구는 Andrew Walls, *The Missionary Movement in Christian History* (Maryknoll : Orbis, 1996) ; *The Cross-Cultural Process in Christian History* (Maryknoll : Orbis Books, 2002) ; 'Old Athens and New Jerusalem : Some Signposts for Christian Scholarship in the Early History of Mission Studies, in *International Bulletin of Missionary Research* 21(1997), 146-53 ; 'The Mission of the Church Today in the Light of Global History' , in *Word and World* 20(2000), 17-21의 연구를 들 수 있다. 펜실베이니아 주립대학의 필립 젠킨스 교수도 이에 대한 종합적인 의견을 제시한 바 있다. Philip Jenkins, *The Next Christendom : The Coming of Global Christianity* (Oxford : Oxford University Press, 2002).

- 아프리카 기독교의 역사 전반에 대한 연구 중 가장 광범위한 연구는 Bengt Sundkler and Christopher Steed, *A History of the Church in Africa* (Cambridge : Cambridge University Press, 2000)이다. 비교적 쉽게 구할 수 있는 책은 Elizabeth Isichei, *A History of Christianity in Africa : From Antiquity to the Present* (Grand Rapids : William B. Eerdmans, 1995)가 있다. 그 외에 Richard Gray, *Black Christians and White Missionaries* (New Haven : Yale University Press, 1990) ; C. G. Baëta, ed., *Christianity in Tropical Africa* (Oxford : Oxford University Press, 1968) ; Peter Clarke, *West Africa and Christianity* (London : Edward Arnold, 1986).

- 아프리카 독립교단에 대한 연구는 John Pobee, *African Initiatives in Christianity : The Growth, Gifts and Diversities of Indigenous African Churches* (Geneva : WCC Publications, 1998) ; Michiel Kitshoff, ed., *African Independent Churches Today : Kaleidoscope of Afro-Christianity* (Lewiston : E. Mellen Press, 1996) ; Akinyele Omoyajowo, *Cherubim and Seraphim : The History of an African Independent Church* (New York : NOK Publishers International, 1982) ; G. Oosthuizen and Irving Hexham, eds., *Empirical Studies of African Independent/Indigenous Churchs* (Lewiston : Edwin Mellen Press, 1992)가 있다.

- 이 분야의 연구에 있어 조금 오래되었지만 여전히 독보적인 학문적 가치를 인정받고 있는 H. W. Turner, *History of an African Independent Church, vol. 1. The Church of the Lord* (Oxford : Clarendon Press, 1967) ; *History of an African Independent Church, vol. 2. The Life and Faith of the Church of the Lord* (Oxford : Clarendon Press, 1967). 사이먼 킴방구의 생애와 킴방구 교회에 대한 연구는 Marie-Louise Martin, *Kimbangu : An African Prophet and His Church* (Grand Rapids, William B. Eerdmans, 1975).

- '검은 엘리야' 로 불렸던 선지자 해리스에 대한 연구는 David Shank, *Prophet Harris : The 'Black Elijah' of West Africa* (Leiden : E.J. Brill, 1994). 대표적인 아프리카 기독교회사는 Adrian Hastings, *The Church in Africa, 1450-1950* (Oxford : Clarendon Press, 1994).

- 아프리카 신학에 대한 대표적인 연구는 Rosino Gibellini, ed., *Paths of African Theology* (Maryknoll : Orbis Books, 1994) ; Boulaga Eboussi, *Christianity Without Fetishes : An African Critique and Recapature of Christianity* (Maryknoll : Orbis Books, 1986) ; Jean-Marc Éla, *African Cry* (Maryknoll : Orbis Books, 1986) ; Raymond Hickey, *Modern Missionary Documents and Africa* (Dublin : Dominican Publications, 1982) ; Emmanuel Martey, *African Theology : Inculturation and Liberation* (Maryknoll : Orbis Books, 1993) ; John Mbiti, *African Religions and Philosophy* (New York : Doubleday, 1970) ; Mercy Oduyoye, *Hearing and Knowing : Theological Reflections on Christianity in Africa* (Maryknoll : Orbis Books, 1986) ; Lamin Sanneh, *Translating the Message : The Missionary Impact on Culture* (Maryknoll : Orbis Books, 1989) ; Robert Schreiter, ed., *Faces of Jesus in Africa* (Maryknoll : Orbis Books, 1989) ; Aylward Shorter, *Toward a Theology of Inculturation* (Maryknoll : Orbis Books, 1988).

찾아보기

70인역 175

ㄱ

갈릴리 16, 112
고귀한 야만인 217
〈고백록〉 63, 64
고트족 52-54, 87
〈곤여전도〉 168
〈교우론〉 169
〈교회 교의학〉 249
구텐베르크 177
국제선교협의회 262, 264, 267, 268
금서목록 119
〈기하원본〉 169

ㄴ

남반부 기독교 203, 225, 296-300
네스토리우스 74, 76, 77
니케아공의회 38, 39, 45, 53, 65

ㄷ

단성론파 77, 101-104
달리트 285
달마티아 112
대 바질 69
대진경교유행중국비 74, 75, 78, 79

대진사 75
델로리스 윌리엄스 285
도나투스파 36, 52, 55, 58
돈황문서 75
〈동방견문록〉 140, 142
동인도회사 208, 209
디아테사론 48
디오클레티아누스 29, 30, 32, 49

ㄹ

라마크리슈나 212
라모한 라이 205, 209-212
라몬 룰 116
라스카사스 146-150
랑케 160
레베카 촙 284, 285
〈로마서 주석〉 242-246
로버트 스피어 228
로베르토 드노빌리 207
롱고바르드 92

ㅁ

마르시온 42, 45, 47
마사다 25
마이모니데스 120, 130
마호메트 81-87

막센티우스 30-32, 34
메리 여왕 179
모라비아형제단 187-190
몬타누스파 47
밀라노 칙령 35
밀비안 다리 28, 31-34

ㅂ
바르멘 선언 248, 249
바티칸공의회 106, 203, 249, 270-278, 282
베드로 18, 26, 45, 48, 100, 101
베스파시아누스 18, 21
베트남 반전운동 289
보름스 국회 155
분가한 형제들 276
불가타역 성경 164, 178
불교 77, 78, 168, 169, 210, 231, 237
브라마 사마지 205, 210-212
비베카난다 212
비잔틴 85, 87, 96, 104, 108, 110, 140
빌리 그래함 204, 268

ㅅ
사도신경 98
사산 왕조 77, 78, 85, 87
〈산해여지전도〉 168
살라망카 149, 162
상제 166, 171
색목인 167
샤를마뉴 59, 90-98, 104, 107
성령세례 219-224, 298
성취이론 237

세계화 269
세람포르 삼총사 208, 209
소그룹 사역 292
속회 190
슐라이어마허 243, 244
스콜라 방식 127, 129, 135, 155
스키비아스 121, 122
스테파노 22, 23
시에나의 카타리나 119
신라 75
신플라톤 철학 129, 130
〈신학대전〉 134, 135
신후담 172
심령대부흥 194-201
십자가의 신학 153

ㅇ
아라곤 143
아리스토텔레스 127, 129-136, 149, 155, 170
아리우스 36-40
아베로에스 120, 130
아벨라르 131
아빌라의 테레사 119, 157
아인하르트 91-94
아주사 219, 222, 223
아지오르나멘토 273
아타나시우스 39, 40, 50, 65, 66
아폴로 33, 77
악의 축 82
안정복 172
알라 78, 81, 82, 84, 85
알라리크 52, 53, 55

알렉산더 더프 209, 212
알렉산드리아 38, 39, 48, 50, 65, 67, 76, 101
알로펜 75
어린이 십자군 112
에라스무스 127, 130, 157, 178
에밀 브루너 248, 249
에우세비우스 21, 24, 26, 32, 39, 40, 48, 49
여수암 75
영지주의 45
예수회 136, 158-162, 167-170, 207, 214, 215
오리게네스 48, 49, 69
오스만투르크 140, 141
오시우스 36, 38
옥스퍼드 129, 176, 181, 185-189, 227, 266
요세푸스 24, 25
우르바노 2세 108, 110, 115
윌로우 크릭 교회 288, 291-294
윌리엄 브라이언 255, 256, 260
윌리엄 세이머 221-223
윌리엄 틴들 178
유스티누스 47, 48, 129
윤치호 226, 230-234, 241
음비티 301
이 익 172
이그나티우스 43
이그나티우스 로욜라 127, 136, 157, 159, 161, 162, 166, 167
이레나이우스 48
이로쿼이족 인디언 206
〈이마고 문디〉 142
이사벨라 143, 144
이슬람 59, 78, 81, 82, 85-89, 95, 107, 112, 115, 116, 129-131, 137, 141, 210, 212, 230, 237, 298
이헌경 172

ㅈ

자펜빌 243-246
재침례파 156
전례논쟁 172, 214
절대의존의 감정 184, 243
제2의 토미즘 149
제네바 성서 174
제노바의 카타리나 119
제롬 50, 55, 175
제임스 콘 283-285
조로아스터교 77, 78, 87, 88, 258
존 모트 229, 266
존 스콥스 254, 256, 257
존 엘리엇 206
존 올드햄 228
존 위클리프 175-177
〈종의 기원〉 253
지팡구 143-145

ㅊ

찬드라 센 211
찰스 다윈 253
찰스 파함 220, 221
〈천주실의〉 169-172
친첸도르프 189

ㅋ

카롤링거 91, 96

카에사리아 18, 19, 39, 48
카예타누스 154, 157
카이사르 29, 30
칼 라너 271, 274
칼리프 85, 86
코란 82, 87, 89
코르도바 143
콥트 교회 77, 100
클래펌파 216
클레르보의 베르나르 111, 118, 122, 134
클레멘트 43, 48, 49
키로 28, 33, 35
키르케고르 244, 245

ㅌ
타티아노스 47, 48
테트라크 30
토레스 280-282
토론토 선언 267
토마스 아켐피스 141, 185
토스카넬리 142
토페카 220
트란퀘바르 207
트렌트 공의회 137, 158-162, 164, 165
티투스 16, 21, 22, 24, 27

ㅍ
파움 67
파피아스 42, 43, 45, 46
팜플로나 161
페르디난트 143, 144
페르시아 74-78, 81, 83, 85, 87-89

펠라 22, 26
폴리캅 14, 42, 45, 46
프락시스 279-282, 286
프란시스 사비에르 166, 167
피체돔 265
피핀 91
필리오퀘 90, 96-98, 104, 105
필립 젠킨스 297, 299, 300

ㅎ
〈하나님의 도성〉 52, 57, 58
하나님의 성회 224, 225
하르나크 246
하비 콕스 298
헤르메스 48, 49
헤지라 85
호모우시오스 39
호세 보니노 283
호켄다이크 265
후천년설 194, 196, 201
훈족 53
흑사병 140
히브리 성서 16, 318
힌두교 77, 78, 210, 212, 237
힐데가르트 117, 119, 121-125